각계각층, 인물열전

김용복의
청론탁설

김용복의 청론탁설

초판 1쇄 발행 2021년 11월 11일

지 은 이   김용복
발 행 인   권선복
편   집   오동희
디 자 인   최새롬
전 자 책   오지영
발 행 처   도서출판 행복에너지
출판등록   제315-2011-000035호
주   소   (157-010) 서울특별시 강서구 화곡로 232
전   화   0505-613-6133
팩   스   0303-0799-1560
홈페이지   www.happybook.or.kr
이 메 일   ksbdata@daum.net

값 25,000원
ISBN 979-11-5602-926-7 03070

도서출판 행복에너지는 독자 여러분의 아이디어와 원고 투고를 기다립니다. 책으로 만들기를 원하는 콘텐츠가 있으신 분은 이메일이나 홈페이지를 통해 간단한 기획서와 기획의도, 연락처 등을 보내주십시오. 행복에너지의 문은 언제나 활짝 열려 있습니다.

각계각층, 인물열전

김용복의
청론탁설

김용복 지음

도서
출판 행복에너지

필자는 박정희 대통령을 존경한다. 좌파들은 유신독재 주범이라고 하지만 5천 년 가난을 물리치기 위해 압축경제성장을 했고 그것도 당대에 해결한 청사에 빛날 통치력을 발휘한 위대한 인물이다. 그래서 독재를 했던 것이고, 그 뒤를 이어받을 분을 윤석열 전 검찰총장으로 필자는 믿고 있어 이 책 첫머리에 언급하는 것이다.

이 책 제1부에서 소개되는 이완구 전 총리나 윤석열 전 총장, 박찬주 전 육군 대장을 비롯해 김진태 의원, 이명수 의원, 윤영석 의원, 허태정 대전 시장, 양승조 충남지사 등 30여 명의 의원들이나, 장종태 대전 서구청장, 3선의 박용갑 대전 중구청장, 초선의 황인호 대전 동구청장과 박정현 대전 대덕구청장 등의 지방 목민관들, 설동호 대전 교육감과 최교진 세종 교육감은 뚜렷한 목적의식과 사명감을 가지고 있는 분들이다.

제2부에서는 중부지방에서 활동하는 내로라하는 오케스트라, 성악가, 서예가, 가수 등의 활동을 소개하였다. 동형춘 교수나, 고영일 지휘자, 박인석 지휘자, 박종학 지휘자, 박재룡 지휘자의 지휘하는 모습을 보면 숨을 죽이지 않을 수 없다. 특히 음악계에서 후진 양성에 정성

을 다하는 이상덕 음악 교사는 재능 있는 후진들을 발굴해 키우는 유능한 교사로 알려져 있기에 그 후학들의 연주 모습을 이 책에 소개하였다.

그리고 대전오페라단의 단장인 지은주 단장, 그는 유럽에서 유학생활을 보내고 귀국 후 경제, 회계학까지 전공하고 현재 대전지역뿐만 아니라 한국오페라단 연합회 부이사장의 자리에서 열정을 불태우고 있는 인물로, 앞으로 문화예술계에 건강한 영향력을 줄 수 있는 리더이다. 대전 오페라단을 여러 해 이끌어 오면서 단원들과의 호흡이 잘 맞기에 역시 단원들의 활동 모습을 이 책에 소개하였다.

대전하면 계족산 황톳길과 물안개 그윽한 대청호 오백리 길을 잊을 수 없다. 그런데 여기, 대청호 오백 리 길에 날개를 달아주는 분들이 있으니 이름하여 대청호 사회적 협동조합의 이성수 이사장과 유근숙 이사 외 여러분들이다. 그들은 자신들이 자금을 모아 유명 가수 진성과 민지로 하여금 '대청호로 오세요'와 '대청호 연가'를 부르게 하여 대청호에 유명세를 타게 하였다.

이 책 제3부에서 소개하는 (주)계룡건설, 맥키스컴퍼니, (주)비센, 이엘치과, 성심당, 세우리 병원, 김제홍 어르신 등은 대전이라는 지역사회에서 어려운 이웃을 돕고 자라나는 2세들에게 장학금을 지원하는 등 모범 기업들이라 자랑하였다. 더구나 (주)비센은 M4A를 개발하여 아토피 환자, 당뇨환자들에게 희망을 주고 있으며 20여 년간 동물의약품을 개발하여 조달청에 납품하고 있는 전통 있는 회사이다. 물론 이들 외에도 금성백조 등 모범 기업들이 많이 있지만 다음 기회에 소개하기로 한다.

도산 안창호 선생께서는 소에게 무엇을 먹일까 토론을 하며 세월을 보내다 소를 굶어 죽인 사람이 있다고 하시며, 백의 이론, 천의 웅변, 만의 협의보다 풀 한 짐 베어나다 쇠죽 쑤어 주는 사람이 바로 애국자라고 하셨다.

제1부에 나온 정치인들은 필자가 보아온 가운데 그래도 올곧게 살아가는 분들이며, 2부, 3부에 나오는 연예인이나 기업인들은 풀 한 짐 베어다 소에게 먹이는 애국자들이기에 게재한 것이다.

끝으로 더욱 자랑하고 싶은 것은 초대시로 게재된 이현경 시인, 나영희 시인, 서민경 시인 등 세 분 시인들의 시이다. 모두 얼굴도 모르는 분들이다. 다만 페이스북에 올리는 시들이 좋아 각 부마다 주제에 맞는 시를 써 달라고 부탁하였다.

김용복 논설실장의 '淸論濁說' 출간에 부쳐

김석회 / 가톨릭 대학교 전 부총장

본인은 김용복 미래 세종일보 논설실장과 충남 홍성 광천에 소재한 광천상업고등학교의 제5회 동기 동창생으로 절친한 친구입니다. 그가 그동안 정치, 경제, 외교, 국방, 안보, 사회문화, 예술 등 모든 분야에서 남다른 식견과 지식을 가지고 자신의 신념에 따라 소신껏 써온 청론탁설을 접해서 친구의 한 사람으로서 경애의 뜻을 전하지 않을 수 없습니다.

이번에 그간의 '청론탁설'을 저술해서 언론에 발표했던 칼럼들을 모아 출간을 하게 됐으니 기대가 큽니다. 나로서는 그가 다양한 분야에서 그토록 심도 있고 폭넓은 지식을 보유하고 있으리라고는 꿈에도 생각하지 못했습니다. 작금에 출판될 '청론탁설'을 계기로 그에 대한 일반인들의 인식 또한 코페르니쿠스(지동설을 주장한 천문학자)적으로 변화될 수밖에 없게 되리라 믿습니다. 그런 자랑스러운 친구를 진심으로 칭찬해 마지않습니다.

그는 평소 주위에 있는 많은 정치인들, 예술인들, 그리고 이웃을 위해 봉사하는 착한 분이나 기업들에 관해서 한 치의 주저함도 없이 객관적으로 평가하였습니다. 특히 여야를 막론하고 많은 인사들과 그들이 보인 태도와 행동의 옳고 그름에 대한 잣대를 정확하게 들이댐으로써 세간의 주목을 받아왔던 것으로 알고 있습니다. 말하자면 잘한 일에 대해서는 여야를 가리지 않고 칭찬하였고, 잘못한 일에 대해서는 호되게 질책하는 모습을 보여 온 것으로 압니다.

80여 성상을 넘게 살아오면서 스스로 체험하고 닦았던 경험과 지식을 바탕으로 써온 글들이므로 그 속에 이 나라의 역사와 운명을 고스란히 담아내고 있다고 하여도 큰 무리가 아닐 것입니다. 그의 칼럼 중에는 현 정부의 정책에 대하여 칼날 같은 비판을 한 것도 있는데 그것은 곧 이 나라가 잘 될 수 있기를 기원하면서 일갈해 온 충정에서 비롯된 것이라고 말하고 싶습니다.

이는 후에 역사가 말해줄 것입니다. 아무튼 그는 이 시대가 낳은 보기 드문 애국자의 한 사람임에 틀림이 없을 것이라는 확신이 듭니다.

김용복 선생님의 '淸論濁說' 출간을 진심으로 축하드립니다

장상현 / 인문학 교수

역시 '펜은 칼보다 강(強)하다'

더 설명이 필요없다. 김용복 선생님의 '청론탁설'을 읽어보면 그 답은 자명하다.

선생님은 날 때부터 다른 재주는 별로 없으나 글 쓰는 재주만은 탁월하여 글을 접하기 시작한 초등학교 때부터 백일장을 휩쓸었고, 주위에 글 쓰는 천재 소리를 들어왔다. 선생님은 맏아들로 태어나 초등학교 때 일찍 부모님을 여의고 조부모의 손에 힘겨운 유년시절을 보냈다. 도저히 초등학교 이상의 학력을 갖지 못할 가정형편이었으나 일찍 그의 글재주를 알아본 당시 초등학교 선생님들과 그 재주를 아까워했던 주위 조력 분들 때문에 상급학교를 진학했고 드디어 서라벌 예술대학 문예창작과를 61년도에 졸업하고 큰 재목의 기량에 대한 발판을 굳히게 된다.

선생님의 글을 보면 우선 한마디로 군더더기가 없고 깔끔하다. 선생님의 글은 짧으면서도 핵심을 정확히 전달하고 표현은 맛깔스럽다. 요즈음은 주로 문학보다는 애국, 민족사랑에 바탕을 두고 국가의 정책평가나 인물평 등을 소재로 이른바 정치칼럼에 몰두하여 민족이 나갈 올바른 길을 제시하고 있다.

아마 선생님이 가지고 있는 삶에 가치나 생활철학하고 정치지도자들의 소위 정치판의 행태가 너무 동떨어져 국민의 고통이나 대한민국의 어두운 희망을 크게 염려하여 정치칼럼을 쓰게 된 것 같다.

'김용복의 청론탁설(淸論濁說)'! 이 책이 애국과 민족사랑의 이정표가 되기를 기대한다. 부디 훌륭한 인재들이 선생님의 부기미(附驥尾)에 해당되었으면 한다.

김용복의 청론탁설(清論濁說)은 탁설(卓說)입니다

리헌석 / 문학평론가

    수필가이자 극작가인 김용복 선생은 칼럼니스트입니다. 외래어인 '칼럼'을 들으면 '칼남'(남을 향한 칼질)이라는 이미지 연상이 일어나기도 하는데, 김용복 칼럼니스트의 칼럼에는 '온정과 배려'가 담겨 있습니다.

    국무총리를 하다가 억울하게 쫓겨나 재판을 받는 전직 총리를 구명하는 아름다운 결기를 담아내기도 하고, 누명을 쓰고 재판을 받는 도지사를 위해 밤을 새워 컴퓨터를 두드립니다. 그는 새벽별이 총총 빛날 때에 칼럼을 쓴다고 합니다. 옛날 우리 한국의 어머니들이 정화수에 별을 담아 소원을 빌었던 자세처럼 오롯합니다.

    김용복 칼럼니스트는 문화예술의 현장에서 수고하는 분들을 격려합니다. 드러내지 않고 선행을 실천하는 분들을 응원합니다. 이렇듯이 '올바르고 이치에 합당한 주장'이라는 청론(清論)을 지향하지만, 때로는 거짓과 불공정으로 음해하는 세력을 추상(秋霜)같이 질타하는 칼럼을 써서 스스로 탁설(濁說)이라 낮추고 있으니, 이는 '뛰어난 의견'이라는 탁설(卓說)이어서 웅숭깊은 감동을 생성합니다.

김용복 선생님의 청론탁설 발간을 축하합니다

오세욱 / 제자

김용복 선생님은 제가 중, 고등학교를 다닐 때 논술을 가르쳐주신 은사님이십니다.

선생님께서는 어떤 주제라도 논리와 논거가 확실하고 군더더기 미사여구가 없는 글을 쓰십니다. 간결하고 명쾌합니다.

은사님은 지난 15년 동안 지방 언론 여러 곳에 칼럼을 써 오셨습니다. 이른바 정론직필이십니다.

주장을 뒷받침하기 위해 고사를 인용하거나 역사적인 사실을 논거로 대기도 하십니다.

그래서 대학입시나 취업을 눈앞에 둔 친구들에게 많은 도움이 될 것입니다.

왜냐하면 대학이나 회사에서 요구하는 논술을 잘 쓰려면,

1. 미사여구를 쓰지 말고 아는 것만을 쓰고 과장하지 말라고 가르치셨고

2. 처음부터 결론까지 논지의 일관성을 확보하라고 가르치셨으며,

3. 자신이 주장하는 근거는 항상 구체적이어야 한다고 가르치셨습니다.

그 결과 노무현 대통령 시절 "대통령과 함께하는 대한민국 청소년"들이 여러 명 나온 것도 기억에 새롭습니다.

선생님, 옛날 생각 많이 납니다.

축하드립니다. 청론탁설 발간을.

늘 건강하시길 기도드립니다.

목차

예술인 편(가나다 순)

나는 비록 명품은 못 되지만

정의가 강물처럼 흐르는 나라를 소망하며

이현경/ 시인

오늘의 느낌표는 미소의 내부
그 웃음의 진실을 찾아 나선다

추녀의 둥근 기왓장에 새겨졌던
한 여인의 웃는 얼굴
밤마다 우울한 별들에게
지조의 웃음을 주었을 천년의 미소

지금은 신라의 역사가 있는 유리벽 속에서 미소 짓고 있다

언젠가 보았던 하회탈
그 속에 가려졌던 인간들의 만 가지 표정을
생각해 본 적이 있다

나는 상상 속에서 유리벽을 깨고
내 시선을 놀라게 한 천년의 미소를 꺼내온다

그리고 인간의 표정 위에 포개본다

이현경 시인

악마의 얼굴 위에서도
하회탈 같은 미소를 짓고 있다

정치인 편

김동일

자랑스러운 목민관, 김동일 보령 시장

김동일 보령 시장

자랑스럽지 않을 수 없다.

보령시가 2021년 하반기 충남도 적극 행정 우수사례 경진대회에서 최우수상을 수상했다 한다.

이번 대회는 도 소속기관과 15개 시·군, 지방공기업, 공공기관을 대상으로 ▲규제·관행 혁신 ▲협업 ▲갈등조정 ▲선제적·창의적 대응 등 적극적으로 업무를 추진해 성과를 달성한 우수사례를 선정하기 위한 대회였는데, 보령시는 전국 최초로 체온에 따라 색이 변해 발열 여부를 확인할 수 있는 체온스티커를 도입, 해수욕장 개장 기간에 검역소에서 배부하고, 야간에는 드론을 활용해 방역수칙 안내 방송을 송출하는 등 혁신적인 행정을 펼쳐 왔다고 한다.

앞으로 체온스티커는 전국 7개 시·도 26개 해수욕장으로 확대·보급돼 보령형 K-방역을 널리 알리는 계기가 될 것이다. 이로써 보령시는 행정안전부·인사혁신처·국무조정실 공동주최 2021년 하반기 적극행정 우수사례 경진대회에 충남도를 대표해 출전, 전국 지방정부와 겨루게 된다.

이처럼 김동일 시장은 창의적인 면에도 남다른 실력을 가지고 있다. 그래서 최우수상을 수상하지 않았던가?

또한 보령시는 지난 2019년 3월에도 '적극행정 보령특별시' 선포 이후 2020년 행정안전부 적극행정 선도단체 및 적극행정 종합평가 우수기관 선정, 지난해부터 충남도 적극행정 우수사례 경진대회 4회 입상 등 괄목할만한 성과를 내 왔다.

어디 그뿐인가?

김동일 보령시장을 생각하면 다산 정약용을 말하지 않을 수 없다.

다산은 '전론(田論)'에 "임금과 수령의 역할은 백성 모두가 골고루 잘살게 하는 것이다. 이를 실현하기 위해서는 특히 왕의 측근부터 국법을 지켜야 백성들도 지킨다고 했다"고 주장했다.

C 언론 보도에 의하면,

"5일간의 추석 연휴가 끝났지만 김동일 보령시장의 체력이 공직사회와 지역사회에 다시 한번 화두다. 김 시장은 18일 추석 연휴 첫날 전통시장(동부, 현대시장) 방문을 시작으로 연휴기간 내내 귀성객과 관광객 방문, 비상근무 중인 공직자 격려 등 관광명소와 민생현장 점검에 발품을 팔았기 때문이다. 이날 김 시장은 양승조 충남도지사와 함께한 중앙, 현대시장과 보령해경대천파출소, 대천항수산시장 등 주요 민생현장 점검에도 함께 동행했다.

이어 19일에는 귀성객 맞이를 위해 대천역과 여객터미널, 성주산휴양림, 보령댐, 천북·청소 방역초소 등 점검을 이어갔으며 가을철 낚시객으로 북새통을 이루고 있는 무창포해수욕장·무창포항을 방문해 관광객과 귀성객 주차불편 사항도 점검했다. 김 시장은 추석 명절 당일을 제외하고 20일과 22일에도 민생현장과 관광지 점검을 이어갔다."

자랑할 게 얼마든지 있다.

70을 넘긴 연세인데도 목민관으로서의 김 시장은 젊은이 못지않게 발로 뛰고, 눈으로 점검하는 행정력을 펼치고 있다. 20일 대천여객선

터미널과 대천항, 코로나19로 답답한 마음을 달래기 위해 밀물처럼 밀려드는 관광객이 몰린 대천해수욕장과 죽도를 방문하고, 명절 연휴도 반납하고 코로나19 방역에 비상근무 중인 보건소 직원들의 격려도 잊지 않았으며, 또 명절 마지막 날인 22일에도 보령아산병원응급실과 대천해수욕장과 보건소를 다시 방문해 근무자를 격려하고 관광객 불편사항 등을 마지막까지 체크하여 시민들을 보살피고 있다.

충무공 이순신 장군께서는 1576년(선조9) 2월 식년무과에 합격하고 나서 임용발령을 조용히 기다리며 "대장부로 세상에 나와 나라에서 써 주면 죽음으로써 충성을 다할 것이요. 써 주지 않으면 야인이 되어 밭갈이하면서 살리라(丈夫出世 用則效死以忠 不用則耕野足矣)."고 하셨다.

김동일 보령시장!

내년 지방선거를 앞두고 그의 올곧은 국가관도 이와 같으리라.

김문수

적을 알고 싸우는 김문수 전 경기지사

김문수 전 경기지사

국가관이 확실하고 정체성이 분명한 김문수 전 경기지사. 그는 공직에 있는 동안 강직하고 청렴한 관계로 부정한 돈을 긁어모으지 않았다. 필자는 주체사상에 대한 확실한 신념을 가지고 싸우고 있는 그를 알고 있다.

따라서 그의 조상에 대하여 아는 것도 김문수 지사를 아는 데 도움이 될 것 같아 이에 밝히고자 한다. 남계실기(南溪實記) 충현록(忠賢錄)에 수록된 내용이다.

증선무랑한성부판관 노항김공(贈宣務郎漢城府判官 魯巷金公)은 영천 출신으로 1592년 임진란 때 의병으로 싸우셨고, 경주성 전투에서 전사하셨다 한다.

공의 휘는 연이시고 자는 언홍이며 호는 노항으로 경주인이시고, 아버지의 휘는 웅정이며 참봉을 지내셨고, 어머니는 오천 정씨 사정을 지내신 사순의 따님이시고, 공은 임자년에 군의 북쪽 장항촌(獐項村)에서 태어나셨다. 어려서도 준영(儁穎)하시며 보통 아이들과는 다르셨고 어린아이였을 때 부모님 상을 당하여 몹시 슬퍼하시었는데 상례를 어른같이 잘하셨고 스스로를 다스렸는데 밭 한 뙈기 없이 고생을 하셨는데 식량이 떨어졌어도 이웃의 도움을 받지 못했으나 개의치 않고 독서를 밤새도록 하셨고, 엄동이나 혹서에도 의대(衣帶)를 반드시 삼가 조심하셨으며 (충현록P.37) 벗들의 실없는 소리에는 입을 열지 않으셨다.

일을 만나서 의논할 때는 이해를 따지지 않으시고 옆 가까이에서 의견을 말씀하신 분이다. 회호(回互)하여 만력 20년 여름 4월 왜구가 크게 일어나 침입하니 공께서 곧 분연히 창기 향병(鄕兵)한다고 타이르시니 충의로써 한 때 이름난 인물들이 소문을 듣고 다다랐고, 적이 점거한 본읍(영천)성을 네 곳으로 나누어 베고 노략질하니 공께서 마침내 여러 고을의 의장(義將)들과 함께 좌우에서 도와 공격하여 대파(大破)하여 영천성을 수복하고, 자인에서 승리한 후 동도(경주)에 이르러 아들 취려를 돌아보며 이르시기를 흰 명주 천을 가져오게 하시어 우리들의 성명을 쓰시고 "무릇 싸움에 전진만이 있고 후퇴는 없다" 하시고 "너희들이 나를 찾으려면 뼈 한 가지만 있을 것이다"라고 하시고 서천에 이르니 좌장군 박진이 기율을 잃어 아군이 어지러웠고 적은 기세가 올라 있었다.

공 및 사종질(四從姪) 대해, 최인제, 정의빈, 이영근, 이일장, 이득린, 이지암, 정석남, 손응현 등이 힘을 다하여 싸웠으나 돌아가시니 8월 21일이었다. 아들 취려가 공의 시신을 찾으려고 시체 더미에서 의대(衣帶) 사이의 흰 명주에 쓰인 글씨를 보고 찾았으며 초유사 김성일이 달려가시어 아뢰었고 특별히 벼슬을 주시니 (충현록 P.37-1) <특증><特贈>한성부판관이고 임금께서 신하의 의견을 살펴 들으시어 잔치를 베풀어 주시고 복가(復家)를 해주셨다고 기록되어있다.

그런 핏줄을 타고 태어난 분이 김문수 전 경기지사인 것이다. 김지사의 눈빛과 얼굴을 보라. 강골(强骨)인 데다가 애국충절의 열정으로 타오르지 않는가? 김지사가 주장하는 주체사상에 대하여 계속 들어보자.

큰 정치인으로 변신하는 김수연 의원

김수연 대전 대덕구 의원

　국민의힘 대전 대덕구의 김수연 의원은 재선의원으로 1970년 8월 15일 충청남도 보령에서 태어났다. 그는 조선 후기 청백리로 두 번씩이나 천거되었던 김영수 삼도수군통제사 종손가의 차종손이다. 김창석 대법관도, 장동혁 전 광주지방법원 부장판사도 역시 충남 보령 출신이다. 보령은 이들 외에도 큰 인물이 자주 태어나는 곳이다.

김수연 의원을 만나 본 사람들은 김 의원을 가리켜 큰 인물이 될 사람이라 한다. 필자 보고도 한번 만나보라고 권유하는 분들이 있었다.

또한, 대덕구 주민들은 김 의원을 일컬어 "대덕 주민을 위한 민원 해결사"라고들 한다.

김제동 씨의 고액강연이나, 어린이 용돈 수당 사업을 중단시킨 것도 그의 힘이 컸기 때문이다.

언론을 통해서 본 김수연 의원은 주민들과의 소통과 현장 행정을 항상 강조한다. 의정 활동의 가장 큰 핵심은 바로 현장 의정활동이기 때문이다. 주민들 한 분 한 분의 의견을 청취하고 의정에 반영하는 것이 지방의원이 해야 할 사명이자 역할이라고 그는 믿는다. 그가 지난 6.13 지방선거의 민주당 광풍 속에서도 재선에 성공한 이유도 그의 정치 철학이 큰 역할을 했기 때문이고 대덕주민들의 사람을 보는 눈이 탁월했기 때문이다.

그에게 가장 기억에 남은 의정활동이 뭐냐고 묻는 필자의 질문에 "대덕구 풀뿌리 교육자치 예산에서 김제동 고액 강사료 책정 내역을 지적해 결과적으로 사업취소를 이끌어 낸 것은 큰 성과"라고 말했다.

한때 유행처럼 번지던, 김제동 강연 120분에 1550만 원의 고액 강의료가 책정된 사업계획서를 보고 5분 발언과 입장문을 발표하면서 관심을 불러일으키게 되었고, 그로 인해 전국적인 관심으로 번져 언론에서도 비판하는 등의 시간을 거쳐 마침내 사업 취소를 이끌어 내는 데 성공을 했다는 것이다.

김수연

또한, 대덕구의회 7월 임시회에서 올해 전국적인 논란을 불러일으킨 어린이 용돈 수당 예산과 재단설립 예산 3억 2천여만 원을 전액 삭감시킨 것 또한 성과라고 말했다.

대덕구의회에서 어린이 용돈 수당 지급 예산을 전액 삭감한 것은 지방의회에서 찾아보기 어려운 소수의 목소리가 다수의 목소리를 잠재운 일로 기억될 것이다. 이로 인해 다수당인 민주당 의원들이 무릎을 꿇은 셈이다.

주민을 위한 민원해결사 김수연 의원.

그는 아침에 눈을 떴을 때부터 밤에 눈을 감을 때까지 구민들의 민원을 어떻게 하면 해결할 수 있을지 고민하고 있다고 했다. 한번 해결하고자 하는 민원은 절대로 놓치지 않고 반드시 해결한다고 해서 '민원 진돗개'라고 불리는 김수연 의원은 자나깨나 구민 생각뿐이란다.

그는 언제나 웃는 얼굴이다. 구민들의 민원을 자주 해결해 주고, 해결해 줄 때마다 인생에 가장 큰 행복을 만끽하기 때문에 웃을 수밖에 없다는 것이다. 그의 호주머니에는 언제라도 구민들의 민원을 받아 적을 수 있는 수첩과 볼펜이 준비돼 있다.

그의 사무실 책상 한가운데에는 산처럼 쌓인 민원과 관련된 서류 뭉치가 놓여 있다. 이 자료들은 김 의원의 꼼꼼한 성격을 대신 말해주고 있다. 민원인 연락처, 민원 내용, 민원과 관련된 담당자의 연락처, 접수 일자, 처리 일자, 보류 사유 등이 빼곡하게 적혀있는 것이다. 특히 김 의원은 이 모든 과정을 민원인에게 통보해 주고 있다.

그러면서 그는 "구민들이 저에게 내놓으신 민원이 담긴 이 수첩은 저의 심장과 같은 보물입니다. 민원이 접수되는 순간부터 해결하는 모든 과정이 즐겁기만 합니다. 저의 노력에 구민이 행복한 미소를 지을 때 이 일을 하기 잘했다고 생각합니다."라고 밝혔다.

김 의원은 3번의 도전 끝에 대덕구의회에 입성했다. 두 번의 실패를 맛본 탓인지 그는 처음 7대 의원으로 자리하는 순간 사무실에서 가장 잘 보이는 곳에 지워지지 않는 유성펜으로 '겸손'이라는 단어를 적었다고 한다.

벼는 익을수록 고개를 숙인다는 말이 있듯이 그는 재선에 성공한 순간에도 또다시 구민들 앞에서 더욱더 낮은 자세로 겸손해지기로 마음먹었다고 한다. 그래서인지 겸손과 민원 해결 능력을 겸비한 김 의원은 꾸준히 구민들로부터 적극적인 지지와 사랑을 받아오며, 대덕구의 복리 증진과 삶의 질 향상을 위한 의정활동에 앞장서고 있다.

필자는 김 의원에게 큰 정치인으로 변신할 것이라고 하였다.

그는 정무직 정치인으로 출발한 것이 아니라 정용기 전 국민의 힘 국회의원의 눈에 발탁되어 정당 활동을 하는 정치인으로 발을 들여놓았다. 정용기 전 의원은 사람 보는 눈이 탁월하다. 그래서 김수연 의원을 발굴했던 것이다.

김수연 의원은 대학생활 시절 학생회장직을 맡아왔다. 그 당시 학생들이 필요로 하는 사안들을 하나하나 해결하며 남을 위한 일을 한다는 것에 큰 매력을 느꼈다고 했다. 또 학교 내에 갈등이 발생했을 때 이를 처리하는 과정이 힘들었지만 보람을 느꼈다고도 했다.

졸업 후 자영업을 하면서 여러 사람을 만나보니 지역주민들의 여러 가지 어려움을 듣게 됐고, 그것을 해결해 주고 싶은 마음은 굴뚝같지만, 일반 주민으로 주민들의 숙원사업과 고충 해결이 어렵다는 것을 알게 돼 직접 나서서 민원을 처리할 수 있는 일은 무엇일까 고민 끝에 지방정치를 시작하게 됐다는 것이다.

큰 정치인으로 변신하고 있는 김수연 의원.
대덕 주민들과 함께 그의 의정활동을 지켜보는 것도 흥미 있는 일일 것이다.
기대가 크다, 김 의원이여!

이 사람, 김연수 중구의회 의장

김연수 대전 중구의회 의장

이 사람 김연수. 대전 중구의회 의장.

야당(국민의힘)의 불모지인 대전에서 유일하게 의회의장직을 흔들림 없이 수행하고 있는 버팀목, 바늘로 찔러도 가슴에서 피 한 방울도 나오지 않을 강직한 인물. 필자가 그의 의정활동 7년여를 지켜보면서 얻은 결론이다. 바늘로 찔러도 피 한 방울도 나오지 않을 사람이라고? 그렇다. 그동안 그의 의정활동을 보면 그렇다는 것이다.

지방의회는 구민들의 직접 선거에 의하여 선출된 의원으로 구성된다. 의원의 임무는 지방자치단체의 정책이나 행정을 심의하고 지방자치단체의 기본방침을 결정하는 것이다. 또한, 구민들의 권리와 이익을 옹호하기 위해 집행부의 통제 및 감시기능도 하고 있다.

지방의회 의결권의 범위는 다음과 같은 중요한 사항에 한정되는 데 그 특징이 있다.

① 주민에게 부담을 지우는 사용료, 수수료, 지방세 또는 가입금의 부과와 징수
② 기금의 설치·운용, 중요 재산의 취득·처분
③ 공공시설의 설치·관리 및 처분
④ 법령과 조례의 규정을 벗어난 예산외의 의무부담이나 권리의 포기
⑤ 청원의 수리와 처리
⑥ 기타 법령에 의하여 그 권한에 속하는 사항

또한, 지방의회는 예산심의 및 결산심의권을 가진다.

지방자치단체의 예산 및 결산은 주민에 의한 민주적 통제를 위하여 일체의 수입과 지출을 모두 예산에 편입시켜 의회의 의결을 거치도록 법으로 정하고 있다. 따라서 지방자치단체(시청이나 구청)는 예산에 편성하지 않은 재원은 지출할 수 없다.

거기에 지방의회는 감시권을 가지는데 감시적 권한으로서는 감시권·조사권·답변요구권·서류제출요구권 등이 있으며, 또한 의결권을

보완하고 집행기관에 대한 감독권을 지방의회에 보장한다.

　필자가 중구의장 김연수를 이야기하는데 왜 구구하게 지방의회 의원들의 역할이나 기능을 세세히 이야기 하고 있는가 고개를 갸우뚱거리는 분도 계실 것이다.

　김연수 의장은 의정활동을 하면서 그런 모든 법률이나 규정들을 속속들이 알고 있었다.

　그래서 그게 어쨌느냐구?

　중구청장을 비롯해 국장이나 그 이하 직원들이 얼마나 피곤했겠는가 생각해 보라는 것이다.

　10-1은 0도 될 수 있다는 사실을 알아야 원활하게 돌아가는데, 의장 직을 맡은 분이 그 답을 9라고만 알고 있다면 일 처리하기에 얼마나 속이 터졌겠는가?

　그런데 말이다. 필자는 물론 독자들이나 중구청 직원들은 그를 고마워해야 할 것이다. 그가 그 직분을 고집스러울 정도로 지켰기에 오늘날 청장님을 비롯해 관계 공무원들이 청렴결백하고 강하게 버티고 있는 게 아니던가?

　무거운 기차를 달리게 하는 레일을 보라.

　시속 150km로 달리는 고속열차도 그렇지만 시속 1,000km 이상 초고속으로 주행하는 하이퍼튜브 열차를 지탱할 레일은 뜨거운 용광로 속에 수십 차례의 정화과정을 거쳐야 레일로서의 역할을 할 수 있다.

우리 한국철도기술연구원에서는 하이퍼-튜브 열차가 시험 동안 1,000km/h 이상의 속도를 달성했다고 발표했다. 이것은 세계에서 가장 빠른 기차 시스템을 만들기 위한 첫걸음이다.

이 열차는 2024년에 첫 번째 하이퍼루프 비행을 시작함으로써 서울과 부산 사이의 이동 시간을 KTX가 3.5시간 달리던 것을 30분으로 줄였다.

지금의 박용갑 중구청장과 중구청 직원들을 보라. 얼마나 강직하고 청렴결백한 공무원들인가?

어느 곳 무슨 직을 맡겨도 박용갑 청장은 완벽히 해낼 재목으로 손색이 없다. 또한 중구청 직원들도 김연수 의장이 용광로 역할을 하고 있기에 흠 잡을 수 없는 공직자들로 직분을 다하고 있는 게 아닌가?

그래서 김연수 의장께 당부 좀 하자.

앞으로 남은 의장직을 수행하면서 남은 임기 동안도 곧고 바르게 구민들의 목소리에 귀를 기울여 구민들이 지방의회를 신뢰할 수 있도록 책임 있는 의정활동을 하길 바라고 더 큰 인물이 되길 기대한다.

김중로

장군별 김중로가 세종에 나타났다

김중로 장군

"국가는 인위에 의한 예술품"이라고 군주론의 저자 마키아벨리는 말했다.

무슨 말인가? 앞으로 세종시는 새롭게 태어나는 두 국회의원에 의해 새롭게 건설된다고 볼 수 있다는 것이다. 그만큼 이번 21대 총선에 출사표를 던진 '미래통합당의 세종 갑'의 김중로 후보와, '세종 을'의 김병준 후보의 어깨가 무거운 것이다.

마키아벨리는 정치란 욕망으로 떠받쳐지는 인위를 통해 야심과 탐욕이 소용돌이치는 현실을 극복해야 한다고 역설했다.

그가 말한 인위란 '어떤 일인가를 이룰 수 있는 힘'을 말하는데 어떤 일이든 초지일관하기 위해서는 냉정한 합리성이 동시에 요구된다고 하였다. 그래야만 맹목적인 것에 불과했던 힘에 냉정함이 수반되면서 정치적 목적을 이룰 수 있다는 것이다.

그러기 위해서 군주는 짐승처럼 행동하는 법을 알아야 하고, 여우와 사자의 기질을 모방해야 한다고도 하였다. 왜냐하면 사자는 함정에 빠지기 쉽고 여우는 늑대를 물리칠 수 없기 때문이다. 따라서 함정을 알아채기 위해서는 여우가 되어야 하고, 늑대를 혼내주려면 사자가 되어야 한다는 것이다.

필자가 만난 이 후보 김중로. 육군 장성으로 예편했다 한다. 평생 나라를 지키다 군복을 벗은 것이다.

내 평생 별을 달았던 장성급으로 알고 있던 이는 박찬주 육군 대장 말고는 없었다. 그를 만나기 전에는 외모부터 대하기 어려울 근엄한 인물로 상상했었다. 그러나 첫인상에서 풍기는 분위기가 한없이 부드러웠고, 그의 입술을 통해 나오는 음색(音色)은 필자의 마음을 편하게 해주어 한 시간여 그와 편안한 맘으로 대화할 수 있었다.

그의 눈매도 매섭게 빛남이 없이, 보는 이에게 부드럽고 편안한 마음을 갖게 해주는 눈빛이다. 외유내강(外柔內剛) 성격의 소유자도 아니고, 그렇다고 외강내유(外剛內柔) 성격은 더구나 아닌, 외유내유(外柔內柔)인 성격으로 보이는 것이 김중로 장군에 대한 첫인상이었다.

그런 인상 때문에 의아심이 내 뇌리를 스쳤다. 어떻게 이렇게 유순

한 분이 수십만 대군을 통솔하며 군기를 잡아 나라를 지켰고 이낙연 전 총리 앞에서도 당당히 자기소신을 밝혔을까?

그런데 그와 대화를 나누는 동안 이런 의아심이 풀리기 시작했고 '그러면 그렇지' 하는 안도감이 들기 시작했다.

그는 '북한의 미사일 발사가 비핵화 의지인가?'라는 이낙연 전 총리의 질문에 "지난 7월 25일에도 미사일을 발사하더니 그 이후에도 지금까지 계속 단거리 미사일을 발사하는 것으로 보아 북한은 비핵화 의지가 절대 없음을 만천하에 드러내고 있다."고 대답했고, "러시아 중국의 합동 군사훈련, 러시아 군용기의 독도 영공 침범, SLBM 탑재가 가능한 북한의 신형 잠수함 공개에 이어 미사일 발사까지, 일련의 사태를 보고도 문재인 정부는 아무 대책도 내놓지 못하고 있다."고 톤을 높였다 한다. 그러면서 그는 "북한의 비핵화는 이미 물 건너갔다. 그러니 현실을 직시하고 안보 태세를 강화해야 할 때"라고 말했다는 것이다. 다시 말해 '문재인 정부는 아무 대책도 내놓지 못하고 있으니 군에서라도 안보태세를 강화해야 할 때'라는 말에 방점을 찍어 톤을 높였던 것이다.

이어서 그는 세종시민들의 권익 보호를 위해 이낙연 전 국무총리에게 세종전원주택단지사업 비리 의혹에 대한 철저한 수사를 촉구했고, 또한 특정 정당 소속 의원들이 지방의회의 80% 정도를 차지하고 있는 상황에서, 전원주택단지 사업 비리의혹과 같은 권력형 공무원 비리의 차단을 위해 전수조사를 요청하여 이낙연 총리의 답을 받아냈다고 하였다. 그러면서 세종시민들이 자신을 선택해 준다면 지금까지 늘 그

래왔던 것처럼 세종시민들은 물론 국가와 국민만을 생각하며 의정활
동에 더욱 박차를 가하겠다고 하였다.

그의 방점을 찍어가며 톤을 높이는 대목을 들을 때마다 '성(誠)'을 실
천할 일꾼이란 생각이 퍼뜩 뇌리를 스치고 지나갔다. 무슨 말인가, '성
(誠)'자를 분석해 보면 '말씀 언(言)'에 '이룰 성(成)'자가 합쳐져서 된 글자
이다. 즉, 입으로 뱉은 말은 이루어야 된다는 뜻이다. 그가 입으로 뱉
는 말, 그래서 기대가 큰 것이다.

결론을 맺자.
국가는 정치꾼이 아닌 정치인에 의해 발전하게 되고 국민들은 편안
한 삶을 영위하게 되는 것이다. 문재인 정권 3년을 돌아보라. 최고 권
력자의 천방지축으로 인해 나라가 얼마나 시끄러웠으며, 북한은 비핵
화할 것이라고 얼마나 나불대며 국민을 속여 왔던가? 그것을 아니라
고 확실히 못 박은 이가 바로 김중로 장군이었던 것이다.

그와 대화를 나누다 보니 세종 시민들은 축복받은 사람들이라는 생
각을 지울 수가 없었다. 국가관과 신념이 확실한, 거기에 힘과 합리성
을 겸비한 새로운 인물이 세종시에서 출마한다 하니 얼마나 든든하겠
는가?

그러니 김중로 후보여!
목적을 위해 수단을 부리는 정치꾼이 되지 말고 오로지 세종시민

과 대한민국을 좌파들로부터 지키는 강한 일꾼이 되길 바란다. 지금 우리의 주적은 북한 김정은이 아니라 남한 이곳저곳에서 나라를 시끄럽게 하고 있는 좌파 무리들인 것이다. 국민을 위하는 일에 천방지축 하지 말고 냉정히 파악한 다음 일을 추진할 것이며 말을 뱉기 전에 생각에 생각을 거듭하고 전문인들의 고견을 충분히 들은 다음 실천으로 옮기길 바란다.

하나님은 왜 뱀의 혓바닥을 둘로 쪼개 말을 못하게 만들었는지 생각해 보는 것도 일하는데 크게 도움이 될 것이다. 뱀이 죽어가는 고통 속에서도 신음소리조차 못 내게 된 이유를 생각해 보라.

김중로

대한민국의 버팀목 김진태 전 의원의 포효(咆哮)

김진태 전 국회의원

김진태 전 의원, 그는 현역이 아니다. 현역이 아닌 사람은 면책특권이 없는 것이다. 그런데도 그는 포문을 열었다. 얼마나 돌아가는 나라 꼴이 걱정 되었으면 각오하고 입을 열었겠는가?

보자, 그가 2020년 7월 27일 페이스북에 발표한 성명서 내용을.

☞ 김진태 성명: 이러려고 정권 잡았나?

몇 달이라도 좀 조용히 살랬더니 한마디 안 할 수가 없다. 며칠 전 서울도심에서 이석기 석방을 요구하는 차량시위가 열렸다. 서울이 무법천지가 돼간다. 이러라고 국민들이 문재인 정권에 표를 몰아줬을까? 이러니 '나라가 니 거냐?'는 소리가 나오는 거다.

서울시는 얼마 전 백선엽장군 분향소를 설치한 사람들에게 변상금을 부과했다. 이번 차량시위는 형법상 일반교통방해에 해당할 소지가 크다. 나라를 구한 사람을 추모하는 건 불법시하고, 나라를 엎을 사람을 추종하는 건 봐주고 있다. 아무리 좌파정권이라도 공정한 '시늉'이라도 해야 되는 거 아닌가? 경찰은 즉시 차량시위 주최자를 형사입건해서 처벌해야 한다.

이석기의 옥중서신까지 공개됐다고 한다. 한미관계를 '근본적으로' 바꿔야 한다고 주장했다. 미군철수하란 소리다. 이러면서 이석기 본인 아들은 미국유학 보냈다. 난 한미동맹 중요시하지만 아들 미국유학 못 보냈다.

하다하다 이석기까지 싸고도는 이 정권은 끝이 멀지 않았다. 국민이 참는 데도 한계가 있다.

그리고 그는 끝인사로 '김진태, 대한민국의 힘(him)! 다시 뛰겠습니다~'고 인사를 했다.

필자도 그의 말에 적극 공감하는 바이며 문재인 정권이 하루 속히

김진태

청산되기를 바라면서 논지를 전개하고자 한다.

보자, 왜 필자가 문재인 정권이 하루 속히 사라지기를 바라는가를.
문재인 정권 3년이 넘도록 대한민국과 국민들을 위해 무엇을 했나
생각해 보라.

Over the Hill(저 언덕을 넘어서)!

영화제목도 아니요, 남진의 노랫말도 아니다. 미국민들의 개척정신
인 것이다. 저 언덕을 넘어가면 희망이 있고, 삶을 영위할 수 있는 다
이아몬드가 있는 것이다. 이는 지금 우리 민족이 내세워야 할 목표 지
향점인 것이다. 그런데 아직도 이런 희망은 제시하지 못하고 적폐청
산이란 명분을 내세워 내 맘에 들지 않는 사람들을 향해 시위를 당기
고 있는 것이다.

자기 주둥이에 똥이 묻어 있으면 자신의 눈에는 보이지 않는다. 그
러나 냄새는 맡을 수 있다. 그 냄새 필자가 맡게 해주마.

그대들은 입에 부동산 투기이라는 똥, 성추행이라는 똥, 위안부 할
머니들 등처먹는 똥, 심지어는 개표조작이라는 똥까지 묻히고 다니는
사람들로 우글거리는 당이 아니던가?
더구나 이번에는 학력위조 의심을 받는 박지원이라는 인간을 국정
원장으로 내세운다 하니 가관이 아닐 수 없다.

김진태 의원의 성명서에 달린 친구 6,995명이 올린 댓글도 보자. 옮겨 싣겠다.

1. 김○○–미쳐돌아가는 정권~지겹다~

2. 강○○–김진태님은 4년 후에나 출마하실 수 있는 거죠? 그때까지 그럼 우린 어찌해야 합니까? 서울시장 출마하세요. 임기동안 대통령 출마 안 한다는 조건으로 하시든지 아니면 2년 후 대통에 출마하시어 이 나라를 구해주세요.

3. 金 ＊＊–미친 척 돌아가는 정권~진짜 이제는 지겹다.
   이번 부정 선거 되돌리지 못한다면 다음 선거는 없습니다. 아무리 국민이 등을 돌려도 선거 결과는 뻔할 테니까요?

4. 햇살이와쭝코– 어쩌다 나라가 이렇게 됐는지 답이 없네요. 국민들은 잘못돼가고 있다는 걸 알면서도 침묵하고 있어요. 이제는 국민들이 일어나야 하는데 다들 잘못되면 감옥 간다고 말조심해야 한다고들 하네요. 그냥 앉아서 현 정권이 무너지는 날만 기다려야 하는지요?

5. 하늘 정원– 부정선거 바로 잡지 못하면 공산화 사회주의 될 것이고 국민은 인민신세 될 것이다. 힘내서 싸우자.

6. 손＊＊– 문재앙 정권을 추종하는 세력은 한 놈도 정신이 올바르게 박히지 않고 오로지 김정은 최면술에 걸려있는 인간 아닌 쓰레기 같은 존재이다. 의원님 2년 후에 대선에서 승리를 하셔서 대한민국을 굳건히 지키는 국부가 되시길 바랍니다.

7. 나라가 징그러워요!! 나 역시도 싸움닭이 되어가고 있어요. 참다

참다 화병이 생겨서 이제는 말 바꾸는데 눈 하나 깜짝 안하고 있
는데 이게 민주주의 인가 싶다.

이 말고도 댓글은 수없이 많이 달려 있다. 댓글은 민의(民意)인 동시
에 신문고 역할을 하는 것을 알기 바란다. 더구나 여기에 댓글을 단 주
인공들은 훈련받고 동원된 사람들이 아니란 것 명심하기 바란다.

Over the Hill (저 언덕을 넘어서)! 문재인 정권이여!

우리에게도 이런 희망을 갖게 해 달라.

07

김진태 장동혁

김진태 검사와 장동혁 판사

김진태 검사   장동혁 판사

김진태 국민의힘 전의원은 서울 중앙지방검찰청 부장검사를 역임했고, 장동혁 국민의힘 대전 지부장은 광주지방법원 부장판사를 역임했다.

이순신 장군은 바다를 주 무대로 활동했고, 세월호의 유병언도 바다를 주 무대로 활동했다. 필자가 김진태 전 검사와 장동혁 전 판사를 말하는 자리에 왜 이순신 장군과 유병언을 끌어들여 말하려 하는가?

이순신 장군은 나라와 민족을 위해 활동한 인물인 반면, 유병언의 활동은 자신의 주머니를 채우기 위한 목적이라는 점이 다르다는 것이다.

보라, 그동안 김진태 전 검사나 장동혁 전 판사의 족적(足跡)을.

그들은 공직에 있는 동안 오로지 나라와 민족을 위해 헌신한 것이 그대로 나타나 있다.

강원도 춘천 출신인 김진태 의원은 검사시절 춘천지검·서울중앙지검 부장검사, 대검찰청 조직범죄과장 등 요직을 두루 거친 후 2009년 춘천지검 원주지청장을 마지막으로 17년간의 공직생활을 마쳤다.

지난 2006년 대검 강력과장 당시에는 전국 2만여 개의 사행성 게임장 'XX이야기'를 소탕하였으며, 공안검사로 있을 때는 전·현직 대통령 사건을 몇 차례 수사했는데, 2003년 노무현 대통령 취임식을 앞둔 2003년 초, 노 대통령 후보 비서관이 간첩교육을 받기 위해 밀입북한 사건을 발견하고 '나라의 앞날을 홀로 걱정하며 법원에 기소했다'고 했다. —그의 저서 『법대로 살까? 멋대로 살까?』에 수록됨— 간첩교육을 받은 비서관의 혐의는 인정됐지만 집행유예로 풀려났다.

그다음으로 전두환 전 대통령의 재판을 배당받고 고민하던 나머지 사표를 던지고 미래통합당에 합류한 장동혁 전 광주지방법원 부장판사.

그는 충남 보령 출신으로 대천고와 서울대를 졸업했으며, 행시(35회)에 합격한 후 2001년 사법고시(43회)에 합격해 대전지법 공보 판사, 인천지법 판사 등을 지내며 사회적 약자와 인권을 보호하는 판결을 내려 많은 사람들로부터 칭송을 받았던 인물이다.

그는 광주지법 부장판사로 발령돼 고(故) 조비오 신부와 5·18 희생자들의 명예를 훼손한 혐의로 기소된 전두환 전 대통령의 재판을 맡으면서 주목을 받았는데, 특히 전두환 전 대통령이 고령이라는 점 등을 고려해 재판 불출석을 허가한 착한 심성을 가지고 있다.

장 판사는 전두환 전 대통령이 발포명령을 내리지 않은 분으로 확신을 가졌을 것이다. 얼마나 고심이 컸을까? 발포명령 내리지 않은 분에게 유죄 판결 내릴 수 없고, 안 내리자니 가짜 유공자들이 들고 일어설 테고. 그 갈등의 심정을 필자는 잘 안다. 그는 좌로나 우로나 흔들리지 않는 양심적인 재판관이기 때문이다.

그런 그들이 대통령 어디 있느냐고 피켓을 들고 거리로 나온 것이다. 보자. 그들이 코로나19의 위험을 무릅쓰고 길거리로 나온 이유를.

<김진태 입장문>

이번 개천절엔 저도 광화문에 안 나가겠습니다. 드라이브 스루로 하자고 대안을 제시했더니 정권은 벌떼처럼 일어나 그것도 안 된답니다. 할 말이 없으니 더 성질을 부립니다.

정권은 지금 경제실책과 연이어 터지는 구성원들의 비리로 궁지에 몰려 있습니다. 특히 소연평도 공무원 총격살해사건은 정점을 찍습니다. 이 정권은 국민이 총살당하고 시신이 불타는 걸 뻔히 바라만 보고 있었습니다.

그런데도 정권은 결코 잘못을 인정하지 않습니다. 오히려 자신들의 실책을 덮어줄 국면전환용 희생양을 찾을 겁니다. 그건 저 김진태가 될 수도 있고 애국시민들이 될 수도 있습니다.

이번에는 광장에 모이지 말고 각자 있는 곳에서 문자로 댓글로 싸웁시다. 기회는 곧 옵니다. 그때 제대로 된 힘을 보여줍시다.

<장동혁 입장문>

우리 국민이 죽었습니다. 대통령은 어디에 있습니까?

대전복합터미널과 유성온천역 사거리에서 천인공노할 만행으로 돌아가신 분을 함께 애도하고, 국민 생명이 사그라지는 동안 수수방관한 청와대와 대통령의 무책임을 국민에게 고한다는 취지로 1인 시위를 진행했습니다. 대한민국 대통령은 지금 어디에 있습니까?

김진태 전 검사와 장동혁 전 판사는 경거망동하지 않는 인물로 확실한 신념이 섰을 때 비로소 행동으로 옮기는 분들이다. 그들의 깊은 마음속에는 오로지 대한민국과 그 국민들만 있는 것이다.

유병언을 닮은 일부 해바라기성 판검사들과는 그 추구하는 바가 다르다.

그런 그들이 길거리로 뛰쳐나와 외치고 있는 것이다,

"우리 국민이 죽었는데 지금 문대통령은 어디에 있느냐"고.

그러니 문대통령이여, 어서 답하라. 그 수십 시간 동안 어디 가서 무슨 짓을 했노라고.

08

나경원

역시 나경원

나경원 의원

　2021년, 5월 27일 오후 1시. 국민의힘 나경원 전 원내 대표가 대전을 방문했다.

　그의 첫마디가 "충청의 딸 나경원이 충청이 중심 되는 당 만들겠다"고 하며, 자신이야말로 "경륜 갖춘 당 대표 적임자"라고 강조하며 자리를 메운 당협위원장과 당원들에게 지지를 호소했다.

나경원 후보는 기자회견에 앞서 장동혁 시당위원장, 이장우, 정용기, 이은권, 조수연 등 많은 당직자 및 당원들이 모인 자리에서 "이번 선거만큼 중요한 선거가 없다. 내년 선거는 정권을 교체해야 하는 너무나 중요한 선거이기에 제가 여러분의 마음을 담아서 반드시 승리하겠다"고 말했다.

또한 "충청의 딸 나경원이 충청이 중심이 되는 당을 만들겠다. 대한민국의 척추, 대전의 발전이 대한민국 발전의 근간이다"라며 "정권교체를 이루지 못해 민주당 정권에 대한민국 5년을 더 맡기게 된다면 돌이킬 수 없는 쇠퇴와 불행이 닥칠 것"이라고 우려했다.

이어 "야권 대통합의 숙원을 이뤄낼 적임자는 계파 없고, 누구와도 불편함이 없는 나경원"이라고 했다. 그러면서 "이번 당 대표는 분열이 아닌 통합의 당 대표가 돼야 한다"며 "역사의 중요 순간마다 심판자 역할을 한 충청권 정신을 받들어 승리의 꽃다발을 바치겠다"며 지지를 호소했다.

그는 이어서 "이번 통합 과정에서 안철수 대표와 함께하지 않으면 내년 대선 승리의 필요한 조건을 맞추기 어렵다"며 "지금 당내에도 훌륭한 분들이 많고 밖에도 많다. 당연히 그중 한 명인 윤석열 전 검찰총장을 적극 추천해야 한다"며, 윤 전 총장을 대권 후보로 지지하고 있음을 밝힘과 동시에 김문수 전 지사를 영입할 의향이 없느냐는 필자의 질문에 그분도 당연히 영입해야 할 분임을 강조했다.

결론부터 말하고 논지를 전개해야겠다.

나경원 후보의 말이 백 번 맞는 말이다. 그 내용을 요약해 보면,

첫째로, 그는 타 후보를 비난하거나 헐뜯지 않고 자신의 견해만 피력했다.

보라, 이준석 전 최고위원은 며칠 전 주호영 의원과 나경원 전 의원을 겨냥해 "탐욕스러운 선배들"이라고 직격탄을 날리며 상대편을 헐뜯지 않았던가? 연령적으로 보나, 경륜으로 보아 대 선배에게 '탐욕스럽다'고? 그런 말을 하는 이준석 후보는 당이 어려움이 있을 때 유승민과 탈당했다가 다시 돌아온 인물이 아니던가? 그리고 이준석 후보는 밝혀야 할 것이다. 박 대통령 탄핵의 주범 유승민과 어떤 관계인가를. 그리고 경륜 있는 선배들을 그렇게 헐뜯어 놓고도 국회의원 한 번도 못해 본 그대가 어떻게 정권교체를 이룰 수 있겠는가?

이준석 후보는 똥 묻은 개가 겨 묻은 개를 흉보는 그런 짓거리는 하지 말고 노마지지(老馬之智)_의 고사를 명심해야 할 것이다.

둘째로, 나 후보는 어떠한 어려움이 있었어도 당을 떠나지 않고 지켰던 인물이다(논거 생략).

셋째, 그는 지금까지 계파 없는 정치로, 늘 균형과 소신의 정치를 해온 인물이다. 다른 후보들처럼 특정 계파를 대변하고, 특정 대선주자를 대통령 만들겠다는 후보는 절대 윤석열 전 총장, 안철수 대표, 김문수 전 경기지사 등을 다 모셔 올 수 없을 것이고, 그런 당에 윤석열 전 총장이나 안철수 대표, 김문수 전 지사가 따라올 리 없을 것이다.

넷째, 나경원 후보는 심판의 대상이 누구라는 걸 확실히 알고 있다.

오로지 "심판의 대상은 독선과 무능으로 국민을 힘들게 하고 있는 문재인 정권"이라고 했다. 맞는 말이다. 무능한 문재인 정권의 천방지축으로 인해 국민들이 지난 4년간 얼마나 어려움을 겪고 있는가?

이준석을 비롯해 국민의 힘 젊은 후보들에게 당부 좀 하자.
'민이호학 불치하문(敏而好學 不恥下問)'이라는 말을 아는가?
'머리가 영민하면서도 배우기를 좋아하고 아랫사람에게 묻는 것도 부끄러워하지 않는다.'라는 뜻이다. 논어 공야장(公冶長)편에 나오는 말이다. 그러니 정치를 더 배운 다음 나서기 바란다. 배운 다음에는 노련한 선배들을 비방하지 못할 것이다.

한마디 더 하자.
그리스의 격언에 '집안에 노인이 없거든 빌리라'는 말이 있다. 삶의 경륜이 얼마나 소중한지를 깨닫게 하는 말이다. 가정과 마찬가지로 국가나 사회에도 지혜로운 어른이 필요한 것이고 경륜 있는 어르신들은 통찰력이 있다는 것을 명심하기 바란다.

젊은 후보들이여,
지혜롭게 행동하기 바란다. 지혜는 남을 비방하는 데서 오는 것이 아니라 자신을 낮추고, 모르는 것을 묻는 것에서 오는 것이다.

역시 나경원

09

박병석

자애와 청렴의 목민관 박병석 국회의장

박병석 국회의장

　'박병석 국회의장님의 1호 공약으로 태동된 '국회 통합디지털센터'의 최종 입지가 서구 갑천호수공원 부지로 확정됐습니다. 2024년까지 총 사업비 468억 8천600만 원을 투입해 국내 최초의 도심형 복합 문화 데이터센터로 건립할 예정입니다.

　'국회 통합디지털센터'는 전액 국비 지원의 공공기관 유치라는 점에서 더욱 값진 의미가 있습니다. 인구 유입, 일자리 창출로 지역경제 활성화의 계기가 됨은 물론, 잇따른 공공기관 이탈로 상실감에 젖은 지역민들에게 더없이 큰 선물이 되리라 생각합니다.

이 사업은 박 의장님의 강한 의지가 없었다면 진행조차 불가능했을 것입니다. 지역 주민과의 약속을 지키기 위해 물심양면 애써주신 의장님께 진심으로 감사드립니다. '국회 통합디지털센터'가 우리 서구의 랜드마크로 거듭날 수 있도록 관심과 지원을 아끼지 않겠습니다.'

대전 서구 장종태 청장이 페이스북에 올린 글이다. 얼마나 기다리고 잘된 일이기에 청장께서 직접 페이스북에 글을 올리고 필자에게도 직접 카톡으로 문자를 날리셨을까? 필자도 서구에 살기에 박병석 의장과 장종태 서구청장에 대하여 잘 알고 있다. 한마디로 두 분 다 덕을 갖추고 말없이 실천하는 분들이다.

조선시대 정약용 선생은 "목민관 노릇을 잘하려는 사람은 자애로워야 하고, 자애롭고자 하는 사람은 반드시 청렴해야 한다"고 하시면서 "청렴하고자 하는 사람은 검소해야 한다"고 하셨다.

그릇이 부족한 목민관은 나랏돈 퍼줌으로 민심을 얻으려 하여 불미스런 구설수에 자주 오르내리고 있는 것을 현재 우리는 언론을 통해 알고 있다. 따라서 퍼주기에 앞장서는 목민관은 우리 국민들이 경계해야 할 제1호 대상인 것이다.

그런데 이 두 분. 박병석 국회 의장과 장종태 서구청장.

이분들은 지역구민들의 애경사에 언제나 참석하여 슬픔과 기쁨을 함께 나누고, 관내 주민들의 애환을 직접 살펴 보듬어 주기로 정평이 나 있는 분들이다. 조용하되 말이 없고, 웃되 소리를 내지 않는다. 그래서 이 두 분을 뵙게 되면 마음부터 편하다.

거기에다 박의장이나 장청장은 운동권 출신이 아니며 계파색이 옅고, 온건파로 분류되는 데다가 자기 공적을 드러내지 않으며 늘 조용한 것이 특징이다. 이번에 대전 서구 도안호수공원에 '국회 통합디지털센터'가 들어서는 데 필요한 예산을 국가로부터 배정받아 오는 데에도 박의장의 공로가 컸음을 우리 대전 시민들은 잘 알고 있다. 그런데 그 시간 박의장은 모스크바 롯데호텔에서 구한말 러시아에서 활동한 이위종 열사와 최재형 선생의 후손 등 독립유공자 자손 및 고려인 동포 대표들을 초청해 간담회를 갖고 있었다.

필자는 기회 있을 때마다 장종태 서구청장을 언론에 띄워드렸다.

왜냐하면 '장종태'라는 이름 석 자만 들어도 믿음이 가기 때문이다. 늘 웃는 얼굴로 구민들을 대하며 퍼준다는 말로 지역민들을 현혹하지 않고 올곧게 목민관으로서의 길을 가고 있기 때문이다.

장 청장은 ▲주민의 구정참여 확대를 위한 다양한 정책 추진 ▲신뢰받는 구정을 위한 노력과 주민과의 약속사업 이행률 ▲주민 맞춤형 일자리·복지서비스 시행 ▲민·관 협업체계 구성 및 공동체 활성화 사업 등에 대해 높이 평가받아 지난번 '2019 지방자치행정대상'을 받은 사실도 있다.

이번에 국내 최초 도심형 복합 문화 데이터센터로 국회도서관뿐만 아니라 VR을 통해 국회의사당 본회의장 · 상임위원회 회의장 · 의원 회관 · 사랑재 등 시설을 체험할 수 있는 디지털 체험관, 전시관이 준공되면 서울까지 가지 않아도 대전에서 3억여 개의 전자책, 오디오북 등 국회도서관 자료를 열람할 수 있을 것으로 전망된다 하니 그 얼마나 자랑스럽고 기쁜 일인가?

맹자께서는 天時不如地利 地利不如人和(천시불여지리, 지리불여인화)라고 했다. 즉 '하늘이 부여한 기회보다 지형의 유리함이 낫고, 지형의 유리함보다, 사람들의 화합이 가장 좋다는 것이다.'

박병석 의장과 장종태 서구청장, 당신들의 출신 지역구를 위해 서로 화합하는 모습이 그렇게 아름다울 수가 없는 것이다.

12년 동안 용광로에 달궈진 대전시장 후보, 박성효

박성효 전 대전 시장

"좌절과 위기의 대전에서 자녀교육 걱정 없고, 취업걱정 없고, 장사걱정 없는 미세먼지로부터 안전한 쾌적한 도시는 물론 다른 지역에 비해 뒤처졌던 도시에서 대한민국의 미래를 선도하는 도시로 만들겠다. 그리고 제가 우리 대전을 웃음과 행복이 가득한 희망의 도시로 만들겠다."

인고의 12년 동안 펄펄 끓는 용광로 속에서 달구고 달궈진 인물 박성효.

그는 용광로 속에서 달궈지는 동안 결심했던 심정을 포효(咆哮)라도 하듯 "낙선의 실패에도 견딜 수 있었던 것은 아직도 저를 믿고 기대하는 수많은 시민들과 이웃들, 가족이 있었기 때문"이라며 "장애인인 아들은 부족하지만 부끄럽지 않고, 언제까지나 대전에서 우리 가족과 이웃과 함께 살아가겠다."고 말했다. 그러면서 장애인 아들을 생각하며 눈물을 흘렸다.

필자는 장애 아들을 생각하며 눈물을 흘리는 박성효 후보의 모습을 보며, '아, 저 눈물이 두 다리를 나라에 바친 내 친구는 물론, 수많은 장애인들에게 큰 힘을 실어주는 눈물이 되겠구나' 하고 생각했다. 그럴 것이다. 오랫동안 가까이서 그를 지켜본 필자로서 그는 입으로 뱉은 말이나 결심한 바는 반드시 실행으로 옮기는 성격의 소유자임을 알고 있기 때문이다.
얼마나 인고의 세월을 겪으며 다짐했을까? 행사장에 초청받아 가면 현역이 아니기에 축사의 기회는 마지막에 차례가 오거나 아예 차례도 오지 않는다. 그는 그런 과정을 수 없이 겪었다. 어쩌다 시청(市廳)에라도 가게 되면 장애우 아들 어깨를 다독여 주며 손수건으로 눈물을 닦아야만 했다.

생각해 보라, 용광로를.

높은 온도로 광석을 녹여 철, 구리, 납 따위의 금속을 제련하는 세로형의 가마이다. 제철용으로는 대형의 것이 쓰이며 고로(高爐)라고 하는데, 가마의 위쪽에서 원료 광석, 융제(融劑), 연료를 투입하고 아래쪽의 날개에서 열풍을 보내어 융해하고 제련하여 조금속(粗金屬) 또는 피(鈹)라고 불리는 중간 제품을 다시 만들어 낸다. 그러나 그는 용광로보다 더 따가운 대전시민들의 눈초리를 받으며 8년이나 견뎌 냈던 것이다. 그리고 전혀 다른 모습의 박성효로 재탄생된 것이다.

혹자는 부부 사이가 안 좋아 별거 중이라는 둥, 부하직원들에게 이래라 저래라 간섭이 심하다는 둥, 심하게는 암에 걸려 시장이 되더라도 제대로 수행을 못할 것이라는 등의 루머도 필자에게 걱정하듯 전달하는 사람도 있었다.

그러나 개소식에 참석한 사람들은 보았을 것이다. 부인이 참석한 손님들 일일이 찾아다니며 고맙다고 손 잡아주는 모습을, 그리고 말하는 소리에 색(色)을 입히고 방점까지 찍어가며 그동안의 결심을 하소연하듯 포효하는 박 후보의 모습을.

박 후보에게 힘을 실어주기 위해 미국에서 이완구 전 총리가 날아왔다. 그리고 말문을 열었다.

"적어도 미래 대전을 누구에게 맡겨야 하느냐? 앞으로 남은 짧은 지방선거 기간 동안 어떻게 하면 박성효를 대전시장 만드는 게 후회하지 않는 선택인지 시민들을 설득시키느냐가 중요하다"고.

박성효, 그는 해낼 것이다.

박성효

그는 다리를 놓는 사람이라고 스스로 말하고 있으며, 그가 재임하는 동안 대전 시내 버스 노선을 전면 개편했고, 푸른 숲 가꾸기를 실천해 유성을 비롯해 대전 시가지를 온통 푸른숲으로 만드는 데 성공하였던 것이다.

그는 대전을 떠난 적이 없고, 이리저리 당을 옮기려고 좌고우면한 적도 없는 확실한 신념을 가지고 있는 인물이다. 대전을 위해 태어난 인물, 장애인 아들을 생각하며 장애인들을 위해 온갖 정성을 다할 인물. 그리고 남의 험담 한 번도 해보지 않은 인물이자 권선택 전 시장의 사람들을 이리저리 내치지 않고 그대로 적재적소에 두고 인재 활용할 인물이다. 대전시 사무관부터 시장까지 했으며 10년 가까이 인고의 세월을 보낸 아픔을 아는 사람, 대전을 발전시킬 구상을 갖고 있으며 시행착오하지 않을 사람! 대전시장은 예행연습이 필요 없는 분이 맡아야 한다고 이 전 총리도 말했다.

기대가 크다. 12년 동안 인고의 세월을 보낸 그가 지난 4월 17일 한밭 공설운동장 체육관에서 있었던 '중앙위원회 한마음 필승 전진 대회'에서 무릎 꿇고 약속했기 때문이다.

아아~ 6월 13일.
새로운 대전이 태어나는 기념일이 될 것이다.

박영순

국회의원 박영순 의정활동을 보며

박영순 국회의원

박영순 의원, 그는 제21대 국회의원으로 당선돼(대전 대덕구 출신) 국회 국토교통위원회 위원직을 맡고 있으며 더불어민주당 대전광역시당 위원장직도 겸하고 있고, 현재는 당내 정책위원회 상임부의장직도 맡고 있다.

그런 그가 대전출신 의원들인 장철민(동구)·황운하(중구)·조승래(유성 갑) 등 더불어민주당 의원들과 함께 6월 29일 국회 소통관에서 기자회견을 열고 2500억 원대 공모사업인 "K-바이오 랩허브는 대전이 최적지"라며 유치를 촉구하며, 2021년 전반기를 마치고 페이스북에 의정활동 보고서를 게재했다.

그는 머리기사로,

△ 신탄진~조치원 충청권광역철도 2단계 최종 확정

△ 대덕구 특별교부세 12억 확보

를 정한 후 다음과 같은 상세 보고서를 올렸다.

1. (5.27) 2022년도 국비 예산을 확보하기 위해 기재부·국토부 차관을 만남. 현안사업 국비 반영과 주요 도로망 구축사업 예타조사 통과에 협조를 당부함.

2. (6.2) 옛 대덕경찰서 자리(문평동)에 대전시 로봇·드론산업 지원센터를 구축하고, 대덕구가 대전의 4차 산업혁명을 선도하는 메카로 성장할 것이라 피력.

3. (6.15) 남북관계발전법, 혁신도시법, 건축규제 혁신법 2건 등 총 4건의 법률개정안을 대표 발의했고, 특히 법 시행 전 지방으로 이전한 공공기관도 해당 지역의 발전계획 수립·시행을 의무화 하는 혁신도시법이 개정되면 코로나 19로 침체된 지역경제 활성화에 크게 기여할 것이라는 것.

4. (6.29) 국토교통부가 확정한 제4차 국가철도망 구축계획에 △신탄진~조치원 충청권 광역철도 2단계 사업이 신규 반영되었는데 그 노선은 △계룡~신탄진 충청권 광역철도 1단계 및 △충청권

광역철도 옥천연장(오정~대전~옥천)사업도 기 시행사업으로 반영되어 본격 추진되고 있다는 것.

5. (6.29) K-바이오 랩허브 대전유치를 위해 대전지역 국회의원들과 함께 기자회견을 열고 정치개입 배제, 수도권 배제를 촉구했으며, 더불어민주당 송영길 대표를 면담하고 공정한 심사를 바라는 대전시민의 우려와 염원도 전달했다는 것.

6. (6.30) 대덕구 특별교부세 12억 원을 확보했고, △신탄진권역 복합문화커뮤니티센터 건립 사업 7억 원 △한남로 149번길 오정동 복개구조물 보수보강공사 5억 원 등 주민을 위한 문화·복지 공간 조성과 재난 예방 사업이 추진되게 했다는 것.

7. 당정이 민생경제 회복을 위해 33조원 규모의 추경을 추진하고, 코로나19로 고통받는 소상공인과 취약계층 등 모든 국민이 두텁게 지원받을 수 있도록 빠르게 편성하겠다는 것.

—더불어민주당 대전시당 위원장 대덕구 국회의원 박영순 올림—

필자가 아는 박영순 의원, 그는 금강역사의 무서운 얼굴을 하고 있다. 금강역사의 상들은 흔히 아미타불, 연화수보살과 함께 나타나는데 대개 탑이나 사찰의 문 양쪽을 지키는 수문신 구실을 하여 잡귀들이 침범하지 못하게 하는 역할을 하고 있다. 흔히 입을 열고 있는 역사를

'아금강역사'라 하고, 입을 다물고 있는 역사를 '훔금강역사'라고 하는데, 박영순 의원은 입을 다물고 있는 게 특징이다.

우리나라 금강역사들은 무서운 얼굴을 하고 있으면서 가까이 가 보면 눈동자에 자애가 가득하다. 박영순의원도 그렇다. 그를 가까이 대할 때마다 차 한 잔을 나누며 이런저런 이야기를 나누고 싶은 친근감이 든다. 그런 그가 금강역사의 무서운 얼굴을 하고 17만여의 대덕구민을 지키고 있으니 왜 아니 든든하랴!

그래서 박정현 구청장도 그를 믿고 소신껏 구민을 위한 행정을 펼치고 있는 것이다.

무엇이 두렵겠는가? 무서운 얼굴로 두 눈 부릅뜨고 뒤에서 지켜주고 있는 금강역사가 있는데.

아아! 금강역사 대덕구 수호신 박영순 의원이여!

대덕구만 지킬 게 아니라 대전 시민 모두의 금강역사가 돼 주길 바란다.

남은 2년도 지켜볼 것이다.

박용갑 중구청장의 25시

박용갑 대전 중구청장

코로나19라는 뜻하지 않은 사태로 우리 대전은 물론 전 지구를 힘들게 하였던 2020년 한 해가 저물고 2021년 새해가 밝았지만 국민의 생명을 지켜야 하는 목민관들은 25시를 뛰어도 쉴 틈이 없다. '연래불사연(年來不似年)'의 해가 될지도 모른다는 2021년 새해를 그리 낙관적으로 보질 않고 있다.

이제 곧 3월이 된다. 3월이 되면 추웠던 긴 겨울이 지나고 따스한 봄이 온다. 봄은 얼어붙었던 몸과 마음을 녹여준다. 그런 봄이 돼도 얼어붙은 몸과 마음이 녹지 않는다면 불행이 아닐 수가 없다.

그래서 여기, 봄이 오고 있어도 마음이 풀리지 않는 대전 중구의 박용갑 청장의 고뇌를 보자. 박청장께서 두 차례에 걸쳐 sns에 올린 노심초사의 글을 필자가 퍼왔다. 중구민들은 물론 우리 국민들이라면 모두가 알고 코로나19 방역에 적극 동참하자는 취지에서다.

정말 숨 가쁘게 보낸 시간...(1)

대전 중구 IEM국제학교 125명 확진자 발생에 대해 당혹감과 함께, 인근 주민들과 상인 여러분 그리고 중구 구민 여러분들께 걱정을 끼쳐드려 죄송하다는 말씀을 드립니다.

이번 IEM국제학교 시설에 대해 작년 7월부터 지속적으로 10여 차례 관리, 점검단속을 하였으나 종교시설과 학교시설이 혼재한 비인가 시설이라 우리 중구청만으로는 단속하는 데 한계가 있었습니다.

9월 18일 대전시에 강력한 점검 협조요청을 메신저로 보냈고, 9월 21일에는 대전시와 대전시 교육청에 단속에 대한 협조공문을 보냈으나 별다른 대안 제시가 없었습니다.

참 아쉬웠습니다.

그럼에도 불구하고 우리 중구청에서는 계속해서 관리 점검을 해오고 있었습니다.

그런 가운데, 1월 24일 일요일 아침(9시~10시 사이) 순천시 보건소와 포항시 보건소에서 대전 중구 IEM국제학교에 다니는 학생이 확진되었다고 통보를 받았습니다. 그 즉시 중구 보건소 역학조사관이 현장에 나가 3밀(밀폐, 밀접, 밀집)임을 확인하고 전원 진단검사 하는 것으로 결정하였습니다.

정말 숨 가쁘게 보낸 시간...(2)

IEM국제학교 차량과 중구 보건소 앰뷸런스 차량으로 저녁 6시까지 검사인원 146명을 수송하여 전원 검사하였습니다. 그 결과, 총 125명이 확진을 받았습니다.

검사를 마치고 IEM국제학교 학생들을 확진자(양성)와 비확진자(음성)를 분리하였고, IEM국제학교 관리자와 함께 출입통제를 철저히 하였습니다. 그리고 24일(밤) 전국 각지에 있는 부모님들이 학생들을 데리러 오는 것을 중간에 되돌려 보냈습니다. 접촉을 피하기 위해서였습니다. 만약 부모님들께서 학생들을 데리고 갔더라면 전국적으로 확산될 위험성이 있었을 것입니다.

중구청장인 저와 부구청장, 국장, 보건소장 등 감염병 관계자들은 25일 새벽 3시까지 비상대책회의를 하였고, 증상유무를 분류하여 충남대학교병원을 비롯한 아산 생활치료센터 등으로 이송 계획을 확정 받았습니다.

25일 아침부터, 중부경찰서 협조하에 구청버스와 시청버스, 각 구보건소 앰뷸런스, 119소방 앰뷸런스로 이송을 완료하였습니다. 그리고 비확진자들은 밤 11시까지 각자 집에서 자가 격리 하는 것으로 설득을 하여 귀가 조치 후 건물을 폐쇄조치 하였습니다.

26일 인근지역 주민들이나 IEM국제학교 방문자들에게 검사를 받으시라고 문자를 보냈고, 74명이 검사한 결과 전원음성으로 판정되었습니다. 다행스럽게도 현재까지는 N차 감염이 없는 것으로 파악됩니다.

초동대처가 얼마나 중요한지 다시 한번 느꼈습니다.

그동안 참고 견뎌주신 인근지역 주민들과 상인 여러분, 보건소 의료진, 구청 공직자, 중부경찰서 관계자, 119소방 관계자 등 여러분들의 노고가 이번의 사태를 마무리 하는 데 큰 역할을 해 주신 점에 대해 깊은 감사를 드립니다.

이번 일을 계기로 삼아 앞으로는 구청과 대전시, 교육청, 경찰청과 함께 서로 협조하여 빠르게 대처하는 것이 무엇보다도 중요하다고 생각합니다.

물론 박용갑 청장만의 노심초사는 아닐 것이다. 허태정 대전시장을 비롯하여 장종태 서구청장, 황인호 동구청장, 박정현 대덕구청장, 정용래 유성구청장도 코로나19로부터 우리국민들의 생명을 지키기 위해 25시 밤잠을 못 이루고 있다.

우리 시민들은 우리 생명을 지키기 위해서라도, 아니 이들 목민관들의 노심초사를 조금이라도 덜어주려는 마음에서라도 방역 수칙을 지키도록 하자. 그것이 국민으로서 해야 할 도리인 것이다.

박용갑 청장님, 잠시라도 눈 좀 붙이시기 바랍니다. 도무지 안쓰러워 걱정이 됩니다.

13

박정현

'대덕 구민의 참된 행복 실현'이 우선순위

박정현 대전 대덕구청장

박정현 대전 대덕구청장은 민선 7기의 초선으로 대덕구청장직을 맡게 됐다.

초선인 것이다. 그런 그가 구정 운영 최우선 가치로 '주민의 참된 행복 실현'을 강조했다.

이제 남은 임기 1년.

박 청장은 "그동안 뿌린 씨앗들을 열매로 만들고 재선을 통해 사업의 완결성을 매듭짓고 싶다"며 재선 의지를 명확하게 밝혔다. 그는 이어서 "지난 3년, 대덕구는 코로나 19 팬데믹, 기후위기 등 예측 불가능할 정도로 급변하는 여건 속에서도 17만 5000명 주민과 연대와 협력으로 경쟁력 있는 구정 구현에 매진했다"고 말했다.

그러면서, "앞으로는 소비·생산·일자리 증가의 선순환 경제를 지역 내에 구축, 경제 환경 변화에 적극적으로 대응하고 대한민국을 대표하는 경제모델이 될 수 있도록 할 것"이라고 했다.

박 청장의 임기 내 업무 추진 성과와 가장 기억에 남는 사업에 관해서는 단연 '대덕e로움 발행'을 꼽을 수 있겠다.

초선 청장으로선 자랑할 만한 일이다. 그러나 하나님은 공의롭고 공평하시다.

손오공의 머리에 금고아를 씌워 잘못의 고통을 깨닫게 하듯, 사람 누구에게나 십자가를 지워주신다.

보자, 무슨 말인가?

전국 최초로 대전 대덕구가 추진하고 있는 '어린이 용돈 수당 지급' 사업에 대한 일부 시민단체의 반발이 거세지면서 심지어 길거리 현수막까지 내걸고 1인 시위까지 일어나자 일부 구의원들도 예산 심의를 사실상 거부하기에 이른 것이다.

손오공 머리에 씌워진 금고아는 손오공이 삼장법사의 말을 듣지 않고 제멋대로 행동을 할 때 주문을 외우면 머리를 조여들게 하여 심한 고통을 느끼게 한다. 삼장법사의 말에 따르도록 하는 도구인 것이다.

그래서 말이다. 초선인 박정현 청장께 힘을 보태는 훈수 좀 두자. 박 청장은 물론 초선의 시장이나 구청장에게도 해당되는 훈수로 필자가 기회 있을 때마다 인용하여 힘을 실어주는 말이 있다.

무거운 기차를 달리게 하는 레일을 보라.

시속 150Km로 달리는 고속열차도 그렇지만 시속 1,000km 이상 초고속으로 주행하는 하이퍼튜브 열차를 달리기 위한 레일도 뜨거운 용광로 속에 수십 차례의 정화과정을 거쳐야 레일로서의 역할을 할 수 있는 것이다.

우리 한국철도기술연구원에서는 하이퍼–튜브 열차가 시험 동안 1,000 km/h 이상의 속도를 달성했다고 발표했다. 이것은 세계에서 가장 빠른 기차 시스템을 만들기 위한 첫걸음이다.

이 열차는 2024년에 첫 번째 하이퍼루프 비행을 시작함으로써 서울과 부산 사이의 이동 시간을 KTX가 3.5시간 달리던 것을 30분으로 줄이게 하였다.

지금의 대덕구에서 어린이 용돈 수당으로 인해 일어나고 있는 일을 보라. 길거리에 나붙은 현수막이나 1인 시위, 시민단체의 반대 시위 등은 박청장을 단련시키기 위한 시련 과정으로 보기 바란다. 그런 단련을 이겨내야 만이 재선도, 3선도 가능하고 그것을 이겨내어야 대덕 구민을 위해 일을 할 수 있다.

그렇게 단련되고 나면 대덕 구민을 위해 무슨 일이든 할 수 있는 힘이 생길 것이다.

참고 견디기 바란다. 레일을 달구는 용광로의 열은 상상을 초월할 정도로 높다. 그런 결심 없이 대덕구 목민관이 되겠다고 나서지는 않았을 터.

지켜 볼 것이다. 어떻게 견뎌 이겨낼 것인가? 그리고 그들과 머리를 맞대고 숙의하기 바란다. 대덕구민을 위하는 일인데 막무가내로 반대는 안 할 것이다.

그런 후 그대가 말한 대로 '주민의 참된 행복 실현'을 구정의 최우선 가치로 정하고, 사회적 가치실현을 위한 경제기반 공동체 중심의 사회적 경제 활성화에 중점을 두고 추진해 나가길 바란다.

십자가와 금고아는 누구에게나 지워지고 씌워져 있는 것이다.

14

박찬주

대한민국의 영웅 박찬주 육군 대장을
더 이상 건들지 말라

박찬주 전 육군 대장

'공관병 갑질'로 물의를 일으켰던 박찬주 전 육군 대장이 뇌물 혐의에 대한 무죄판결을 대법원에서 확정받았다.

박 전 대장은 지난 2014년 3월부터 2017년 5월까지 지인인 고철업자로부터 군 관련 사업을 수주하게 해준 대가로 항공료와 호텔비 등 760만 원 상당의 향응과 접대를 받은 혐의 등으로 재판에 넘겨졌었다.

1심은 박 전 대장의 부정청탁금지법 위반 혐의와 뇌물 혐의를 유죄로 인정해 징역 4개월에 집행유예 1년을 선고했으나, 2심은 박 전 대장의 뇌물 혐의는 무죄라고 판단해 벌금 4백만 원으로 형량을 낮춰 판결했고, 대법원도 뇌물죄가 인정되지 않는다는 하급심 판단에 문제가 없다고 판단해 무죄를 확정한 것이다.

그리고 양심적 병역의무 기피라는 이유를 들어 국방의무를 이행하지 않은 임태훈이가 모함했던 내용들, 즉 박 전 대장이 공관에 배치된 병사에게 전자발찌를 채우고 감나무에 올라가 감을 따오라고 '갑질'을 했다는 의혹 등 모든 것들이 혐의 없음으로 판정된 것이다.

박찬주 전 육군 대장에게 내려진 벌금형 400만 원에 대한 이야기도 밝히고 넘어가자.

군검찰은 공관병 갑질에 대해 샅샅이 뒤져서 혐의가 나오지 않자 박찬주 전 육군 대장 주변에 대한 대대적인 압수수색을 통해 별건으로 박 전 대장을 기소하였는데, 박 전 대장에게 적용된 혐의는 뇌물과 김영란법 두 가지다. 뇌물혐의는 그가 돈을 받은 사실이 없어 무죄가 나왔고, 부하의 어려운 처지를 돕기 위해 청탁했던 것이 법으로는 허용이 되지 않는다 하여 벌금형을 내린 것이다.

따라서 좌파언론들이 나불대는 말을 그대로 받아들이는 일부 국민들은 박 전 대장이 4백만 원의 금품을 수수한 것으로 오해하고 있다.

그래서 그 부분도 확실히 밝혀야겠다. 그래야 그의 따뜻한 인간성이 내재된 부하사랑의 내막도 알게 될 것이기 때문이다.

박 전 대장은 제2작전사령관 시절 어느 중령으로부터 다음과 같은 절박한 내용의 고충을 전달받았다.

"부친이 6.25 참전용사로 한쪽 폐가 없으신데 나머지 한쪽 폐마저 폐렴에 걸려 누우셨고, 간호하시던 어머니마저 고관절 골절로 쓰러지시는 바람에 부모를 봉양하기 위해서는 본인이 전역을 해야 하는 처지가 되었다. 저의 고향에 가서 근무할 수 있도록 선처해 주시면 전역하지 않고 부모를 봉양할 수 있겠다"는 내용이었다.

박 전 대장은 안타까운 마음에 인사처장을 불러 긍정적으로 검토하라며 보내온 탄원내용을 전달하였다고 한다. 박 전 대장은 그 이후 어떻게 조치되었는지 까맣게 잊고 있다가 검찰조사 과정에서 그것이 문제가 됐다는 것을 알게 되었다는 것이다.

금품을 수수하거나 대가가 있었던 것도 아니지만 김영란법은 이러한 경우도 처벌대상이 된다고 한다. 그러나 이것은 군의 특성을 고려하지 않은 처벌인 것이다. 4성 장군이 이러한 부하의 절박한 고충도 들어주지 못한다면 어떻게 부하더러 목숨 걸고 싸우라 할 수 있겠는가? 충(忠)은 다른 사람이 대체할 수 있지만, 효(孝)는 다른 사람이 대신해 줄 수 없고 자녀들만이 할 수 있는 것이다.

박 전 대장에 대한 처벌의 상징성으로 인하여 지금 군대에서는 각자도생(各自圖生)해야 김영란법에 걸려들지 않는다고 서로가 서로의 어려운 처지를 외면한다고 한다. 군인도 부모자식이 있는 인간인 것이다. 그들 가슴에도 우리 부모형제 내가 지킨다는 의무감이 있는 것이다. 군대가 이래서야 되겠는가.

라이언 일병을 구하기 위해 1개 소대가 투입되어 희생되는 것이 불합리해 보이지만, 군대는 한 명의 전우도 끝까지 보호하는 전우애가 있어야 전장에서 목숨 걸고 서로를 지키는 것이다. 전우의 어려움을 외면하는 군대가 어떻게 전장에서 서로를 의지하며 생사를 넘나들 수 있을까?

김영란법 제안자와 여기에 동조하여 이 못된 김영란법을 통과시킨 국회의원들이여, 답해 보라.

당신들 이웃이 어려움을 당할 때 김영란법에 걸려서 안 된다고 상사로서 보고만 있겠는가?

그래서 박 전 대장은 그의 손에 수갑이 채워지고 모자이크 처리하지 않고 군복 입은 모습이 그대로 방영될 때도 떳떳했던 것이다. 부하를 사랑해 선처를 구하는 행위가 김영란법보다 앞서는 행위이기 때문이다. 박찬주 전 대장으로부터 도움을 받은 그 중령은 괴로움의 나날을 보내고 있다고 하고, 그의 모친은 본인 때문에 사령관님이 고초를 겪고 있다며 상심에 빠져 매일 울고 지내신다고 한다.

늙은이가 죽으면 도서관 하나가 없어지는 것과 같다고 한다. 박찬주 전 육군 대장은 평생을 군에서 살아온 사람이다. 그의 머릿속에 내재되어 있는 군사정보와 국토방위에 대한 비법은 어디 도서관에 비할수 있겠는가? 그런 국보급 육군 대장을 군생활도 하지 않은 임태훈의 나불거리는 말만 듣고 무참히 멸살시키려 했던 것이다.

공자가 죽었을 때 살아있는 논어를 잃었고, 노자가 죽었을 때는 도덕경의 비의를 잃었으며, 소크라테스가 죽었을 때나, 혹은 셰익스피어나 세르반테스가 죽었을 때 그들이 가지고 있던 주옥같은 말들이 사라졌다.

좌파와 좌파들의 손에 의해 떠들어대는 언론들, 그리고 그들을 추종하여 촛불을 드는 무리들이여 이것을 알라.

자고로 장수는 목을 칠지언정 모욕을 주지 말라고 했다. 선진국에서는 신분을 전환하여 사법처리하는 것이 관례라는 것을 모르는가? 생명을 걸고 나라를 지킨 군 제복과 계급의 명예를 보호하기 위해서 그러는 것이다. 그런데 좌파정권은 정반대로 사성장군을 군복을 입힌 채 포승줄에 묶어서 적폐청산의 상징으로 활용하였다. 이는 과거 노무현 정권 때 자신들이 추진했던 국방개혁 등이 육사출신들에 의해 좌절됐다는 반감이 작용하여 박 전 대장을 적폐 첫 타깃으로 삼았던 것 아니겠는가?

박찬주

자랑스럽다 박찬주 대장이여!

이제 대법원으로부터 무죄 판결을 받았으니 무엇이 두려우랴.

그대가 가지고 있는 군사정보와 국토방위의 해법을 좌파정권에 맡기지 말고 확실히 활용하기 바란다. 천안 시민들이 자랑스러운 천안의 아들 박찬주에게 확실한 힘을 실어 줄 것이다.

지금 나라 돌아가는 꼴이 제대로 풀리는 게 하나도 없다. 나라의 미래가 캄캄하다. 그래서 믿는다. 박찬주 대장을. 나라 위해 남은 목숨 바치도록 하라.

백선엽 장군의 묘지는 우리 가슴에 모십시다

고 백선엽 전 육군 대장

"백선엽 장군의 묘지는 우리 가슴에 모십시다."

한국 기독교 홈스쿨 대표 장갑덕 목사님의 외침이다. 장 목사님은 절규에 가까운 호소로 비를 맞아가며 외치셨다. 필자도 적극 공감하며 논지를 전개하겠다.

백선엽 장군의 묘지는 "노병은 죽지하고 영면"할 뿐이라며 "수의도 낙동강 전투에서 입던 군복으로 입혀 달라"고 할 때부터 이미 우리 가슴에 묻히게 되었다.

그래서 묻는 것이다. "백선엽은 친일반민족행위자 명단에 포함된 인물로 국립묘지가 아니라 야스쿠니 신사로 가야 합니다."라고 주장하는 단체들에게.

1945년 8월 15일 우리나라가 미국에 의해 해방을 맞기까지 36년 동안 일본 식민 통치하에 살면서 우리 할아버지와 할머니, 아버지와 어머니들께서 일본이 하라는 대로 안 한 사람이 얼마나 되겠는가? 살기 위해서라면 그들이 시키는 대로 해야 목숨을 유지했던 것이다. 심지어는 고종황제까지도 그들이 시키는 대로 예, 예하며 옥쇄를 찍지 아니 했던가? 고종을 포함한 2천만 우리 동포가 친일이라 볼 수 있는가 묻는 것이다.

보자, 임시정부에서 내무장관직을 맡았던 신익희 선생께서도 광복 후에 귀국해서 조선 총독부에서 일했던 사람들을 불러 임시정부 조직에 포함시키면서,

"일제의 폭정 아래서 자신의 명맥과 가족의 안위를 위해 조금 친절을 왜인에게 표시했다 하더라도 해방된 조국에 헌신 노력하여 건국의 기초와 공로를 세움으로써 지난날의 약간의 과오는 속죄되는 것이다."라고 하셨다.

백선엽 장군 영면식에 참석한 박찬주 전 육군 대장도 페이스북에 다음과 같은 글을 올렸다.

"절체절명 위기의 대한민국을 구해 낸 그분의 업적과 성취는 누구도 그 자리에 있었다면 할 수 있는, 그런 성격의 업적이 아닙니다. 낙동강전선까지 밀린 상태에서 한반도를 포기하고 일본으로의 철수를 검토하던 미국의 입장을 돌려 세운 데에는 백선엽장군의 신념과 의지가 크게 작용하였습니다.

그때 한반도가 적화되었다면, 우리는 지금 어떤 세상을 살고 있을까. 그런 상상을 하다 보면 자연스럽게 백선엽 장군의 역사적 무게감을 느낄 수 있습니다. 그분은 진정한 영웅입니다. 19발의 105미리 예포가 울려 퍼지며 포연과 함께 떠나는 그 분의 모습은 참 아름다웠습니다."

또한 경기도 관광공사 사장을 역임한 홍승표 시인께서도,

"최근 생을 마감한 두 명사(名士)의 죽음을 두고 민심이 갈리는 안타까운 일이 생겨났습니다. 진영논리(陣營論理)에 따라 바라보는 시각이 전혀 다르게 나타난 것이지요. 자신이 속한 진영의 죽음은 미화시키고 상대진영의 죽음은 폄훼하는 이분법적인 행태를 보인 것입니다. 내 진영의 이념만 옳고 상대 진영의 이념은 그르다는 논리는 위험한 발상이지요. 답을 정해놓고 꿰맞추는 것과 다르지 않습니다. 정치권은 물론 언론을 포함한 사회전체가 진영논리에 갇혀있는 건 불행한 일이지요. 내 편이라고 다 옳은 게 아니고 상대편이라고 다 그른 것도 아니라는 걸 알아야 합니다.

살다 보면 죽자 살자 막무가내로 들이대는 사람이 있지요. 다 부질

백선엽

없는 일입니다. 정치적·이념적으로 편을 가르고, 지역별로 나뉘어 편향적으로 흘러가는 건 바람직하지 않은 일입니다. 지금은 내 편, 네 편 아웅다웅 다툴 때가 아니라 외환 위기나 코로나19를 극복하며 보여준 국민적 단합이 중요하지요. 김수환 추기경님과 법정 큰스님의 큰 사랑과 자비의 행보, 그 가르침이 주는 메시지는 분명합니다. 편 가르지 말고 서로를 이해하고 양보하고 배려하면서 살아야 사랑과 평화가 온다는 것 아니겠는지요."

세 분의 말씀 모두가 옳은 말씀이다. 백선엽 장군이야말로 훈련도 제대로 받지 못한 만 명도 안 되는 국군을 이끌고 다부동 전투에서 승리를 이루었고, 평양을 입성한 공을 세웠으며 대한민국 국군 창군의 주역이신 분이다. 또한 참전국 16개국 참모들 회의 시 9월 15일 군산 상륙 작전한다고 비밀을 흘려 놓고 인천상륙작전을 함으로 피아간에 인명 및 자산 피해를 최소화 한 지략가이기도 하다. 그래서 군산에 집결했던 괴뢰군 모두를 사로잡아 수용할 건물이 없게 되자 거제도라는 섬 전체를 포로수용소로 했던 게 아니었는가? 그래 이런 분을 친일파라 국립묘지에 안장해서 안 된다고?

그래서 장갑덕 목사님께서 백선엽 장군의 묘지는 우리 가슴에 모시자고 하는 것이다. 어디 핏줄기를 세우며 반박해 보라.

그는 1920년에 태어났으니 민족만 있고 나라는 없는 상태로 태어났다. 그런 그가 간도 특설대에 입대했다는 이유로 친일로 몰아세우는 것이다. 그렇다면 묻자. "백선엽 장군이 독립군을 참살하거나 동족에게 해악을 끼쳤다는 실체의 증거를 대라. 그리고 그를 친일로 몰아세우는 그대들은 대한민국과 국민들을 위해 무엇을 했으며 현재에도 무슨 일을 하고 있는가?"

백선엽 장군처럼 목숨을 바쳐 나라를 구하거나 아니면 우리민족을 위해 무슨 일을 하고 있는 집단들인가 속 시원히 밝히기 바란다.

필자가 알기로는 그대들이야말로 대한민국 정통성만 허물 수만 있다면 무슨 일이든 하는 자들 아닌가? 임시정부 100주년을 기리는 초상화를 광화문에 내걸면서 임시정부 대통령인 이승만 박사를 뺀 이유는 그가 대한민국 건국대통령이 됐기 때문 아니겠는가? 그대들은 이승만 임시정부 대통령을 넣어 임정의 정통성을 강조하다 보면 남북관계에 장애물이 되기 때문에 그러는 게 아니겠는가? 그렇게 진영논리를 주장하는 사람들이 부동산 투기꾼이요, 여성 성폭력범이요, 위안부 할머니들 등쳐먹는 자들임이 최근에 밝혀지고 있는 것을 필자를 포함해 우리 국민들은 알고 있다.

어떤 여성변호사라는 자가 "6.25때 북한을 향해 총부리를 겨눈 사람이 현충원에 묻히는 것을 반대한다"고 했다가 다음 날 사과 한 것을 필자는 알고 있다. 6.25때 북한에 총을 쏴대며 응사했기에 우리 민족이 살아남은 것이다.

필자는 이날 백선엽 장군 안장식에 참석하여 아리랑과 6.25노래가 조곡(弔曲)으로 울려 퍼질 때 흐르는 눈물을 주체할 수 없었다.

"아아, 잊으랴 어찌 우리 이 날을, 조국을 원수들이 짓밟아 오던 날을 맨 주먹 붉은 피로 원수를 막아내어 발을 굴러 땅을 치며 의분에 떤

백선엽

날을 이제야 갚으리 그 날의 원수를 쫓기는 적의 무리 쫓고 또 쫓아 원수의 하나까지 쳐서 무찔러 이제야 빛내리 이 나라 이 겨레"

눈물을 흘리며 결론을 맺자. 이날 청와대 주인공이나 문재인 행정부 누구도 참석은 안 했어도 장갑덕 목사님의 말씀처럼 백선엽 장군은 이미 우리 가슴속에 안장되어 잠드신 것이다. 생명을 바쳐 나라를 지킨 분이 이념 논쟁을 일삼는 일부 좌파시민사회단체들에게 농락당해서야 되겠는가?

설동호

설동호 대전 교육감, 이렇게 자랑스러울 수가

설동호 대전 교육감

2019년 12월 21일(토) 오후 2시 30분.

대전광역시교육청 설동호 교육감께서 백범 김구 기념관(서울)에서 열린 '제8회 대한민국을 빛낸 올해의 인물대상' 시상식에서 교육행정 우수 부문 대상 수상자로 선정되어 수상하였다는 언론보도가 있었다.

설교육감의 이번 수상은 한국여성언론협회에서 주관하고 국내·외 언론문화예술단체에서 후원하여 '2019 대한민국을 빛낸 자'에게 수여하는 상으로, 3.1독립운동 100주년과 대한민국 임시정부 수립 100주년을 기념하고 국가를 위해 헌화하신 순국선열의 얼을 기리기 위해 정치, 교육행정, 지방자치, 문화예술, 대민치안, 경제발전 등 사회 각

분야에서 탁월한 공적으로 국가발전에 기여한 인물들을 발굴하여 주는 상이기에 더욱 영광스러운 것이다.

설 교육감은 수상소감을 "미래를 선도하는 교육혁신과 존중과 책임의 자율적 학교문화 조성을 위해 최선을 다해 준 대전교육청 소속 모든 교직원을 대신해 받는 상이라 여겨 감사의 마음을 전하고, 다가오는 새해에도 교육가족과 함께 지혜와 모든 역량을 결집하여 풍성한 결실을 맺을 수 있도록 최선을 다하겠다"고 말했다.

LG창업주인 고 구자경 회장은 기업을 경영하면서도 평생을 교육자에 대한 꿈을 버리지 않고 사셨으며, 5천년 가난을 물리쳐 준 박정희 대통령이나 김종필 총리, 도산 안창호 선생님께서도 교육자의 길을 걸으셨고, 공자께서도 정치를 해보라고 권유하는 말에도, '오로지 부모에게 효도하고 형제간에 우애하는 마음을 행동으로 옮기는 것이 정치인데 꼭 벼슬해서 정치하는 것만 정치이겠느냐'(위정편 21장)고 반문하면서 평생을 제자 육성을 위해 바치셨다.

교육자의 길은 그분들이 걸어오신 것처럼 보람 있는 일이다.
필자는 교육계의 선배로서 설 교육감의 성격과 인물됨을 잘 안다.

설 교육감의 외모를 보라.
한없이 부드럽고 순하기 이를 데 없다. 그의 눈매는 매섭게 빛남이 없이, 보는 이에게 부드럽고 편안한 마음을 갖게 해주는 눈빛을 띠고 있다.

설동호 교육감은 2019년 '행복한 학교 미래를 여는 대전교육'의 비전을 품고, '바른 인성과 창의성을 갖춘 세계시민 육성'을 위해 다음과 같은 교육활동을 추진하겠다고 밝혔다.

첫째, 미래를 선도하는 교육혁신을 이루겠습니다. 이를 위해 공감적 자율운영 문화를 확산하고, 학급 운영의 자율성을 강화하는 등 단위학교의 자율운영체제를 구축하겠습니다.

둘째, 창의융합형 인재를 양성하겠습니다. 학생의 전인적 성장을 지원하기 위해 인성교육, 독서교육, 놀이통합교육 및 체육·예술교육을 강화하겠습니다.

셋째, 안전하고 건강한 학교를 만들겠습니다. 고농도 미세먼지를 예방하기 위해 유치원을 포함한 570 학교에 공기 청정기를 설치하고, 생존수영교육 대상을 초등학교 3~5학년과 유치원까지 확대 실시하겠습니다.

또, 학업중단 위기학생의 학교생활적응력을 배양하기 위해 대안교육 지원 전담팀을 구성하여 운영하겠습니다. 그리고, 유치원에서 고등학교까지 전체 학생을 대상으로 무상급식을 전면 확대 실시하겠습니다.

넷째, 교육기회가 균등한 교육복지를 확대하겠습니다. 새해에는 중·고등학교 신입생을 대상으로 동·하복 교복 구입비를 전면 지원하겠습니다.

또, 유치원 공공성 강화 추진단을 운영하여 공립유치원 확대, 재무·회계의 투명성 확보를 위해 노력하겠습니다.

다섯째, 공정하고 효율적인 교육경영을 실현하겠습니다. 이를 위해 교원의 교육전념 여건을 조성하고, 교육현장 지원 행정체제를 구축하며, 투명하고 청렴한 교육행정을 구현하겠습니다. 특히, 사업총량제와 일몰제, 학교사업선택제를 추진하여 현장에서 체감할 수 있도록 학교업무를 경감하겠습니다.

보라, 그 결과가 어찌 되었나를.

'대한민국을 빛낸 올해의 인물대상'으로 자리매김한 게 아닌가!

개인적으로는 교육계의 후배요, 공적으로는 대전 교육의 수장(首長)인 그가 이렇게 자랑스러울 수가 없다. 그를 만나는 모든 분들은 그의 외유내유(外柔內柔)한 모습을 보기 바란다. 그리고 그의 그런 모습을 보며 힘찬 격려의 말로 힘을 실어주기 바란다.

"대전 교육을 맡아 수고해 주어 고맙노라"고.

설동호, 최교진 교육감을 보는 눈

설동호 대전 교육감

최교진 세종 교육감

　설동호 교육감은 대전교육 수장, 최교진 교육감은 세종교육 수장이다.

　교육감은 각 광역자치단체(총 17개)의 교육에 관한 사무를 총괄 처리하는 선출직 공무원으로, 시·도의 교육, 학예와 관련한 조례안 작성, 예산안 편성, 결산서 작성, 교육규칙 제정, 학교 기타 교육기관의 설치·이전 및 폐지, 교육과정 운영, 교육 공무원 인사 관리 등을 주요 업무로 맡아 하는 자리이다.

　교육감의 임기는 4년이며, 3차에 한하여 중임할 수 있다. 즉, 임기 4년에 3차 연임할 수 있는 자리가 교육감 자리인 것이다.

필자가 지방교육 수장을 언급할 때는 이 두 분들을 대상으로 언급할 때가 많다. 왜냐하면 두 분들이 걸어온 노선은 다르지만 지금 교육 현장에서 펼쳐지고 있는 교육 정책이나 두 분들의 겸손한 태도는 너무나 똑같기 때문이다.

이 두 분 교육감들께서는 과거 자리나 지키고 회전의자나 돌리던 교육감들과는 달리 교육 현장을 찾아 문제를 해결하는 발로 뛰는 교육감들인 것이다.

보자, 이 두 분 교육감들이 교육현장 찾는 모습을.

설동호 대전교육감은 20일 오전 등교수업 확대에 따른 수업 운영 현황을 점검하기 위해 대전대흥초와 대전월평중을 방문하여 학생과 교직원을 격려했다. 사회적 거리두기 1단계 조치로 학교 내 밀집도가 2/3로 완화되어 등교수업 확대에 따른 학생 안전과 건강을 지키며 내실 있게 교육활동이 이루어지도록 감염 예방 상황을 점검하고 동시에 현장의 의견을 수렴하였다.

또한 설동호 교육감은 아침 8시 30분부터, 대전 대흥초 교문에서 등교하는 학생들을 맞이하고 격려하였으며, 초등학교 1~2학년 교실을 순회하면서 교실에서의 책상 거리 유지, 감염 예방 물품 비치 상황 등을 살피고, 등교수업 확대와 관련된 학교 현장의 의견을 수렴하였고, 이어 대전월평중을 방문하여 등교수업 현황과 안전 방역 상황을 점검하고, 학생과 교직원의 건강을 위한 철저한 위생 관리와 내실 있는 수업 운영을 당부하였다.

한편, 세종시 최교진 교육감은 해밀 유·초·중학교를 찾아 "아이들이 매일 등·하교 하는 통학로의 안전 확보는 무엇보다도 가장 중요하다"라며, "학교 주변의 공사가 마무리될 때까지 아이들의 안전을 위해 최선을 다하겠다"라고 말했다.

이런 최교진 교육감에게 전국시도 교육감협의회에서는 제8대 전국시도교육감협의회 회장의 임무를 맡겼던 것이다. 자랑스럽고 축하하지 않을 수 없다. 앞으로 2022년까지 전국교육감 협의회를 이끌며 시도교육감들의 뜻을 모아 지방교육자치 강화, 교육의제 주도, 현안 해소 등의 역할을 수행하게 되는 업무가 최 교육감에게 맡겨졌다. 그동안 최 교육감의 정부와 국회에 걸친 다양한 인적네트워크 그리고 협의회 관련 경력으로 볼 때, 협의회 발전에 기여할 것이라는 시도교육감들의 기대가 반영된 결과로 보인다.

최교진 교육감에 대하여 필자는 잘 알고 있다. 그는 평생에 걸쳐 참교육을 위한 교육운동, 시민운동 등을 통해 교육계에 알려져 있다.

중부권 교육현장을 음속보다 더 빠른 속도로 변화시킬 두 교육감.

설동호 교육감의 얼굴엔 웃음이 없다. 그러나 웃음이 없는 대신 학생들을 대할 때나 교직원, 기타 일반인들을 대할 때도 허리 굽혀 상대를 대한다.

최교진 교육감은 언제나 보아도 웃는 얼굴이다. 웃되 활짝 웃는다.

웃는 얼굴, 허리 굽혀 겸손히 맞는 이 두 교육감들에게 비난의 화살을 쏠 수가 없고 못한다고 책망할 수가 없는 일이다.

훈수 좀 두자, 두 분 교육감들에게.

제트기 조종사들은 제트기에 올라탄 다음 음속에 도달할 때까지 속도를 높이다가 속도가 어느 지점에 이르면 기체가 무섭게 흔들리기 시작할 때, 급박한 목소리로 관제탑에 "충격파 발생!"을 반복 외치다가 비행 속도를 늦춘다고 한다.

두 분 교육감도 교육조종석에 앉았으니 교육 변화의 속도를 늦추지 말기 바란다. 그리고 재선 3선까지 이 자리에 있어, 비행기가 충격파 벽을 뚫은 뒤 안정을 찾아 비행을 하듯이 교육현장의 변화에 대해 속도를 늦추지 말기를 바란다.

그리고 허리 굽혀 상대를 대하는 설동호 교육감의 그 겸손과, 활짝 웃는 얼굴로 상대를 대하는 최교진 교육감의 모습도 계속 유지하시길 당부하는 바이다. 그런 모습을 보는 누구나가 편하기 때문이다.

필자는 이 글을 '미래 세종일보'와, 대전의 '투데이 플러스'에 게재하여 두 분 교육감의 자랑스러운 모습을 널리 홍보할 것이다.

양승조 충남지사, 그에게 거는 기대가 크다

양승조 충남지사

"압도적인 지지와 격려로 제38대 충남지사란 막중한 소임을 맡겨 주신 데 진심으로 감사드린다. 도민의 뜻을 받들어 새로운 정치와 변화를 이끌어 내겠다."

양승조 충남도지사 후보가 2018.6.13일(수) 치러진 제7회 전국동시 지방선거의 충남지사 선거에서 자유한국당 이인제 후보를 누르고 승리의 축배를 마신 자리에서 한 말이다.

양승조 후보는 개표가 95.72% 진행된 14일(목) 오전 5시 30분, 58만 3596표를 얻어 61.93% 득표율로, 33만 6304표, 35.69%의 득표율에 그친 이인제 후보를 누르고 충남도지사에 당선된 인물이다.

그는 당선소감에서 "양승조가 그동안 키워 온 꿈 '더 행복한 충남'을 반드시 실현하겠다."며 "충남의 새로운 미래 '대한민국 복지수도 충남'을 도민 여러분과 함께 만들겠다."고 밝혔다.

양승조 충남지사는 서울 중동고와 성균관대 법대를 졸업했으며 민주당 사무총장, 최고위원 등을 지낸 국회의원 4선 출신이지만 필자가 알기로는 운동권과는 거리가 멀고, 선거기간 동안에도 정치적인 반론 제기 말고는 그의 입을 벌려 남을 비난하지 않는 도덕적인 인물이다. 그리고 충남도를 위해 비전을 제시함으로 도민들에게 압도적인 지지를 끌어 올렸던 인물이다.

그는 38대 선거에서 플러스 아동수당 도입, 70세 이상 어르신 버스비 무료화, 노후화된 석탄화력발전소 조기폐쇄, 수도권 규제정책 등을 주요 공약으로 제시하였다.

당선된 후 그의 업적을 보면,

1. 2018.12.12. 서울 국민일보 빌딩에서 열린 제18회 자랑스러운 한국인대상 시상식서 한국 언론인협회(회장 최재영)가 매년 정치·경제·사회·문화예술·스포츠 등의 분야에서 탁월한 업적을 남긴 개인이나 단체에 수여하는 상인 행정혁신 부문 '자랑스런 한국인대상'을 수상했다.

이번 수상은 저출산, 고령화, 사회양극화 등 대한민국 3대 위기 극복을 위해 충남아기수당, 임산부 전용 창구 개설, 공공기관 임직원 육아시간 확대, 어린이집·유치원·학교·경로당 공기청정기 보급, 무상교육 등의 공로를 인정받았기 때문이다.

또 충남형 사회보험료 지원 정책과 기업유치 촉진 대책 수립·추진 등 도민 모두가 골고루 잘 사는 선순환 경제체계 구축과 충남과 대한민국의 미래 발전을 위한 전략을 제시해 온 점도 이번 수상의 배경이다.

양 지사는 "이번 수상을 계기로 저 출산과 고령화, 사회양극화의 위기를 극복한 선도적 모델을 충남에서부터 만들어 나아가겠다"고 강조했다.

2. 2019.3.8. 대한노인회 충남지부장이신 신안철 회장님과 만난 자리에서 양지사는 "어른 모시는 일이 효자가 부모님 모시는 일처럼 몸에 배어 있다"고 하였으며, 어려운 곳에 사는 낙도 섬주민들을 향해 계속 관심을 가지고 도정을 살피겠다고 하였다.

3. 한국인터넷소통협회가 주관한 '대한민국 소셜미디어 대상'에서 2년 연속으로 광역자치단체부분 대상을 차지했으며, 특히 활발한 사회관계망(SNS) 운영이 높은 점수를 받았다.

'소셜미디어 대상'은 소통과 콘텐츠 경쟁력 등을 기준으로 고객과 얼마나 소통 활동을 했는지 평가해 한국인터넷소통협회가 매년 수상자를 선정하고 있다 하는데 충남도는 페이스북과 인스타그램 등 5개 사회관계망 채널을 운영해 팔로워가 22만여 명에 달하는 것으로 집계됐다는 것이다.

그러나 이것만은 짚고 넘어가자.

도백(道伯)은 국정을 논하는 국회와는 다르다는 것을. 그러니 도백에 당선되면서 "양승조가 그동안 키워 온 꿈 '더 행복한 충남'을 반드시 실현하겠다."며 "충남의 새로운 미래 '대한민국 복지수도 충남'을 도민 여러분과 함께 만들겠다."고 한 이 말을 가슴에 새겨 2020년 계룡군문화엑스포 초청 대상 국가 중 북한을 초청하겠다는 막말 따위는 하지 말기 바란다.

정치 경험이 풍부한 양승조 지사가 이끄는 충남에 거는 기대가 크다.

바늘로 찌르면 가슴에서 피가 흐르는
양홍규 변호사

양홍규 국민의 힘 대전시당 위원장

2020년 1월 15일(수) 17시. 서구 둔산동 오페라웨딩홀.

양홍규 변호사의 출판 기념회가 있는 날이다.

그의 인간미를 먼저 이야기 안 할 수 없다. 한마디로 바늘로 찌르면 찔린 곳에서 피가 나지 않고 가슴에서 피가 나는 사람이다. 피가 솟아 나되 뜨거운 피가 솟아나는 것이다. 그렇게 따뜻한 사람, 그가 바로 양 홍규이다.

그를 지켜본 수년 동안 그가 입을 벌려 남을 헐뜯는 것을 보지 못했으며 독설을 뿜어내는 것을 보지 못했다.

그가 충남고등학교를 다니는 동안 그를 담임했던 교사들도 한결같이 홍규는 너무 착해 법 없이도 살 사람이라 했다. 그런데 그런 그가 법을 다루는 법조인이 된 것이다.

양홍규 변호사 그가 자유한국당 대전 서구을 국회의원 예비후보로 이번 국회의원 선거에 출사표를 던졌다. 그리고 이번에 그의 저서 『다시희망, 대한민국』의 출간 기념회를 가졌다.

필자는 그가 가슴이 따뜻한 사람이라 했고 입을 벌려 독소를 뿜어내지 않는 교양 있는 사람이라 했다. 그 증거를 보이듯 그의 출간 기념회에는 박성효 전 대전 시장을 비롯하여 이영규(서구갑)·조수연(서구갑)·조성호(서구갑)·육동일(유성구을)·진동규(유성구갑)·조재철(중구)·조성천(서구갑) 예비후보도 참석해 축하했으며, 서울에서도 정용기 국회의원, 이장우 대전시당위원장, 이은권 의원이 내려와 축하했고, 박찬우 전 국회의원, 우애자 대전시의원, 김신호 전 대전시교육감, 김경석·이한영·서지원·강노산·정현서 서구의원, 조은경 중구의원, 장능인 자유한국당 상근 부대변인 등 수백 명이 자리를 함께했다.

그런데 특별히 눈에 띄는 인물들이 있었다. 당연히 자유한국당 일색에다 아니면 양 변호사 지지자들이 대부분일 텐데 정국교 전 더불어민주당 국회의원과 김소연 바른미래당 소속 대전시의원이 있었다. 김소연 대전시 의원은 젊다. 그리고 거물급 의원과 1년 내내 힘든 싸움을 하고 있다고 들었다. 그런데도 이날 그의 모습은 밝고 겸손했다.

웬만큼 친분이 있지 않고는 상대당 후보의 출간 기념식에는 참석하지 않는 게 일반상식이다. 당으로부터 밉게 찍히기 때문이다. 그런데도 그는 왔던 것이다. 젊고 예쁜 정치인 김소연, 필자가 왜 이들 얘기를 하는가? 그들이 올 정도로 양 변호사의 인간성을 알 수 있음을 말하기 위해서다.

고등학교 담임들이 말하는 양 변호사 이야기를 들어보자.

사람은 그 얼굴을 보면 그가 어떤 사람인지 알아볼 수 있다고 한다. 그 속마음이 얼굴로 나타나기 때문이다. 그런데 양 변호사의 얼굴을 보라.

양 변호사의 얼굴을 보면 그가 얼마나 착한 사람이며 선량(選良)으로 진정 이 나라를 위하는 사람임을 한눈에 알 수 있다.

그의 담임 가운데 1학년 때 담임을 했다는 이계상 교사는 공자의 예기(禮記) 학기편에 나오는 예를 들면서 옥은 쪼지 않으면 그릇을 이루지 못하고, 사람은 배우지 않으면 도(道)를 알지 못한다 했으며, 맛좋은 음식이 있어도 먹어보지 않고는 그 맛을 모르며, 지극한 도리가 있더라도 배우지 않으면 그 좋음을 알지 못한다고 하며 양홍규를 직접 만나 대화를 나눈 다음에야 비로소 그의 인간됨을 알 수 있다 하였다.

옳은 지적이다. 필자도 양 변호사를 여러 차례 만난 일이 있다. 왜 무슨 일로 만났는지 밝힐 수는 없으나 만날수록 그 담임교사가 양홍규의 인물됨을 정확히 알고 있다는 생각이 들었다.

양홍규

또 3학년 때 국어를 가르쳤다는 남상선 담임은 공자께서 말씀하신 다섯 가지 미덕인,

첫째, 사람들에게 은혜를 베풀되 낭비함이 없어야 하고,

둘째, 사람들에게 일을 시키면서 원망을 사는 일이 없어야 하며,

셋째, 마땅히 목표 실현을 추구하되 개인적인 탐욕을 부려서는 안 되고,

넷째, 어떤 상황에서도 태연함을 잃지 않되 교만하면 안 되고

다섯째, 위엄 있되 입으로 독설을 뿜거나 눈빛이 부드러워야 한다고 하신 말씀을 예로 들면서 홍규 그놈은 학창시절부터 그게 몸에 밴 학생이라 했다(子曰 君子 惠而不費 勞而不怨 欲而不貪 泰而不驕 威而不猛).

이 자리에 참석한 김소연 대전시 의원도 "많은 분들의 출판기념회, 의정보고회 등에 한 번도 가지 않았는데, 양 변호사님의 출판 기념회는 왔다"고 했다. 그동안의 친분 때문이며 그러면서 "우리 대전시와 대한민국이 엉뚱한 곳으로 가고 있는데 양 변호사님을 믿는다" 했다.

양홍규 예비후보는 스스로를 '휴머니스트'라고 평하며 자유와 시장가치를 신봉하는 보수우파이지만, 형평을 강조하는 진보적 가치에도 열린 마음을 갖고 있다고 말했다. 그러면서 '1%의 갑과 수도권이 아닌, 99% 지방, 99% 서민을 위한 변호사이자 정책전문가'가 그의 신념이라고 힘주어 말했다.

바로 오늘 출간기념회를 하는 양홍규 변호사야말로 고등학교 담임

들이 말하는 외유내유한 정치인이다.

보라, 전국적으로도 입으로 독소를 뿜어내어 국민들을 식상하게 하는 정치인들이 얼마나 많으며 우리 고장 대전이나 세종시만 보더라도 독설을 내뿜어 국민들의 얼굴을 찌푸리게 하는 의원들이 있지 않은가?

기대가 크다. 그가 저서에서 '다시희망, 대한민국'이라 말한 것처럼 희망이 도래하고 있는 것이다.

양홍규

윤석열만이 답이다 -나라가 이 지경이니-

윤석열 전 검찰총장

나라꼴이 이 지경이니 윤석열 전 검찰총장만이 답인 것이다.

물론 최재형 감사원장도 있다. 최재형 감사원장은 판사 '외길' 원칙주의자로 정평이 나 있으며, 고등학교 때부터 사법연수원 시절까지 다리가 불편한 동료를 수년간 등에 업고 통학했다든지, 독실한 기독교 신자로서 직접 두 아들을 입양해 키우고, 기부활동을 꾸준히 이어오는 등 미담도 적지 않은 분임을 알 만한 사람들은 알고 있다.

또한 2020년 4월, 월성 1호기를 둘러싼 논란에 대하여도 언론에 보도된 대로 솔직하게 밝힌 바 있으며, 윤석열 전 총장과 달리 박근혜 대통령을 수사한 적 없어 일부 보수진영의 거부감도 덜할 수 있다는 것이 그에겐 장점으로 작용될 수 있다.

하지만 보자, 왜 윤석열 전 총장만이 나라를 위기에서 구할 인물인가?

지금 우리나라를 위기로 보는 것은 문 대통령이 임기 말에 하는 행보가 불안하기 때문이다.

첫째, 원전 발전 7%나 줄이고 중국과 러시아의 전기를 수입하려고 추진 중에 있는 것을 보라. 만약 중국·러시아 전기를 수입한다면 그를 운반할 전선은 어디를 거쳐야 하는지 답은 불을 보듯 뻔한 일. 주적인 북한에게 고삐를 맡겨서야 되겠는가?

둘째는 정권 수사하던 검찰팀장을 전원 바꿔치기했다는 점이다.
법무부는 6월 25일 차장·부장검사급 검찰 중간 간부 652명의 승진·전보 인사를 발표했는데. 이날 인사에선 최근까지 주요 정권 수사를 진행해 온 일선 부장검사 4명이 전원 교체됐고, 반대로, 서울중앙지검 차장 등 핵심 요직에는 좌빨 성향을 보인 검사들이 대거 전진 배치되었다.

그래놓고 박범계라는 인간은 "나름 조화와 균형 있게, 공정하게 한 인사"라고 자평했다.

윤석열

필자는 박범계를 문재인의 애완견 노릇하는 인간이라 평했다. 왜냐하면 집권 후반기를 맞는 현 정권이 정권 수사를 틀어막을 '방탄검사단'을 완성했다고 표현한 것이 그 증거다. 보라, 문정권 임기 일 년도 채 안 남았다. 그동안 했던 짓거리로 보아 앞으로 최후의 발악을 하듯 국정을 자신들의 입맛에 맞게 가지고 놀 것은 뻔한 사실. 그렇다면 임기 후 이들의 잘못을 바로 잡을 인물이 누구인가 생각해 보라.

셋째는 청와대를 비롯한 현 정권의 실세들의 부동산 투기다.

그동안 새로 들어서는 정부기관 건립이나 고속도로 건설 사업의 정보를 빼내어 부동산 투기를 하여 부동산 값을 치솟게 함으로 서민들의 집 장만은 꿈도 꾸지 못하게 한 것과, 3년간 4% 뛴 전세값을 지난 1년 동안 16% 뛰게 한 것이 그들의 투기 때문인 것이다.

넷째는 가짜 5.18유공자를 색출해 내어 그들의 죄과를 물어야 하는 현실이다.

5.18유공자 명단을 못 밝히는 이유가 무엇인가? 5.18유공자라면 그가 몇 살 때 나라를 위해 어디서 어떤 일을 했기에 유공자임을 밝혀야 할 것이다. 5.18유공자에게 돌아가는 특혜를 보라.

북괴군 6.25 남침 때 참전하여 목숨을 잃은 분이나, 월남전에 참전하여 목숨을 잃은 참전용사에게 돌아가는 혜택이 얼마인가 생각해 보라. 나라가 왜 이 지경이 되었는가?

그래서 칼자루 휘어잡고 이를 파헤칠 인물은 윤석열 말고는 없다는 것이다. 거기에 최재형 감사원장께서 그의 손을 잡아 치켜세운다면 얼마나 힘이 되겠는가?

박근혜 전 대통령에게 수갑을 채운 인물이기에 안 된다고? 그렇다면 보자. 만일 당신이 그 직에 있었다고 가정해 보자.

당시 거대 여당인 한국당 의원들이 김무성과 유승민을 주축으로 하여 이런저런 죄를 뒤집어씌워 탄핵시킨 다음 검찰직에 근무하던 자신에게 배당하였으니 피할 수 없었던 일. 그도 박 전 대통령의 사건을 맡으며 얼마나 분통이 터졌겠는가? 그리하여 울산 선거에 청와대가 개입했다는 사건이 입수되자 청와대 압수수색에 들어갔던 게 아니던가?
대답해 보라. 윤석열 전 총장이여. 그 당시 분통이 터지는 것을 참느라 고생했다고. 그리고 윤 전 총장을 비난하는 무리들이여, 청와대 압수 수색할 때 윤 전 총장의 이글거리던 눈빛을 보지 못했단 말인가?

다시 말한다.
이 지경으로 기울어진 나라를 바로 잡을 자 윤석열 전 총장 말고는 없는 것이다.

필자에게 긴 문장의 카톡이 날아왔다. 국민의 힘 대권 주자들에게 알려주라는 부탁과 함께.

지금 나선 후보들을 볼 때 현 정세가 "전대협 정권에서 한총련 정권

윤석열

으로" 넘어가는 과정에 있다는 것이다. 문 대통령이 전대협 출신이라면 이재명은 한총련 출신이라는 것이다. 이재명 후보는 문 정권과는 비교할 수도 없는 더 센 힘과 조직을 가지고 있다는 것이 카톡 문자의 주요 내용이다.

특히 임종석 씨가 문대통령의 비서실장이 되고, 윤건영이 국정상황실장이 되면서 586 중에서도 86학번이 중심을 차지하게 되었는데, 그 586 전대협 정권이 97세대가 중심을 이루는 한총련 세대로 바톤터치를 하려고 하는 것이 바로 이재명 캠프라 한다.

한마디로 문 대통령을 주축으로 한 전대협은 일반 국민들의 여론을 살피는 염치라도 있었다면, 한총련은 염치도 눈치도 없고 오직 "당이 결심하면 우리는 한다"는 종북 주체사상으로 무장된 탈레반 수준의 무장단체로 보아야 한다는 것이다.

따라서 이재명 후보가 정권을 잡게 되었을 때, 문재인 정권과는 비교도 안 되는 반인권적 독재 시스템이 가동될 것이라는 점이 명확하다고 했다.

즉, 문재인 정권이 순도 60%의 운동권 정권으로, 그나마 자유, 민주적 시스템이 유지된 정권이라면, 이재명의 한총련 정권은 그 상상을 초월할 순도 90%의 종북 주사파 독재정권이 될 것이라고 주장하고 있다.

카톡문자를 직접 소개해 보면,

"며칠 전 터진 수원 월드컵 재단 사무총장에 임명되었다가 취소된 정의찬 사건을 보자.

그는 당시 남총련 의장으로 휘하 간부 6명과 함께 피해자 이종권 씨를 사무실로 끌고 가 "경찰 프락치임을 시인하라"며 쇠파이프 등으로 폭행하고 방치해, 이튿날 사망케 했다. 바로 그 정의찬이 임명된 것은 이재명 캠프에 한총련과 남총련이 똬리를 틀고 있기 때문이다.

이재명 최측근 중 경기도 정책공약 수석을 맡고 있는 자가 한총련 1기 의장 김재용이다. 김재용이 한총련 1기 의장으로 있을 때 한양대에서 93년, 94년 범민족대회가 치러졌고, 그때 경찰관 폭행치사 사건이 일어났었다.

또 다른 인물로는 경기도 농수산진흥원 원장을 맡고 있는 강 위원이다. 강 위원은 1997년 전남대 총학생회장에 당선된 후 한총련 5기 의장이 됐다. 바로 정의찬이 벌였던 이종권씨 고문치사사건 때의 전남대 총학생회장이자 한총련 의장이었던 것이다. 김재용이 한총련과 이재명을 연결하는 고리 역할을 한다면, 강위원이 이재명 캠프와 남총련을 연결하는 고리 역할을 하고 있는 셈이다.

일찌감치 이재명은 이석기 경기동부세력과 뗄레야 뗄 수가 없는 이권 카르텔을 형성하고 있다. 여기에 종북 주사파 집단인 한총련이 깊이 개입되고 있는 것이다. 즉, 김재용 및 강 위원 등 한총련 출신들을 통해 경기도 산하기관 등에 취업케 하거나 지원 등을 통해 종북 주사파 집단이 집중적으로 포진되어 있는 것이다.

그리고 보면, 이재명 캠프야말로 이석기 경기동부연합 등 재야종북 집단, 김재용과 강위원 등 한총련-남총련 종북주사파 집단, 그리고 성남지역 국제마피아 조폭집단이 결합되어 있는 "악의 3관왕" 소굴인 셈이다.

문재인의 전대협이 태풍 정도의 재난이라면, 이재명의 한총련은 지진, 쓰나미, 후쿠시마 원전 폭발이 겹친 재앙과 같을 것이다." [김0회: 사)000센터 대표]

그래서 말이다.

윤석열과 박찬주, 그리고 최재형 후보는 국민의 열렬한 지지는 받고 있으나 그 지지를 통합하여 이끌어줄 조직이 없다. 또한, 전국적으로 일어나고 있는 윤석열 지지 세력도 전대협이나 한총련처럼 생사를 걸 정도로 악착스럽지 못하다.

또 한 가지.

과거 4.15총선처럼 선거에서는 이기고 개표에서 지는 일이 없도록 미리 방책을 마련해야 할 것이다. 그리고 이준석이나 유승민을 절대로 믿어서는 안 됨을 명심하고 선거에 임해주기 바란다.

우리 국민들은 윤석열의 정의로움과 그 뱃심, 그리고 박찬주의 국방에 대한 확실한 신념, 최재형 후보의 그 올곧은 성격을 믿는다. 그러니 셋이서 머리 맞대고 협의하기를 갈망하고 있다.

2021, 9월 19일 오후 6시 25분 SBS TV방송 '집사부일체' 프로를 보았다. 이날 출연한 윤 후보는 '집사부일체' 멤버 이승기, 양세형, 김동현, 유수빈을 자신의 집으로 초대해 음식을 대접하며 프로 진행에 동참했다.

이 자리에서 윤 후보는 "혼밥하지 않고, 국민 앞에 숨지 않는 대통령 될 것"을 약속했다.
이날 보인 윤 전 총장의 웃음은 솔직한 모습 그대로였다.

윤 후보는 "우리 때는 회사 10년 다니면 아파트를 장만할 수 있었다"며 "요즘은 집 구하기가 너무 어려워졌다. 결혼과 출산에도 영향이 갔다"고 했다. 이어 "젊은 사람이 희망이 없으면 그 사회는 죽은 거다"라며 "새로운 일을 할 때 제가 좀 겁이 없는 경향이 있다. 부족한 게 많지만 포기하지 않고 내가 생각한 방향대로 쭉 밀고 나가면 된다는 확신이 있다"고 자신감을 드러냈다.

식사가 끝나고 본격적인 '집사부 청문회'가 시작됐다. 윤 전 총장은 "청문회 받는 게 내 전공이다"라고 말해 출연진도 시청자들도 함께 웃음을 자아내게 했다. 청문회 중 '사람에 충성하지 않는다'는 어록에 윤 전 총장은 "후배들한테 '검사는 사람에 충성하면 안 된다'고 말했다. 충성은 오직 국가와 국민에게만 하는 것이다"라고 소신을 밝혔다.

윤석열

맞는 말이다. 그래서 그대는 그동안 좌로나 우로나 치우치지 않고 올곧게 걸어왔던 게 아니던가! 프로를 담당한 이승기 씨는 '쌈닭'이라는 윤 전 총장의 청문회 별명을 언급하며 특히 "다 대통령이랑 붙었다"고 말했다. 양세형 씨는 "대통령만 보면 싸우고 싶은 건가?"라고도 물었다. 이에 윤 전 총장은 "맡은 사건을 법에 따라 처리한 것"이라며 "제가 대통령한테 도전할 이유도 없고, 대통령도 국가적으로 대사가 얼마나 많은데 일개 검사하고 싸울 시간도 없다. 그런 문제는 아니다"라고 답했고, 이어 "권력의 편보다 법의 편이 되는 게 훨씬 든든하다"면서 "권력자의 위법을 제대로 처리 안 하면 국민들한테 법을 지키라고 할 수 없고 사회는 혼란에 빠진다. 그래서 권력자에 대한 원칙적인 수사가 중요하다"고 강조했다.

윤 후보는 "정치 경험에 대한 우려가 있다"는 질문에는 "어려움이 있어도 물러서지 않았다"며 "원리에 입각해 집착한 게 새로운 분야를 공부하는 데 도움이 됐다"고 했다. 이어 "치열하게 살았다"면서 "어떤 새로운 일이든 성공할 자신이 있다. 일 잘하는 건 자신 있다"고 했다.

이재명 씨와 사법시험을 함께 봤는데, 이재명 씨는 한 번에 합격했고, 자신은 "족발에 소주를 먹다가 5년을 더 응시하고 총 8번 떨어졌다가 아홉 번 만에 합격했다"고 밝혔다.
출연진 이승기 씨가 "9수라는 게 보통이 아니다. 떨어졌을 때 무슨 생각했냐?"고 묻자 "가서 한 잔 먹자. 내년에 수석 하자"라고 답하며 "지치고 좌절하는 스타일이면 9수 못한다"며 낙천적인 성격도 드러냈다.

참으로 여유 있고 재치 있는 답변이 그처럼 무겁던 입에서 이처럼 술술 풀려나올 줄 전혀 몰랐던 것이다.

이어 "이재명·이낙연 후보에게 뺏고 싶은 게 있느냐?"는 질문에는 "예"라고 답한 그는 "이낙연 후보에게는 '꼼꼼함', 이재명 후보에게는 '깡'을 닮고 싶다"고 설명했다. 이 대답에 필자가 훈수 좀 둬야겠다.

이낙연 후보는 그대처럼 과묵하며, 남을 헐뜯지 않는 점도 있으며, 이재명 씨에게는 형이나 형수에게 입에 담지 못할 막말을 해놓고도 "내 배째라"는 두둑한 배짱도 있다. 물론 윤 후보도 이 두 분들의 장점을 가지고 있지만, 상대방들로부터 심한 공격을 받을 때 흔들리는 모습을 보일까 염려돼서 하는 말이다. 그대 말처럼 더 보완하되 국민들이 안심할 수 있도록 확실히 보완하도록 하길 바란다.

자랑스러웠다. 이런 인물이 우리나라를 잘 이끌어 보겠다고 나섰으니 왜 자랑스럽지 아니하랴!

여유를 보이며 거짓말 탐지기도 무용지물로 만든 그대의 진실성에 아낌없는 찬사를 보낸다.

아, 대한민국이여 축복이어라!

윤석열

일고와려(一顧 瓦廬)한 국민의힘, 윤영석 의원

윤영석 국민의 힘 국회의원

2020년 12월 1일 오전 8시 30분.

국민의힘 윤영석 의원이 세종시까지 달려와 최민호 전 차관을 찾았다.

삼국지의 주인공 유비가 제갈공명을 얻기 위해 그가 사는 초가집을 세 번이나 찾았다 해서 삼고초려(三顧草廬)라 한다. 그러나 최민호 전 차관의 집은 세종시에 있는 초가집이 아닌 기와집이다. 그래서 일고와려(一顧 瓦廬)라 했다.

오전 8시 30분이면 계절로 보아 이른 아침이다. 최 차관의 집은 세종시이기는 하나 시내와는 거리가 멀고 사모님이 수술을 받아 입원 중에 계시다. 그래서 만난 곳이 세종특별자치시 장군면 영평사길에 있는 모 카페이다. 필자가 이곳에서 봉사하고 있는 갤러리 '랑' 장주영 관장에게 도움을 청했던 것이다.

삼국지엔 워낙 유명인사들이 많이 등장한다.

유비는 서서가 떠나면서 추천한 와룡선생을 만나기 위해 초가집을 세 번이나 찾는다. 제갈공명의 재능을 본다면 물론 대단한 인물이지만, 이전까진 그저 초가에 사는 이름 없는 선비에 불과했다. 무슨 말인가? 임자를 만나지 못해 그가 가지고 있는 전술, 계략, 재능 등을 펼칠 기회가 없었던 것이다.

당시는 위–오–촉이 천하를 놓고 다투는 시절이었다. 능력 있는 사람이라면 누구든지 받아들여 '부국강병'에 힘쓰던 시기였다. 게다가 조조는 가장 크고 노른자위 땅을 점령해서 인재도 넘치는 상황이었던 것이다.

지금 문재인 정부와 비교해 보면 이 당시의 형편과 크게 다르지 않다.

고위 관직에 있거나 국회의원 수를 따지더라도 '국민의힘'으로는 도저히 당할 수 없는 그런 형편이다. 거기에 인재마저 공천배제로 인해 능력을 발휘 못하고 초야에 묻혀 사는 이들이 많다.

윤영석

윤영석 의원이 찾은 세종시도 마찬가지다.

국회의원 두 자리와 시장을 비롯해 시의원 모두가 더불어민주당 일색이다. 마치 이들과 맞서 싸워야 하는 유비의 위나라와 다를 바가 없다.

윤영석 의원이 새벽부터 달려와 만난 이 사람 최민호 전 차관.

그는 충남 행정부지사, 행복도시건설청장, 국무총리비서실장을 역임하고 배재대 석좌교수, 고려대, 공주대 객원교수, 홍익대 초빙교수 등으로 활동하면서 문화예술에 조예와 식견이 높은 인물로 알려져 있다.

특히, 일본 동경대 법학석사, 미국 조지타운대 객원연구원을 지낸 바 있어 외국어와 해외 사정에도 밝은 인물로 정평이 나 있다.

그를 알게 된 윤영석의원이 일고와려(一顧 瓦廬)해 최민호 전 차관을 '국민의힘' 당 정책위원회 부의장에 임명하였던 것이다.

그동안 '국민의힘' 당 정책위원회는 의장과 부의장을 현역 국회의원이 맡고 있는 당내 최고 정책기획 부서인데 현역 국회의원이 아닌 최민호 전 총리 비서실장을 부의장으로 임명한 것은 매우 이례적인 것이다.

부족한 의석을 당내외 유능한 인사로 두루 보완한다는 기조아래 행정학 박사이자 행정의 달인이라는 최민호 차관을 임명한 것은 마치 유비가 제갈량을 찾아 그에게 책사(策士)의 중책을 맡긴 것과 무엇이 다르겠는가?

돈이 많다고 하여, 또는 인맥에 의하여 공천되는 세상에, 돈의 많고 적음을 떠나, 인맥의 유무를 떠나 능력 있는 인재를 얻기 위해 위정자가 아침밥도 굶은 채, 새벽부터 달려와 머리를 굽히며 지혜를 구하는 신실한 모습을 본 필자로서는 '국민의힘'에 거는 기대가 크지 않을 수 없다.

그래 부동산 투기로, 성추행으로, 위안부 등처먹기로 이름 있는 자들이 우글거리며 눈에 독기를 뿜어내는 그들의 오만과 무능력하기 이를 데 없는 문재인 정부의 천방지축을 종식시키기 위해서는 삼고초려라도 해서 머리를 조아려 인재를 모셔오기 바란다.

기대가 크다. 윤영석 의원의 행보와, 무주공산(無主空山)인 세종시에서 발굴된 인재 최민호 전 차관에.

그러니 이(利)를 구하지 말고 의(義)를 위해 소신껏 힘쓰기 바란다. 그래야 박정희 전 대통령이 이룩해 놓은 부국강병의 나라를 되살릴 수 있고, 대한민국이 살아날 수 있는 것이다.

윤영석

대전동구 의회 이나영 의원

이나영 대전 동구 의원

전형적인 한국의 따뜻한 어머니상을 하고 있는 대전 동구의 이나영 의원.

그래서 그런지 동구 주민들은 이나영 의원을 좋아한다. 한 지역구에서 내리 4선으로 당선된 것이 그 증거다. 또한 이나영 의원은 대전 동구의회 최초 여성 의장(8대 전반기 의장)을 역임했고, 지난 2011년~2013년에는 중증장애인들의 직업 재활을 돕고 사회활동 참여 증진에 기여할 목적으로 '중증장애인 생산품 우선구매 촉진 조례'를 제정했으며, 그 외에도 장애인을 위한 의정활동으로, 대전 장애인 인권포럼에서 장애인 정책 의정활동 우수의원으로 선정되기도 했다.

어디 그뿐이랴!

2015년과 2018년 두 차례에 걸쳐 대전광역시 동구 공무원 노동조합으로부터 모범 구의원으로 선정되기도 했으며, 최근에는 동구 중소기업 협동조합 및 지원 조례 제정에 따른 공로로 중소기업중앙회장으로부터 감사패를 받았다.

그는 제8대 전반기 동구 의장이었을 때, 동구민들의 사회복지를 향상시키기 위해 사회복지를 전공했다. 평소 사회적 약자를 위한 정책에 관심이 많기에 구민들의 행복지수를 높이는 일에 최선을 다하고 싶다는 게 그의 신념이다.

구의회 의원들은 사회복지 지출이 효율적으로 사용되는지, 현장에서 국민의 세금이 제대로 쓰이고 있는지 계속 점검해 나가야 하며, 의원은 스스로에게는 엄격하더라도, 구민들에게는 늘 열린 마음이어야 한다고 이나영 의원이 필자에게 말한 기억이 난다.

사회복지 정책은 단시간 내 수립될 수 없고, 중장기 비전을 세워야 하는 것이므로 사회복지를 전공한 그의 결정은 옳았다고 할 수 있다. 황인호 동구청장도 동구 구민들의 복지정책에 심혈을 기울이고 있으며 관계 공무원들도 적극 호응하고 있음을 필자는 잘 안다. 거기에 바쁜 일과에도 사회복지를 전공한 이나영 의원 같은 분이 앞장서 선도를 한다면 금상첨화로 동구의 복지정책이 훨훨 날아오르지 않겠는가?

이나영

필자가 알고 있는 이 의원의 신념은, 평소 정치인으로서 '최선을 다하자', '욕심내지 말자'이며 "청소년들과 어린이들이 다 함께 행복한 동구가 되었으면 좋겠다"가 기본 모토이다.

사회복지를 전공하여 전문인이 된 이 의원은 "앞으로도 동구 구민의 행복을 위해 아이와 부모의 행복을 위한 출산 장려지원금과 양육비 증액, 방과 후 돌봄서비스 강화, 보건의료서비스 확대 등에 각별한 관심을 기울이겠다"면서 "지역대학 인프라를 활용한 교육복지 프로그램 확대, 특히 장애인의 경제적 자립 강화를 위한 일자리 확대, 소외계층 어르신 일자리 확대 등을 통해 더불어 함께 사는 복지공동체를 만들어 나가는 데도 지금처럼 최선을 다할 것"이라며 "CCTV 확대 설치, 등산로 정비, 마을 길 개선, 도시 재생사업으로 환경 개선 등, 안전하고 쾌적한 마을을 만들기와 공영주차장 확충, 주거환경개선사업 및 재건축, 재개발사업도 적극 추진, 지역경제 활성화에 앞장서겠다."고 약속했다.

이나영 의원.

그는 외모로 보나, 심성으로 보나 동구민들이 좋아하는 전형적인 대한민국의 어머니로서 손색이 없는 의원이다.

동구민을 위해 달리는 말에 채찍 좀 가하자.

조선시대 이순신 장군은 사회 복지와 경영학의 대가였다. 사회복지나 경영학, 그리고 군사학을 꿰뚫어 알고 있었기에 전란 중에도 백성들의 복지를 위해 힘썼고, 전쟁을 승리로 이끌어 나라를 구했다.

무엇이 두려우랴!

집 한 칸 없어도 물질에 욕심이 없는 황인호 청장이 있고, 그를 보좌하는 행정의 대가 호영진 비서가 함께하고 있는데. 앞으로 그 직을 계속 수행하기 바란다. 그동안의 경험을 대전시민을 위해 쏟아붓기 바란다. 기대가 크다.

이나영

이명수 의원이 압박할 만한 성격의 인물인가?

이명수 국민의 힘 국회의원

그가 37세에 금산군수로 재직하던 모습을 본 금산주민들이나 충남 부지사로 재직하던 때를 지켜본 충남 주민들, 그리고 그를 선량(選良)으로 뽑아 국회로 보낸 아산 주민 누구에게나 물어보라. 그가 남을 압박할 만한 성격의 인물인가? 필자나 우리 충남도민들이 아끼는 이명수 의원은 선량하고 반듯한 인물이다.

그러나 요즘 일부 정치편향의 언론에 보도되는 기사에 의하면, "이명수 자유한국당 의원이 롯데 측에 협박을 했다"고 보도하고 있다. 그것도 국정감사 증인 소환을 앞세워 "후로즌델리를 운영하던 전

모씨(43)에게 3억 원을 추가로 (지급)해 주라"고 압박했다는 것이다.

무슨 내용인가 짚고 넘어가자.

후로즌델리는 이 의원의 지역구인 충남 아산에 위치한 빙과 제조 업체다. 이 업체는 롯데푸드에 빙과 제품을 납품했으나 식품안전기준 강화 문제로 2010년 거래를 중단당했다.

이후 후로즌델리는 2013년 불공정 행위로 100억 원 가까운 손해를 봤다며 이를 보전해 달라고 요구함과 동시에 롯데 측을 공정거래위원회에 제소한 후 2014년 이명수 의원에게 도움을 요청하였고, 7억 원의 합의금과 함께 추후 일정한 품질과 가격조건의 납품을 우선 채택한다는 합의서를 교환하였다. 그런데 후속조치가 이루어지지 않아 다시 이명수 의원에게 도움 요청을 했고, 이명수 의원은 지역구 기업을 돕는 차원에서 중재 역할을 했다는 것이다. 그런데 그 사건에 '협박'이라는 어휘를 사용해 보도한 것이다.

이에 대해 이 의원은 다음과 같은 입장문을 내었다.

1. 국회의원으로서 '오로지 지역주민 민원을 성실히 받들겠다'는 일념으로 경제적 약자인 민원인의 입장에서 의정활동을 한 결과라서 너무 안타깝고 많은 아쉬움을 남긴다.

2. 특정 금액을 보상하라고 요구하고 국정감사 중인 출석을 협박이나 압력의 수단으로 활용했다는 것은 제 기억으로 전혀 생각하

이명수

지 못했고, 민원인은 저와 친·인척 관계가 아니고 금전적 지원이나 후원도 없었다.

3. 추가 지원은 1차 보상과 함께 합의해 준, 추가 '합의문'에 근거해 대기업과 소기업의 상생차원에서 원만히 합의해 보라는 협조와 조정 차원의 대화가 이어졌을 뿐이다.

그런데 롯데푸드 내부문서엔 이 의원이 "3억 원을 전 씨에게 지급하라"고 기록돼 있다는 것이다. 그렇다면 묻자. '3억 원을 지급하라'고 한 기록은 누가 했으며, 과연 이명수 의원이 그런 명령조의 어투를 사용했다는 말인가?

다른 보수 언론에서는 "후로즌델리에서 요구하는 수준이 과도하다면 3억(원) 정도에서 합의할 수 있지 않느냐"고 중재자인 입장에서 권유한 것처럼 보도하고 있다.

필자의 논조가 맞지 않는다고 생각하면 당장 달려가 이명수 의원을 만나 대화를 나눠보라. 그가 남을 압박할 만한 인물인가?

더구나 지역구에 소재한 기업에서 이런 억울함을 호소하고 있는데 나 몰라라 하는 것은 지역출신 국회의원으로서 직무 유기에 해당되는 것이다. 따라서 이명수의원의 이번 일은 지역 주민들은 물론 이를 지켜보는 전 국민들에게 잘했다 칭송받을 만하다.

익명을 요구한 어느 시민은 "내년에 국회의원 선거이기에 혹 정적 (政敵)이 될 만한 인사가 롯데 측에 회유하여 언론에 흘렸을 가능성도

염두에 두어야 할 것"이라고 귀띔해 주었다. 회사 내부 안건을 어찌 기자가 알 수 있었겠느냐의 논리인 것이다.

우리나라는 대통령에게 권력이 집중되는 나라라는 것을 삼척동자도 다 안다. 더구나 그는 경찰도 검찰도 아니다. 그런데 국회의원이 압력을 가했다면 누가 믿겠는가?

이 과정을 지켜보는 국민들은 오히려 정치편향의 언론들이 조국과 관련해 물타기식 보도를 하는 게 아닌가 하는 의혹만 커질 따름이다.
다시 묻겠다.
이명수 의원이 남을 압박할 만한 성격의 인물인가?

이명수

이순신 장군의 애국심과 박찬주, 그리고 윤석열

이순신 장군이나 박찬주 전 육군 대장, 그리고 윤석열 전 검찰총장은 정부로부터 무참히 버림을 받았다는 데서 공통점이 있고, 계급장 떼인 상태에서 위기의 나라를 구하기 위해 백의종군하고 있다는 점에서도 공통점이 있다.

보자, 이 세 분들의 공통점을.

▶ 이순신을 왜 죽이려 했던가?

때는 1592년 1월 1일, 무려 6등급을 뛰어넘어 '전라좌수사'로 임명된 이순신 장군.

나라가 위태롭자 요즘 위관급(대위) 직책인 이순신을 장군급인 전라 좌수사로 승진시켜, 현지에 부임하게 하였다. 당시 경상 좌수사 박홍과, 경상 우수영 원균, 그리고 전라 우수사 이억기라는 최고위급 장군들이 버티고 있는 곳에 일개 대위급이던 이순신이 장군 계급장을 달고 내려 왔으니 눈에 가시일 수밖에.

그리고 세월이 흘러 임진왜란이 소강상태인 1597년(정유년) 2월 원균의 모함으로 이순신은 한산 통제영에서 체포되어 한양으로 압송되었던 것이다.

선조임금 앞에서 모든 문무백관들이 목소리를 합쳐 이순신을 죽여야 한다고 외쳤으나, 당시에 영의정 겸 도체찰사(국가비상사태직무총사령관)인 '오리 이원익'이, "전하께서 전시 중에 신(臣)을 폐하지 못하시는 것처럼, 신 또한 전쟁 중에 삼도수군통제사인 이순신을 해임을 못하옵니다"라고 반대해 목숨만은 살렸던 것이다.

백의종군한 이순신은 "신에게는 아직도 12척의 배가 남아 있습니다", "내가 죽지 않는 한 적이 감히 우리의 수군을 업신여기지 못할 것입니다"라는 결심으로 62전 62승이라는 전 세계 전사에서 전무후무한 기록을 세웠다.

▶ 박찬주 육군 대장을 왜 죽이려 했던가?

박찬주 대장은 독일육사를 나온 세계적인 기갑전(전차전 또는 탱크전)의 대가, 기갑병과 최초로 대장 진급한 인재다. 이순신 장군의 거북선이 세계 최초의 철갑선이듯, 기갑(機甲)은 전차를 운용하여 보병의 화력을 장갑으로 보호된 직사화기로 지원하는 병과를 의미한다. 지상전력에서 기동전을 구사하는 전쟁으로서 아군을 단단한 장갑으로 보호하며, 적을 직사화기로 공격해서 섬멸하는 것이 기갑병과의 주된 임무이다. 그런 임무의 대가가 박찬주 전 육군 대장이었다. 자연히 상대편의 표적이 될 수밖에 없었다.

거기에다 박찬주 대장은 군사전략가로 명성이 높고 한반도에 몇 명 안 되는, 그리고 미군이 인정하는 전쟁기획전문가로 높이 평가받는 군사전문가였으며, 전쟁을 억제할 수 있고 유사시에는 주도권을 장악하여 최소 피해로 승리를 이끌 수 있는 역량을 갖춘 인재였다.

또한 박 대장은 한미동맹분야 전문가로서 한미 연합방위체제에 권위를 가지고 있으며, 네 번의 독일 군사유학을 통해 동서독 군사통합 등 통일문제에 대한 전문가요, 김관진 전 국방부장관과 독일육사 선후배 사이로서 김정은이 두려워하고 있는 인물이다.

그런 인재를 임태훈 같은 자가 군인권센터를 차려 민주당 비례대표 직이나 공천받아 볼까 하는 흑심을 품고, 허물을 씌워 4성 장군복 차림으로 수갑을 채웠던 게 아니던가? 임태훈은 국토방위 의무도 거부하며 교도소에서 1년 6개월 살다가 노무현 대통령의 특사로 빠져나온 자가 아니던가? 그런 자들이 우글거리고 있는 곳이 민주당이요, 좌파들인 것이다. 두고 보라. 앞으로 10개월 후 어떤 인물들이 그 욕심 때문에 쇠고랑 차고 법정에 서게 될지.

▶ 윤석열 검찰총장을 왜 물러나게 했는가?

윤석열 검찰총장이 4일 오후 2시 사퇴를 표명했다. 보자 그가 물러나게 된 이유를.

"저는 오늘 총장을 사직하려 합니다. 이 나라를 지탱해 온 헌법정신과 법치 시스템이 파괴되고 있습니다. 그 피해는 고스란히 국민에게 돌아갈 것입니다. 저는 이 사회가 어렵게 쌓아 올린 정의와 상식이 무너지는 것을 더는 두고 볼 수 없습니다. 검찰에서 제가 할 일은 여기까지입니다.

그러나 제가 지금까지 해온 것과 마찬가지로 앞으로도 어떤 위치에 있든 자유민주주의를 지키고 국민을 보호하기 위해 힘을 다하겠습니다. 그동안 저를 응원하고 지지해 주신 분들, 그리고 제게 날 선 비판을 해주신 분들께 감사드립니다."

이를 지켜본 국민의힘 아산갑 출신 이명수 국회의원께서 한 말이 눈길을 끈다.

이 의원은 "충청도민의 윤석열 검찰총장에 대한 전폭적 지지는 윤석열 총장의 절개가 충청도민 품성을 많이 닮았기 때문"이라고 주장하며, 윤총장이 검찰총장직을 수행하는 동안 청와대를 향한 성역 없는 검찰수사로 사실상의 검찰개혁을 실천했고, 검찰의 수사권 박탈에 맞서온 인물로서, 얼마 남지 않은 기간이지만 임기를 다 하기를 개인적으로 희망했던 당사자로서 참으로 안타까움을 넘는 아쉬움이 있다"고 토로했다.

이어서 이명수 의원은 "개인적으로 윤석열 검찰총장은 사법농단과 법치주의 훼손을 감행한 집권세력과 맞서 싸운 시대정신을 실천한 인물이라고 평가한다. 윤석열 검찰총장은 사직인사를 하면서, '그동안 온갖 고초를 겪으면서도 검찰총장직을 지켜온 것은 우리 사회의 정의와 상식, 민주주의와 법치주의를 지키기 위해서'라고 말했다. 윤석열 검찰총장은 그 직을 사직했지만 우리가 지키고 발전시켜 나가야 할 우리 사회의 정의와 상식, 그리고 민주주의와 법치주의 수호의 길은 아직 멀고도 험난하다"고 토로했다.

필자도 한마디 거들자.

이순신 장군과 박찬주 육군 대장은 모함에 의해 그 직을 빼앗겼고, 윤석열 검찰총장은 자의에 의해서 그 직을 내놓았다. 그러니 앞으로 이순신 장군이나 박찬주 육군 대장처럼 나라를 위해 백의종군하기를 바란다.

국민의힘 국회의원들을 비롯해, 2, 30대 젊은이들과 온 국민들이 윤 총장에 대한 지지율이 높은 것을 명심해 국민의 기대에 저버리는 행동을 하지 말기 바란다. 백의종군하려는 윤총장과 박대장의 앞에 놓인 걸림돌은 필자와 같은 보수 논객들이 해치워 디딤돌로 만들 것임을 약속한다.

무엇이 두려우랴! 이순신 장군이 먼저 본을 보이셨고, 좌파의 몰락이 코앞에 다가오고 있는데.

대권을 거머쥐고 나라를 바로 세워주기 간절히 바란다.

여야가 귀담아 들어야 할 이완구 전 총리의 말

이완구 전 국무총리

오죽하면 나섰을까, 이완구 전 총리가.

이 전 총리는 12일 오후 2시, 미래통합당 대전시당과 오후 4시 30분 미래통합당 세종 시당을 찾아 기자간담회를 개최하고, 이번 21대 총선에서 문재인 정부 심판과 미래통합당 후보 지지를 호소했다.

대전 시당에는 이 전 총리를 비롯하여 동구 이장우·중구 이은권·

서갑 이영규·서을 양홍규·유성갑 장동혁·유성을 김소연 국회의원 후보와 당원 등 30여 명이 참석했고, 세종시 조치원읍 김병준 후원회 사무소에는 김병준 후보를 비롯해 최민호 전 행복청장, 송아영 세종시당 위원장, 유환준, 황우성, 강용수 전 충남도 의원 등 이완구 총리의 충남지사 시절 정치적 동지들 등 200여 명이 참석해 이 전 총리를 환영했다.

이완구 전 총리는 대전시당에서 "지난 구정 때 불출마와 함께 현장 정치와 거리를 두겠다고 했다"고 했던 분이다. 정치를 포기한 것이 아니라 거리를 두겠다고 했기에 그가 이번에 지원유세를 하는 것을 보고 왈가왈부하지 말기를 바란다.

그는 "일주일 전까지만 해도 이번 선거에 참여하지 않을 생각이었는데, 도저히 가만히 있을 수 없고, 국민들에게 죄를 짓는 것 같다"면서 "한 나라의 총리를 지낸 사람으로서 나라 돌아가는 꼴을 보니 안 되겠다"며 "실상을 국민들에게 제대로 알리고 정권에 제대로 할 말은 해야 하겠다는 결심으로 일주일 전부터 선거 지원유세에 돌입했다"고 피력했다.

그의 첫 마디는 "문재인 대통령은 국민을 더 이상 속이지 말라"였다. "나라 이대로 끌고 가면 회복할 수 없는 단계까지 망가뜨릴 수 있다"며, "국가부채 1700조인 데다가, GDP 대비 국가부채율이 박근혜 정부 직전까지 38%였는데 지금은 43%까지 올라가 매년 300조씩 늘어난다"고 지적하고 "2–3년 후 국민들 눈에 피눈물 나고, 지금은 코로나19 정국 때문에 묻혀가지만 무서운 대가를 치를 것이라"고 역설했다.

이 전 총리는 경제부총리 홍남기는 엄정한 대가를 치를 것이라면서 홍남기 부총리는 국민과 대통령을 속이지 말라며 "처음에 제대로 보고하다가 대통령하고 집권당한테 질책을 받으니까 거짓말한다"고 비판했다.

이완구 전 총리의 이런 발언은 총리를 지낸 사람으로서 침묵을 지켜 국민들로부터 직무유기를 하고 있다는 비난을 듣지 않을 것임을 주장함과 동시에, 문 대통령과 그 추종자들이 왜 어떻게 해서 나라를 이 지경으로 기울어지게 만들었는지 알리는 데 초점이 맞춰져 있었다.

이 전 총리의 이 같은 발언에 대해 더불어민주당 대전시당(위원장 조승래)은 강한 비판을 쏟아냈다. '이완구 전 총리의 근거 없는 저주와 공포 조장, 국민의 심판이 두렵지 않은가'라는 제목의 논평을 발표하고, 이 전 총리의 기자간담회 내용을 반박했다.

최 대변인은 "막말 정국으로 공분을 자초해 온 미래통합당이 이번에 전 총리 출신까지 합세해 대한민국을 저주하고 협박하기까지 이르렀다"면서 "12일 미래통합당을 지원하기 위해 대전을 방문한 이완구 전 국무총리는 '코로나19 정국에 묻혀가지만 2~3년 후에는 문 대통령과 홍남기 부총리는 무서운 대가를 치르게 될 것'이라며 저주와 협박을 퍼부었다"며 "수년 전 우리가 지금까지 경험하지 못한 해괴한 국정 농단으로 정국을 파국으로 몰아갔던 정권의 수혜자가 이제는 국민을 향해 저주와 협박으로 공포를 조장하니 적반하장이 따로 없다"고 주장했다.

그렇다면 묻자.

보수 논객인 필자가 듣기엔 이전 총리의 말이 국민들에게 알 권리를 제공해 주는 것이요, 기울어져 가는 나라에 대한 걱정을 정부와 여당에게 당부하는 것이지 어디 저주와 협박을 했다는 말인가?

그래, 대한민국을 저주하기 위해 그가 이 자리에 나타났다는 말인가 답해보라.

과거 박정희 대통령 시절 우리 선배들이 서독으로 광부에, 보조 간호사로 파견되거나 월남전에 피 흘린 대가로 오늘날 우리들이 잘살고 있듯이 지금 현 정권의 퍼주기식 정책으로 인한 빚은 다음 세대들이 갚아야 할 빚덩이인 것을 알게 해주려는 발언이 저주란 말인가?

또 묻자, 미래통합당이 막말을 했다구? 그대들이 말하는 막말이라는 것이 누가 한, 어느 말에 초점을 두고 하는 말인지는 모르겠으나 그동안 더불어 민주당과 정부에서 쏟아낸 막말은 기억할 수 없을 정도로 많다. 시간을 내서라도 유튜브나 페이스북에 들어가 보라. 그대들도 눈살을 찌푸리게 될 것이고 귀를 막게 될 것이다.

필자는 이 글을 쓰는 지금까지 조승래 후보만은 막말하지 않는 사람, 겸손한 사람으로 보아왔다. 그러나 이번에 내놓은 반박 성명서를 볼 때 사람은 겉과 속을 다시 보아야 된다는 생각이 들었다.

조승래 의원은 다시는 남을 헐뜯는 말을 하지 말기 바란다. 그동안 여당의원이란 자들이 쏟아낸 막말과 이해찬 대표의 매서운 눈초리 때문에 얼마나 피곤했는지 아는가?

이완구 전 총리는 대한민국을 향해 저주하러 온 것이 아니라, 그대들로 하여금 빚더미에 앉게 되는 나라를 살리기 위하여 지원 유세를 하고 있는 것이다.

26

이은권

이은권, 국민의힘
대전 중구 당협위원장의 죽을 각오

"나라를 구한다는 각오로 싸워나가겠습니다!"

이은권, 국민의힘 대전 중구 당협위원장의 결심이다.

그가 윤석열 예비후보의 국민캠프 대전선거대책위원장직을 맡으면서 부르짖은 결심인 것이다.

"丈夫出世 用則效死以忠 不用則耕野足矣(장부출세 용즉효사이충 불용즉병

야족의)."

　-대장부로 세상에 나와 나라에서 써주면 죽음으로써 충성을 다할 것이요. 써주지 않으면 야인이 되어 밭갈이하면서 살리라.-

　충무공 이순신 장군께서 1576년(선조 9) 2월 식년무과에 합격하고 나서 임용 발령을 조용히 기다리며 한 말로, 자신의 보직이나 출세를 위하여 권문세가에 출입하여 아첨하거나 영화를 탐내지 않기로 결심하면서 하신 말씀이다.

　이은권 당협위원장도 23일 SNS를 통해 "내년 3월 대통령 선거에 출마를 선언한 윤석열 예비후보의 국민캠프 대전선거대책위원장으로 일하게 되었다"고 말하면서 "나라를 구한다는 각오로 싸워나가겠습니다!"라고 하였다.

　우선 찬사를 보내며 격려의 말로 필자도 힘을 보태겠다.

　이은권 전 의원, 그는 한다면 하는 강직한 성격을 가지고 있다. 그래서 때로는 필자와 의견 충돌을 할 때도 있었다. 그런 그가 '나라를 구한다는 각오'로 윤석열 캠프에 합세한 것이다.

　지금 우리나라에 제2의 이**는 없을 것이다. 그런 인물이 또 나온다면 필자는 물론 이은권 위원장이 박살을 낼 것이다.

　이은권 위원장의 결심을 더 들어보자.

"문재인 정권에 대한 심판과 정권교체에 대한 국민적 염원을 그 누구보다도 잘 알고 있기에 미력하게나마 힘을 보태기로 했다. 또한 비정상의 나라를 나라다운 나라로 만드는 일에는 저 혼자의 힘으로는 부족하니 위기의 대한민국을 구하기 위해서 여러분께서 다양한 의견과 도움을 달라."고도 했다.

걱정 말라, 이은권 위원장이여!

대전에만도 윤공정포럼 상임고문에 장인순 전 원자력 연구원 원장을 중심으로, 대전지역본부를 이끄는 박성효, 길금자, 박인철, 박응규, 김재동, 이철수 공동 대표가 있고, 모든 업무를 총괄하는 이경훈 정책위원장이 있으며, 기획위원장에 이준건 교수, 청년위원장에 배명수, 여성위원장에 강숙자, 봉사위원장에 장미화 씨, 노인위원장에 이철연, SNS 위원장에 김기용, 자문위원장에 김문원 씨가 있어 큰 힘이 될 것이다.

어디 그뿐이랴!

둔산동 김정순 여사도 힘을 보태기 위해 동분서주하고 있으며, 아직은 이름 밝히기를 꺼려하는 분들이 이곳저곳에 포진하고 있다는 것을 알아주기 바란다.

지금 윤석열 후보가 적군이 쏘는 화살이나 아군이 쏘는 화살에 맞아 고초를 겪고 있지만, 이순신 장군께서 삼도수군통제사가 되어 벼랑 끝 전투를 하러 가던 길에 "신에게는 아직 열두 척의 배가 남아 있습니다"라며 나라를 위해 죽을 각오를 한 것처럼 지금 국민들 가운데는 죽을 각오로 윤 후보를 도와 정권교체를 바라는 국민들이 많은 것을 염두에 두고 힘을 얻기 바란다. 170여 명의 적들과 홍준표, 유승민 의원을 비롯해 몇 명의 아군이 쏘아대는 화살을 두려워 말라.

"살고자 하면 죽을 것이고, 죽고자 하면 살 것이다"라고 이순신 장군은 외쳤다. 지금 국민들은 1000조 빚더미를 만든 문정권에 진저리를 느끼고 있다. 진저리를 느끼는 것이 이뿐만이 아니다. 이 시각 순천만 다리에 게양돼 펄럭이는 한반도기를 보라. 이 나라에 한반도기를 왜 펄럭이게 하는가? 우리나라 국기는 태극문양이 선명한 태극기인 것이다.

역사를 알고 좌절하지 말자.

이순신 장군의 명량해전의 시작은 승리를 장담 못했으나 그 결과는 역사에 길이 빛나는 승리였다. 지금 윤석열 후보 대 수십 명의 다른 후보들과의 싸움에는 건너야 할 강도 있고, 가로막는 바윗돌도 많으나 결과는 명량해전이 될 것이다.

그러니 이은권 위원장이여!

사즉생하라. 국민들의 염원의 눈빛이 보이지 않는가?

이은권

없는 듯 일하는 이장우 의원

이장우 전 국회의원

이장우 의원, 그는 깊은 물의 흐름과 같은 일꾼이다.

깊은 물은 유속(流速)이 빠르지 않아 언제나 고여 있는 듯하고 흐르는 소리도 없다. 톨스토이(1828~1910)는 깊은 강물은 돌을 던져도 흐려지지 않는다고 하였으며, 불경에도 '빨갛게 단 쇠는 가볍다'고 하였다.

무슨 말인가?

스스로 수양하는 사람은 비굴하지도 않고 뽐내지도 않으며 자신을 귀하게 생각함으로써 남을 천하게 생각하지 않는다는 것이다.

다른 의원들은 국회에서 2~3억만 얻어내도 마치 자기 공인 양 지역구에 현수막을 내걸고 다른 당 출신의 구청장이 하는 자리엔 얼씬도 하지 않는 데 비해 이장우의원은 지역구를 위해 이런 저런 공이 많은 데도 현수막을 내거는 등 너스레를 떨지 않는다.

필자는 황인호 민주당 구청장이 참여하는 행사장에서 자주 이장우 의원을 보곤 했다. 자기가 구청장으로 일했던 지역구이기 때문에 황인호 청장에게 힘을 보태기 위해서다. 둘이 나란히 앉은 모습이 한없이 자랑스러웠다. 다른 정치인들에게 본이 되기 때문이다. 그래서 낙후된 동구가 활기를 띠는지도 모르겠다.

그의 의정 활동도 보자.

지난 9월 20일에 있었던 일이다.

자유한국당 이장우 국회의원과 국회사무처 법제실(실장 이용준)이 공동주최한 국회 입법지원토론회가 20일 오후 동구 대청동 다목적회관에서 열렸다.

이번 토론회는 1981년 대청댐 건설 이후 상수원보호구역 등 이중·삼중 규제로 재산권 행사 등 고통을 호소하고 있는 주민들의 목소리

이장우

를 현장에서 청취하고 규제 완화나 입법 추진 등을 모색하기 위해 마련됐던 것이다.

특히 이날 토론회에서는 현재의 행정적 유역관리는 한계에 도달했다는 공감대 속에 일본의 댐 주변지역 주민들을 예로 들어 그들의 일자리 창출과 관광 활성화 추진, 기존 학자금이나 마을회관 건립 등 주민지원방식의 개선 필요성, 주민 직접지원 방식 도입 필요성, 특정인만 아닌 유역 주변 모두가 혜택을 받도록 하기 위한 협동조합 방식 추진을 위한 방안 모색 필요성 등 다양한 방안들이 제시됐는데, 이 의원은 "19대 시절 대청호 관련 특별법을 대표 발의했지만 안타깝게 통과가 안 됐다"며 "앞으로 국회 법제실과 상의해 규제 완화 방안 등에 대한 입법화는 물론 정부와 주민 고통 해소를 위한 방안 마련에 최선을 다하겠다"고 밝혔다.

또 있다.

15일 국회에서 열린 근로복지공단 등 고용노동부 산하기관을 상대로 한 국감에서 근로자들의 산재 재활의료 기관인 근로복지공단 소속 병원의 의료장비 노후화에 따른 오진 우려 등 문제점을 강하게 질타함과 동시에 "연간 약 200만 명이 이용하는 근로복지공단 소속 병원의 의료장비 중 내구연수를 초과한 노후장비 비율이 33%, 124점이나 된다"며 "장비 노후화에 따른 판독 불가 등이 발생하면서 수술지연, 오진 등의 의료사고 위험성이 높아지는데, 고용부와 근로복지공단이 안일하게 대처하고 있다"며 대책 마련을 촉구했고,

진단오류 및 민원 사례를 제시하며 "대전병원의 전산화단층촬영장치(CT)의 경우 2005년에 도입됐는데, 내구 연한이 4년 2개월이나 지났다"며, "이로 인해 조영제 주입 중 CT 스캔 중단으로 환자 재예약 및 재방문하여 환자들의 불편이 상당하고, 매월 1~2회 멈춤 현상이 발생해 민원이 제기될 정도"라고 강하게 지적했던 것이다.

그는 이어서 "진료과장 영상판독 시 진단 오류 등 어려움 호소하고 있고, 추후 소송까지 갈 수 있는 문제"라며 조속한 대책 마련과 순천병원의 경우 96년에 구매한 제세동기, 93년에 구매한 수술대, 창원병원의 03년에 구매한 심전도계 등은 교체 부품이 없어 어려움이 가중되고 있는데 정부 등은 무대책으로 수수방관하고 있다며 "이렇게 운영하려면 차라리 공단 소속 병원을 보건복지부로 이관해야 한다"며 "내년 예산안에 노후 장비 예산을 추가 반영할 것"을 강력 주문했다.

그는 겉으로 보기에 한없이 부드럽고 온유하다. 거기에 노모를 정성껏 보살피고 있는 것도 동구주민들이 알 만한 사람들은 다 알고 있다 한다. 그를 일컬어 둘도 없는 효자라는 것이다.

그가 대전 출신이라는 것이 자랑스럽고, 동구 출신 의원이라는 것에 기대가 크다. 필자는 언젠가 '대전의 제2 시립도서관은 동구에 세워야 한다.'라는 제하의 칼럼을 써서 언론에 보도한 바 있다.

이장우 의원의 앞으로 의정활동에 더욱 기대가 크다.

이장우

장동혁 부장판사의 또 다른 변신

장동혁 국민의 힘 전 대전시당 위원장

카프카는 '그레고르 잠자'를 벌레로 변신시켜 현실에서의 고통스런 삶을 벗어나는 해결 방법을 제시했고, 우장춘은 친일파 우범선(禹範善)의 아들이라는 오욕(汚辱)된 삶을 죽기 직전 조국 품에 안기는 변심(變心)을 통해 벗어날 수 있었다.

『변신』은 실존주의 소설이고, 우장춘 이야기는 우리의 역사다. 그러나 역사든 소설이든 우리에게 시사(示唆)하는 바가 너무 크다. 프란츠 카프카의 중편소설 『변신』에서 주인공인 그레고르 잠자(Gregor Samsa)는 벌레로 변신하는 자신을 발견한다. 그러나 그는 자신이 벌레로 변해버린 상황을 죽기직전까지 받아들이지 않고, 가족들의 멸시와 따돌림, 아버지가 집어던진 사과에 맞아 몸에 상처를 입는 고통, 그리고 사랑의 굶주림 속에 가슴 깊이 밀려드는 외로움과 절망의 늪을 헤매다가 서서히 죽어간다.

그런데 이 사람 장동혁.

그는 행시(35회)에 합격한 후 1993년부터 교육부에서 사무관으로 근무하다가 2001년 사법고시에(43회) 합격해 대전지법 공보 판사, 인천지법 판사 등을 지내며 사회적 약자와 인권을 보호하는 판결을 내려 많은 사람들로부터 칭송을 받았던 인물이다.

또한 그는 광주지법 부장판사로 발령돼 고(故) 조비오 신부와 5·18 희생자들의 명예를 훼손한 혐의로 기소된 전두환 전 대통령의 재판을 맡으면서 주목을 받았는데 특히 전두환 전 대통령이 고령이라는 점 등을 고려해 재판 불출석을 허가한 착한 심성을 가지고 있다.

그런 그가 법복을 벗고 정치인으로 변신한 지 1년이 다 돼 간다.
필자는 10여 개월 그를 지켜보면서, 제대로 변신한 모습을 발견할 수 있었다.

법조인이 정치인으로 변신하는 경우는 얼마든지 볼 수 있다. 대부분 판사나 검사들이 정치인으로 변신하게 되는 경우 지금 뭇매를 맞고 있는 장관이나 대전지방출신 어느 의원처럼 갑질을 하는 경우가 많은데, 장동혁 그는 변신의 새로운 모습을 보여 화제가 되고 있는 것이다.

보자. 언론에 게재된 그의 변신한 모습을.

첫째, 중소기 벤처부 세종시 이전을 막기 위해 더불어 민주당 관계자들을 찾아 힘을 합치고 있는 것이다.

그는 중소기 벤처부 세종시 이전을 막기 위해 서울로 상경해 국민의힘 주호영 원내대표와 면담하고 청와대 앞에서 1인 시위를 벌였으며, 주호영 대표와의 면담하는 자리에서 최근 민주당에서 발의한 '행복도시법 일부 개정안'이 조속히 통과될 수 있도록 국민의힘 중앙당에서 긍정적으로 검토해 줄 것을 당부했고 또한, 같은 지역구에 출마해 당선된 민주당 조승래 의원을 찾아 함께 힘을 합치는 등 "중기부 이전을 막을 수 있다면 여야를 떠나 힘을 모아야 한다"고 강조하고 "대전시당에서 앞서 싸우겠다"고 다짐했다.

이후 장 위원장은 청와대를 방문, '대통령님, 중소벤처기업부 세종시 이전을 꼭 막아주십시오'라는 건의문도 전달하였다.

이와 같은 일로 볼 때 장동혁, 그가 법조인에서 정치인으로 변신한 것도 잘한 일이지만 경쟁자인 상대당 의원을 찾아 먼저 손을 내밀고 협조를 약속한 것은 대단한 결심으로 평가되는 것이다.

'이종산업(異種産業) 결합'이란 말이 있다. 이는 기존 산업에 이종산업이 결합되어 하나의 통합된 서비스를 제공하는 것을 의미한다. 고령화, 인구감소와 같은 사회적 문제뿐 아니라 워라밸(work and life balance)을 중시하는 문화가 나타나면서 기업들은 효율적인 인력 운용을 하기 위해 '이종산업 결합'을 추진하고 있다.

기업들도 살아남기 위해 '이종산업(異種産業) 결합'을 추진하고 있는데 대전 시민을 위하고, 대전 경제를 발전시키기 위해서라면 적과의 동침이 걸림돌이 될 수 없음은 물론이다. 같은 당의 반대 목소리가 무엇이 두렵겠는가?

그래서 국민의힘 장동혁 대전시당위원장의 행보에 찬사를 보내는 것이다.

오로지 지금처럼 대전 시민만 보고 행보를 넓히기 바란다.

장동혁

말없이 실천하는 목민관 장종태 서구청장

장종태 대전 서구청장

　장종태 서구청장.

　그는 재임 7년 동안 박용갑 중구청장과 더불어 청백리(淸白吏)로 정평이 나 있다.

　청백리(淸白吏)란 청렴한 공직자를 지칭하는 말로써 조선시대에 특별히 조정에서 선발되어 청백리안(淸白吏案)에 명단이 올랐던 목민관들을 일컫는다.

　백성(국민)들은 공직에 있는 모든 이들이 항상 백성의 모범이 되기를, 또한 사사로운 이해관계에 현혹되지 않고 백성을 위한 진정한 봉사자로 남아주기를 기대하고 있다. 그리고 그러한 마음은 예나 지금이나 다를 바 없다.

균등분배를 주장했던 다산 정약용 선생은 그의 저서 『목민심서(牧民心書)』에서 "인자(仁者)는 인을 편안히 여기고, 지자(知者)는 인을 이롭게 여긴다."라는 공자의 말씀에 빗대어 "청렴한 자는 청렴함을 편안히 여기고 슬기로운 자는 청렴함을 이롭게 여긴다."라고 했다.

청렴은 예나 지금이나 공직자에겐 최고의 덕목이다.
그런데 보라, 이분 장종태 서구청장.

조선시대는 청백리를 조정에서 선발했지만 오늘날은 그 지역 구민들이 인정해야만 청백리 대우를 받아 재선에 성공할 수 있는 것이다. 그 모범이 되는 분이 3선에 성공하여 중구민들로부터 존경을 받고 있는 박용갑 청장님이요, 2선에 재선되어 서구민들로부터 존경을 받고 있는 장종태 청장님이다.

청백리 정신은 국가발전의 원동력이기도 하다. 그래서 자랑스럽다. 소리 높여 외치고도 싶다.

존경한다고.

보자, 본보 28일자에 보도된 장종태 청장이 말없이 펼치고 있는 행정력을.

"대전 서구(구청장 장종태)는 지역경제 활성화와 고용안정을 위해 취약계층 공공일자리 등, 올해 총 8,254개의 일자리를 창출함으로써 민선 7기 3만 개 일자리 목표 달성을 눈앞에 두고 있다.

올해의 주요 일자리 창출 사업은 ▲ 코로나19 대응 공공일자리 확대와 소상공인 중점 지원(6,719개) ▲ 지역 청년 일자리 확대 및 취·창업 컨설팅(496개) ▲ 기업 유치 및 신설, 사회적경제 활성화(675개) 등이 있으며, 지역의 고용안정을 위해 지속가능한 일자리 발굴에 중점을 두고 추진하고 있다.

한편, 구는 민선 7기 일자리 창출 3만 개를 목표로 저소득층 생활 안정을 위한 공공일자리 확대와 청년 맞춤형 취업 사업, 계층별 취업 훈련 등을 중심으로 일자리 정책을 추진해 왔다.

장종태 청장은 "올해 일자리 정책은 코로나19 이전의 지역 일자리 회복을 목표로, 양질의 공공일자리 창출과 계층별 구직수요에 따른 맞춤형 취업 지원, 기업 유치를 통한 새로운 일자리 발굴 등을 통해 '뿌리가 튼튼한 일자리 도시 서구'를 만들기 위해 노력하겠다"고 말했다."

— 출처 : 투데이플러스(http://www.todayplusnews.com)—

말없이 실천하는 목민관 장종태 서구청장. 장청장을 자랑함에 조선

시대 청백리로 존경받았던 성하종 목민관을 말하지 않을 수 없다.

조선시대 성하종(1573, 선조6~ 1645,인조23)은 조선의 관리로서 임진왜란 때 피난 중에 아버지가 회양(淮陽)에서 돌아가고, 여러 번 문과에 응시하였으나 거듭 실패하자, 이에 붓을 내던지고 활을 잡고 무과(武科)에 응시하여 1603년(선조36) 급제하여 목민관이 된 분이다.

일반적으로 관리가 임기를 마치고 떠날 때 공적비나 신도비를 세워주는 것이 상례이지만 성하종이 임기를 마치고 떠나게 되자 평안북도 강계 백성들은 아예 떠나지 못하게 만류하기에 이르렀다 한다.

이제 1년 후면 박용갑 중구청장은 법적인 임기 3선을 마치고 중구를 떠나게 되고, 장종태 서구청장은 3선의 기회를 맞이할 것이다.

어찌할 것인가?
결심은 장청장이 하겠지만 그 결정을 마무리 짓는 것은 서구민들의 마음에 달려있는 것이다.
공적비나 신도비를 세워주고 그를 떠나게 할 것인가? 아니면 강계 백성들처럼 못 가게 만류할 것인가?

장종태

30

정진석

역시 큰 그릇, 정진석 의원

정진석 국민의 힘 의원

정진석 의원은 생김새부터 큰 그릇으로 생겼다.

그는 29일 오전 서울 종로구 청와대 앞 분수대 광장에서 드루킹 댓
글 조작 사건 관련 문재인 대통령의 사과를 촉구하며 1인 시위를 벌였
다. 이를 보고 좌파들은 왈가왈부 말이 많지만 그가 뚝심이 세고 의리
가 있는 인물임은 의심할 여지가 없다.

드루킹 사건의 김경수 의원과 정진석 의원의 악연은 2017년 9월 23
일로 거슬러 올라간다.

당시 故 노무현 대통령의 마지막 비서관을 지낸 김경수(초선, 김해을) 의원이 노 전 대통령을 비하한 막말에 대해 정진석 의원을 향해 초강경 법적 조치를 취하였다.

그러면서 드루킹 사건으로 구금된 김경수 의원은 "사과도 요구하지 않겠습니다. 그 시간에 법적으로 어떻게 대응할지 준비 열심히 하시기 바랍니다. 이번에는 그 어떤 타협도 없을 것임을 미리 알려 드립니다"라는 글을 남겼다.

그리고 4년이 흘렀다. 결과는 언론에 보도된 대로다. 어떤 사과도 요구하지 않고 타협도 요구하지 않으며 오로지 법적 보복만 하겠다던 그는 교도소로 가고, 정진석 의원은 청와대 앞에 우뚝 서 문재인 대통령의 사과를 요구하며 1인 시위를 하고 있다.

이 소식을 들은 안철수 대표가 가장 먼저 정 의원을 찾아 격려했다. 안 대표는 오전 8시 30분쯤 현장을 찾아 "문 대통령의 묵언 수행이 오늘로 8일째"라며 "지난 일이라고 넘어갈 것이 아니라 지난 일에 대한 철저한 수사, 문 대통령의 사과가 꼭 필요하다"고 말했다.

역시 강직하고 곧은 성격의 주인공 최재형 전 감사원장도 이곳을 찾았다.

최 전 원장은 오전 10시 40분쯤 정 의원을 방문하여 격려하면서 "대의 민주주의 근간인 선거제도를 흔드는 여론조작은 절대 안 된다"라며 "대통령께서 분명한 입장 표명과 사과를 안 하시면 앞으로 이런 일이 다시 벌어지지 않는다는 보장이 없다"고 말했다. 그러면서 "적극적인 책임 유무를 떠나 (입장을) 분명히 해주셨으면 좋겠다는 게 제 입장이다"라고 덧붙였다.

대권 후보 선도주자인 윤석열 전 검찰총장도 시위 현장을 방문해 "선거라고 하는 것은 민주주의 전부라고 해도 과언이 아니고, 여기에 중대한 불법이 대법원 최종 확정판결이 난 이상 여기에 대해서는 입장 표명과 앞으로 어떻게 할 것인지, 국가의 최고 책임자로서 국민께 입장을 표명해야 한다"라며 "정 의원의 말은 너무나도 당연한 말이고 저도 이 입장을 적극 지지한다"라고 말했다.

그러나 좌파들의 반응은 어떠한가? 삼복더위에 이들의 반응을 들어보면 속까지 타들어가는 찜통더위를 연출케 한다. 더불어민주당 졸개들은 정진석 의원이 '드루킹 사건'과 관련해 문재인 대통령의 사과를 촉구하며 1인 시위에 나서고, 윤석열 전 검찰총장 등 야권 대권주자가 잇따라 지지 방문한 데 대해 '3류 정치'라며 강하게 비판하고 나섰다.

나랏돈 퍼주기 대명사인 이재명 후보 캠프의 전용기 대변인은 이날 SNS에 올린 글에서 윤 전 총장을 겨냥, "국민께 무더위와 폭염 못지않은 짜증 유발은 그 정도만 하시지요"라고 하며 "아니면 오늘이라도 입당하시고 입당 논란에 종지부를 찍으라" 한 데 이어 "기왕 훈수를 두시려면 오세훈 서울시장을 찾아가서 다주택자인 김현아 서울도시주택공사(SH) 사장 내정 철회 훈수나 두시는 게 어떠십니까!"라고 조롱조로 말했다.

이낙연 후보도 가만있지 않았다. 그는 배재정 대변인을 통해서 "야권이 참으로 이상하다. 뭐든지 문재인 대통령에게 징징댄다"며 "지지율 40%대가 무섭긴 무서운 모양"이라고 하였다. 그러면서 "논평을 계속 내기에도 지친다"며 "이러다가 야권 대선후보마저 문재인 대통령께 골라 달라고 하진 않을까"라고 비꼬았다.

정세균 후보나, 김두관 후보에 대해선 거론하지 않겠다. 이 글을 쓰는 필자 자신이 짜증이 나기 때문이다.

필자는 글의 서두에서 정진석 의원을 향해 '생김새부터 큰 그릇으로 생겼다.'고 했다.

알고 보니 생김새뿐만 아니라 그의 정치 행보부터가 이미 큰 그릇임을 증명해 주고 있었다.

보자, 왜 큰 그릇인가?

최근 국민의 힘 충남지역 당협위원장들이 서울 여의도 중앙당사에 모여 '대선과 지방선거가 얼마 남지 않았다'는 이유를 들어 정진석 의원을 차기 도당 위원장으로 합의 추대했는데 필자의 간곡한 권유(?)로 사의를 표명했던 것이다.

물론 다른 이유도 있었겠지만 시기가 일치하기에, 그렇게 보는 것이다.

어쨌든 정치인으로서의 큰 발걸음을 내디뎠으니 국민의힘 리더로 우뚝 서기 바란다. 그리고 윤석열 대권주자의 오른팔이 되어 나라 바로 세우는 데 앞장서 주기 바란다.

지금 국민들은 좌파 무리의 천방지축 때문에 속이 타들어 가고 있는 실정이다.

정진석 의원!

그대에게 거는 기대가 크다.

31

조관식

조관식, 그가 입을 열기 시작했다

조관식 세종시민포럼 연구소장

남아일언 중천금이라 했다. 이는 갑남을녀로 살아가는 민초들에게
하는 말이 아니다. 나라를 위해 무슨 일이라도 하고 싶은 정치인들에
게 하는 말이다.

그런데 그 중천금을 국회입법정책조정위원장인 조관식 박사가 쏟
아내기 시작했다. 필자는 그를 정치권의 주변 인물로만 생각하고 있
었다. 그런데 요즘 그가 쏟아내는 정책적인 말을 들어보니 주변 인물

이 아니라 세종시를 이끌어갈 중심인물이 될 법하다.

나라 돌아가는 꼴을 보다 못한 그가 정치인이 되려고 하는 것이다.

보자, 그가 쏟아내고 있는 말이 무엇인지.

"내 고향 세종시는 지금 비리와의 전쟁 중이다."

전·현직 국회의원, 행복청장, 시장, 시의원 18명 중 9명이 비리에 연루된 의심을 받고 있다고 토로했으며, 세종시의 땅 투기는 2002년부터 싹 트기 시작했는데 노무현대통령 후보는 세종시로의 수도 이전을 공약했고, 그때부터 밤낮을 가리지 않고 땅 투기는 시작되었다고 토로했다. ㅡ 중략ㅡ

청정 지역이었던 세종시는 미세먼지 1등 도시 등극과 함께 도로를 비롯한 교통지옥이 되었고, 모든 분야가 엉망이 되었다. 그뿐이랴 제대로 된 지방자치가 아닌 끼리끼리 문화가 형성되면서 줄서기와 눈치 보기라는 또 다른 기형문화가 형성되고 있다. 따라서 제대로 된 행정수도를 위해 이 같은 행태를 도려내야 한다.

내년 3월 9일이면 새로운 대통령이 탄생하게 된다. 공정과 정의를 부르짖는 이 정부가 제대로 처리하지 않은 채 다음 정부로 넘어가면 그 결과는?

분명히 경고한다.

세종시의 모든 비리를 바로 잡도록 하라. 그렇지 않고 어물쩍 넘어간다면 그 화는 열 배 백 배 감당키 어려운 쓰나미로 덮칠 것이다.

옳은 말이다.

그동안 정치판에 들어간 대학교수나 좌파 시민사회단체 인사들이 자신의 전공이나 경험을 제대로 살리지도 못하고, 오명만 남기고 정치권을 떠난 경우가 너무나 많다. 그들의 공통점은 리더십이 부족할 뿐더러 행동으로의 실천을 하지 못했다는 데서 찾을 수 있다. 정치인이라면 자고로 위기에 처했을 때 판단이 빨라야 하고, 나보다는 상대의 입장에서 일 처리를 해야 하며, 그 판단을 실천으로 옮겨야 하는데, 머리가 좋은 고위공직자와 학자들은 잔머리 굴릴 생각만 하고 변명을 일삼는 것을 예사롭게 생각했던 것이다.

논어 공야장(公冶長)편에 나오는 말을 보자.

"공자께서는 계문자(季文子)가 세 번 생각한 뒤에 행하였다는 말씀을 들으시고, 두 번이면 가하다"고 말씀하셨다. 그리고 논거를 대셨는데, "두 번 생각하면 이미 살핀 것이요, 세 번 생각하면 사사로운 생각이 일어나 도리어 현혹된다"고 하셨다. 세 번 생각하고 네 번 생각하게 되면 잔머리를 굴리게 되어 백성들에게 피해가 가기 때문이라는 것이다.

보라, 지금 민주당이나 청와대 참모진들의 잔머리 굴림으로 인해 집값은 얼마나 폭등했으며, 교통범칙금이 얼마나 늘어났고, 퍼주기식 정책으로 인해 국고가 얼마나 비게 되었는가를.

필자는 잔머리 굴리는 정치인들의 말로가 어찌 되는가를 관심 있게 지켜볼 것이다.

조관식

그런데 이 사람 조관식.

아직 정치에 발을 들여놓지 않아 때가 묻지 않고 순수하기 이를 데 없는 사람. 정도만 걷다가 공천 한번 받아보지 못한 순수한 인물. 필자는 정치인으로 탈바꿈하려는 그가 페북에 올리는 글을 관심 있게 보고 있다.

따라서 그를 훌륭한 정치인으로 만들기 위해 훈수 좀 두자.

"교만은 패망의 선봉이요 거만한 마음은 넘어짐의 앞잡이"라 하였다.

자신을 낮출 땐 누구도 경계하지 않도록 깊이 낮추고, 자신을 드러낼 땐 충분히 실력을 갖춘 후에 드러내야 세상의 표적이 되지 않고 정치인으로서의 생명을 유지할 수 있는 것이다. 한국정치판에서 정도를 걷는다는 것은 바보에 불과할 뿐이다. 그러니 정도만 걷지 말기 바란다.

과거 김대중이나 김영삼처럼 휘발유 한 방울도 안 나오는 나라에서 무슨 자동차 공장이고 고속도로 건설이냐며, 젊은이들을 꼬드겨 고속도로 건설현장에 가서 드러누워 떼거지도 써보고, 문재인처럼 애송이 김정은이 손잡고 휴전선 넘나들며 헤헤거렸듯 국민들을 그럴듯하게 속여보기 바란다. 우리 국민들은 그 당시 핵무기가 한반도에서 즉시 사라지는 줄 알지 않았던가?

그런 자들이 성공하여 정치하는 곳이 대한민국인 것이다. 그러니 순수한 때를 어서 씻어내고 한국 정치인으로서의 옷을 갈아입기 바란다.

32

주호영

국민의힘 주호영 원내 대표,
얼마나 속이 터졌으면

주호영 국민의힘 전 원내대표

　주호영 원내 대표가 2004년 제17대 국회의원 선거에서 한나라당 후보로 대구광역시 수성구 을 선거구에서 당선되어 의정활동을 하는 현재까지 그가 화내는 모습을 필자는 보지 못했다.

　대한민국의 판사 출신 정치인이자 국민의힘 원내대표인 그는 사법시험에 합격하여 군법무관으로 복무했으며, 전역 후 2003년까지 판사를 역임하였다. 판사 재직시절에는 주위의 압력에도 불구하고 재단법인 자금을 전용한 혐의로 당시 대구를 대표하는 현역의원을 구속하는 소신 판결로 눈길을 끌었던 적도 있다.

그런 그가 "북한의 만행에 일언반구 없는 문재인 대통령은 지금 어디 계시는 것이냐"고 해명을 촉구하며 1인 시위에 나섰던 것이다.

그러면서 주 원내대표는 서해상에서 실종된 공무원이 북한군에 피살된 사건에 대해 "대통령은 구하려는 노력을 하지 않았다"며 "긴급 관계장관 회의에도 모습을 드러내지 않고 그 이후에도 언급이 없다"고 지적했다.

민주당이 하는 짓거리는 이뿐만이 아니다. 정청래 더불어민주당 의원은 27일 청와대 앞에서 1인 시위에 나선 국민의힘을 향해 "정치 하수들이 바보 같은 짓을 하고 있다"고 지적하며 자신의 페이스북에 '정치 하수들의 바보들의 행진'이라는 글을 올려 국민들을 더욱 화나게 하였다.

서욱 국방부 장관도 "24일 북한군이 서해 해상에서 실종된 해양수산부 공무원 A 씨에게 총격을 가하고 시신을 불태운 것은 신종 코로나바이러스 감염증(코로나19) 방역 차원으로 추정한다"고 북한의 살인행위를 옹호하는 발언을 하였다.

민주당의 이런 발언들을 보고 장동혁 국민의힘 대전 시당위원장이 한마디 했다.

"XXX 답이 없네"

대한민국 공무원이 북한군의 총에 무참히 사살됐다. 그리고 시신이 불태워졌다. 국민들은 경악과 분노를 금치 못하고 있다. 그런데 김정은의 사과 한 마디에 청와대와 여당은 마냥 감읍하고 있다. 천인공노할 일을 벌인 김정은은 금세 '계몽군주'가 되었다.

이해 못 할 바는 아니다. '종전선언'을 외쳤던 입을 땅바닥에 찧고 싶었을 텐데 그나마 김정은 친서가 도망갈 구멍이라도 만들어 주었으니 청와대와 여당으로서는 감읍할 일이 아닌가? 처음부터 국민들은 안중에도 없었고 자리보전에만 관심이 있었으니 천만다행일 것이다. 정세균 총리는 코로나19 위기가 '전쟁에 준하는 사태'라면서 "국민 생명을 위협하고 방역을 저해하는 작은 불씨 하나도 용납하지 않겠다."라고 했다. 그런 정부가 왜, 도대체 왜 김정은 앞에만 서면 한없이 작아지는가? 경험상 남 앞에서 한없이 작아질 때는 상대방이 무섭거나, 무슨 약점이라도 잡혔거나, 혼자서 짝사랑하는 경우다. 국민들은 답답하다. 대한민국의 대통령이 과연 누구인지, 대한민국의 대통령은 지금 어디에 있는지. '대통령의 24시간은 국민이 알아야 할 공공재'라는 것이 제19대 대통령 선거에 나선 문재인 후보의 공약이었다. 주인인 국민들이 요구한다. 청와대는 문 대통령의 47시간을 국민 앞에 공개하라. 그런데 청와대는 한마디 답이 없다. 여당의 5선 국회의원이 자신의 카톡에 대해 40분간 답을 하지 않았다고 주인인 유권자에게 "XXX 답이 없네"라고 했다. 대한

주호영

민국 국민은 며칠째 청와대의 답을 기다리고 있다.

필자가 아는 주호영 원내 대표와 장동혁 대전 시당위원장, 주 대표는 국민의힘을 이끌어가는 리더이고, 장동혁은 국민의힘 대전시당 위원장이다. 이 두 분들은 리더로서 '서번트 리더십'을 발휘하는 리더들인 것이다. 서번트 리더십(servant leadership)이란 다른 사람들과 목표를 공유하고, 다른 사람들의 성장을 도모하면서, 리더와 함께하는 사람들과의 신뢰를 형성시켜 궁극적으로 조직성과를 달성하게 하는 리더십을 말한다.

국민의힘에는 이 두 분들처럼 강한 이미지를 갖고 있으면서도 합리적인 리더들이 많은 것을 필자는 알고 있다. 그래서 이들 리더에게 이순신과 히딩크의 리더십을 당부하며 끝맺도록 하겠다.

이순신 장군은 백성을 향한 충심의 리더십을 보여준 분이다. 자신을 핍박한 임금에게 왜 충성하느냐는 아들(子)의 질문에 이순신 장군은 "장수된 자의 의리는 충을 좇아야 하고, 충은 백성을 향해야 한다. 백성이 있어야 나라가 있고, 나라가 있어야 임금이 있는 법이다."라고 하셨다.
또한 히딩크는 선수들에게 동기를 부여함으로써 개개인이 가진 잠재력을 극대화하고 전문가를 활용하는 리더십을 발휘하였다.

그러나 민주당이나 문재인 정부에서는 전문가를 고려하지 않고 자기들과 코드 맞는 사람들로 인재를 선발하고 있으며, 오로지 북한의 입맛만 맞추려고 하고 있기에 국민들이 분노하고 있는 것이다.

그러니 민주당의 이런 행위를 타산지석으로 삼기 바란다.

〈해병대 제 116기, 광천상고 제5회 동문, 자랑스러운 내 친구 김재복에게〉

내 친구 재복아, 얼마나 분통이 터지냐?

주호영 미래 통합당 원내 대표가 주먹을 불끈 쥐고 민주당 여러 사람들과 '임을 위한 행진곡' 노래를 부르고, 전광훈 사랑교회 목사님의 광화문 집회에 대하여 선 긋기를 하며, 세월호 유가족들에게 미안하다는 말을 했을 때, 너는 나에게 전화를 걸어 울분을 토했지?

"뭐 이런 자가 다 있어."라고. 나도 밤잠을 못 이루고 주호영 대표를 원망했던 것이 기억나.

해병대 116기인 네가 광화문 집회에 참석할 때마다 해병대 전투복을 입고, 빨간 마후라에 빨간 모자를 자랑스럽게 쓰고, 어깨엔 태극기를 휘날리며 참석하곤 했던 모습을 사진 찍어 보내준 것을 나는 자랑스럽게 간직하고 있어. 자넨 광화문집회에 참가할 때마다 수십 명의 해병대 후배들과 고교 동창들인 김중환, 임준수, 우청, 허사문, 최진길 등을 대동하고 참가하곤 했었지.

그런데 말이야 친구야, 한쪽 눈만으로도 세상의 모든 것을 볼 수는 있어. 그러나 궁예처럼 한 눈으로만 세상을 보면 창의적이고 직관적이며 정서적인 것을 보는 조화로운 우뇌의 기능은 마비되고, 멀고 가까움의 거리감을 정확히 판단할 수 없게 된

다는 것을 친구도 알고 있겠지? 혹시 친구
와 나는 두 눈을 가지고도 애꾸눈처럼 보
는 것은 아닐까 하는 생각이 들어.

일동감리교회를 담임하는 정학진 목사님
도 한마디 하셨더군.

자랑스러운 내 친구 김재복,
해병대 제 116기, 광천상고 제5회 동문

"교회는 철저히 개인방역과 거리두기를 하
여 한 시간가량 예배드리기에 안전하다.
하루 종일 붙어 앉아 업무를 보고, 민원인
을 대면하며, 구내식당에서 식사하는 관공서나, 인구 밀집 지역인 지하철이나 공
원, 버스, 비말이 난무하는 식당보다 훨씬 안전한데도 특정 교회 신도들에게는 동
일한 잣대를 들이대지 않고 있다"고.

그렇게 동일한 잣대를 들이대지 않는 민주당과 문재인 정부에서 좋아하는 짓거리
를 왜 김종인 대표와 주호영 원내대표가 했을까?

아무리 광화문에서 외치고 문재인 퇴진을 요구해도 선거에서 지면 힘이 빠지는 거
야. 현재 우리나라는 좌파와 우파로 갈라진 데다가 그 중간에 보수를 지칭하는 세
력이 있음을 간과해서는 안 돼. 이 중간 보수 세력들은 보수를 지칭하지만 언제나
마음이 바뀌고 있음도 알아야 할 것이야.

우파 시민들이 텅 빈 국고(國庫)를 염려할 때, 이재명은 성남시장으로 있으면서 청년

수당이란 명분을 내세워 청년들에게 100만 원이라는 수당을 제공했고, 경기도 지사로 있는 오늘날은 모든 국민들에게 2차 재난 지원금을 주라고 톤을 높이고 있지?

그래서 도덕성이라고는 전무한 경기도지사 이재명이가 대선 지지도에서 24%를 얻어 22%를 얻은 이낙연을 제치고 1위에 올라 있잖아. 그러니 정치적 안목을 가지고 세상을 보아야 세상 돌아가는 것을 알 수 있는 거야. 이재명 성남시장의 청년수당과 문재인 정권의 재난 복지 기금은 중간 보수층을 달콤한 늪에 빠지게 하고 있다는 것을 우파 시민들은 간과해서는 안 될 것이야. 무상복지로 인해 수당, 급식, 보육, 연금을 무분별하게 받게 된다면 우리 대한민국은 어떻게 될까?

그렇기에 먼 안목을 가진 주호영 원내 대표와 김종인 대표가 우파시민들의 눈에 거슬리는 행동을 했을 것이라고 보네.

아무리 집회에서 목이 터져라 절규를 해도 선거에서 지면 소용이 없는 것이고, 유권자는 진보와 보수로 구성되어 있다는 것을 친구와 전광훈 목사님께서도 잘 알고 계실 것이야. 중도층 사람들은 주견이 확고하지 않아서 극열하게 이념 부르짖음을 원하지 않고 있다는 것도 주 대표는 알고 있었을 거야.

그리고 중도란 정치적 주견이 확고하지 않거나 급격한 이념을 좋아하지 않는 층인데다가 자신의 이해를 우선하는 성향이 있다는 것도 알아야 할 것이야. 선거는 중도의 행방에 따라 결과가 좌우되며, 그래서 진보는 중도를 잡기 위해 국고를 탕진하면서도 포퓰리즘으로 그들에게 다가가고 있는 것 아닌가? 그동안 우리 우파는 이런 좌파의 간교함에 늘 뒤통수를 맞아 오지 않았는가?

주호영

선거는 표를 얻는 것이고 그 결과는 곧 권력을 손에 쥐는 것일세. 선거에서 지면 남는 것은 비참과 공허함뿐이라는 것을 우리는 지금 뼈저리게 느끼고 있지 않는가? 따라서 선거에는 전략과 전술과 작전이 필요한 것인데 자존심으로 뻣뻣하게 고개를 들고 목청을 높여 소리친다고 선거에 이기는 건 아니잖은가?

자랑스러운 내 친구 재복아!
여우가 되어 승리하고 늑대처럼 권력을 장악해야 한다는 걸 명심해야 함을 알게. 호랑이는 토끼를 잡을 때도 꼬리와 고개를 감추는 자세를 취한다는 교훈을 잊어서는 안 되네.

왜 주 대표에게 쓸개가 없겠는가? 남에게 조롱받거나 비굴한 짓을 하는 것을 좋아할 사람들이 어디 있겠는가? 그러나 서울시장과, 부산 시장의 재보궐 선거가 코앞으로 다가오고 있고, 이번 재보궐 선거는 미래통합당으로서는 발등에 불이 떨어진 것 아닌가? 발등의 불은 우선 진압시키고 봐야 할 것일세.

그러니 재복이 친구여!

이번 일은 한 눈으로 보지 말고 정치적 안목으로 바라보기 바라네. 나도 10여 년간 언론에 글을 쓰면서 이런 경우는 처음 봤네. 극우의 입장에서 바라보니 김종인과 주호영 대표의 이런 행위가 비위를 상하게 했던 것이야.

자, 친구야, 애꾸눈 궁예가 정치에 실패한 이유를 거울로 삼아 십분 이해하기 바라네.

최교진 세종 교육감, 그의 참모습

　먼 곳에서 보면 숲은 볼 수 있어도 그 숲을 이루고 있는 나무들의 참모습은 볼 수 없다고 한다. 어떤 종(種)의 나무들이 있는지, 그리고 그 나무의 참모습은 어떤 것인지 알 수가 없는 것이다.

　필자가 본 최 교육감의 모습도 그랬다. 그는 전교조라는 숲속에 있었기 때문에 전교조에 속한 교육자라면 무조건 경멸하던 필자는 그가 페이스북에 올리는 글을 볼 때마다 그를 향해 강하게 비판하는 글을 써서 세종시에서 발행되는 언론에 올렸다.

　서너 차례 그를 공격했을 때 그 언론사 대표로부터 여러 차례 전화가 왔다. 최 교육감을 만나보는 것이 어떻겠느냐고. 그래서 언론사 대표의 중재로 그를 만나게 되었고, 전교조라는 숲을 이루고 있는 산속에서 그를 발견하게 된 것이다.

1972년 과거로 돌아가 보자. 그가 왜 전교조가 되었는가?
1972년 그해 유신이 채택됐었고 우리들은 '유신독재'라 불렀다.

그해엔 영국에서도 유명했던 '피의 일요일(bloody sunday)' 사건이 일어났다. 민주주의를 자랑하던 영국에서도 불평등한 법의 통과에 저항하여 평화롭게 행진하는 자치구인 '북아일랜드' 사람들에게 무차별 총알을 날렸던 날이었다.

박정희 대통령의 '잘 살아보세'라는 구호 아래 펼쳐진 유신시절. 당시 전 세계 어느 나라도 지금과 같은 민주주의를 실천하는 나라는 없었다. 그런데 국민소득 68불밖에 되지 않는 그 당시 우리나라에서는 굶어죽는 사람들이 수없이 많았고, 기거할 집이 없어 다리 밑마다 거적을 치고 사는 사람들이 부지기수였다.

필자는 당시 4400원(쌀 세 가마정도)의 봉급을 받던 중학교 교사였다. 그런데도 세계정세에 어두웠다. 유신이 박정희 대통령의 장기집권 욕심에 의한 독재인 줄만 알고 주말이나 일요일에는 거리로 뛰쳐나가 유신독재 타도 대열에 합류했고, 김대중이나 김영삼 대통령을 존경했으며 교단에서는 강하게 박정희 대통령의 유신독재를 비판했다.

최교진 교육감도 그랬을 것이다. 그는 필자보다 나이가 어리기 때문에 대학생이었을 것이다. 그래서 유신정치의 참 의미를 모른 채 김대중, 김영삼 대열에 합류하여 앞장서 외치다가 교도소에 갔을 것이고, 막내 여동생도 오빠를 따라 외치다가 교도소를 들락거렸을 것이며, 그 막내둥이 여동생은 그 일로 인해 병을 얻어 17년 전에 세상을 떠났다. 그가 떠난 17주기가 되는 날 최 교육감이 페이스북에 다음과 같은 글을 올렸다.

"부모님 아래 4남매로 태어났습니다. 저는 누나와 여동생 둘이 있는 외아들이었습니다. 넷 가운데 막내인 연진이가 먼저 세상을 떠났습니다. 벌써 17년 전 일입니다. 연진이가 59년생이어서 살아있으면 올해 회갑입니다. 음력으로 생일 되는 날, 남은 삼남매가 막내가 있는 지장암을 찾았습니다. 살아있으면 술 한 잔 나누면서 연진이의 호방한 웃음소리를 들을 수 있었을 거라 생각하며 올려다 본 가을하늘이 맑고 푸르러서 서럽습니다."

그는 늘 웃음을 띤 얼굴을 하고 어린 학생들을 대하는 교육자다. 그런데 오늘 웃는 얼굴 속에 감춰져 있을 막내 여동생을 잃은 서글픈 마음을 생각할 때 소리 없이 내 눈에서도 눈물이 흘렀다.

필자를 만날 때는 늘 부인과 함께 나오는 그다. 조성환 대표가 이끄는 풍류 공연이 있을 때는 최민호 교수 내외와 함께 감상하기도 하며 나를 그렇게 편안히 대해주었다.

전교조 교육감 출신인 그가 펼치는 교육정책도 이야기 안 할 수 없다. 남들이 비판적인 색안경을 끼고 보는 편견을 없애기 위해서다.

그는 모든 아이들이 있는 그대로 존중받아야 한다고 주장한다. 보자 그가 필자에게 들려준 교육정책을.

"한 아이 한 아이가 모두 소중합니다. '모든 아이는 우리 모두의 아이'라는 말처럼 모든 아이들은 공부를 잘하든 못하든, 부자이든 가난하든 있는 그대로 존중받아야 합니다. 운동을 잘하는 아이, 놀이를 잘하는 아이, 과학에 관심이 많은 아이…. 모든 아이들은 저마다의 개성과 흥미, 소질이 있습니다. 교육은 각자 가지고 있는 것을 잘 가꾸도록 돕는 일이어야 합니다. 그래서 공부라는 한 가지 잣대로 줄 세우는 교육에 반대합니다. 1등부터 25등까지 있는 교실이 아니라, 25명이 저마다의 재능으로 1등이 있는 교실이었으면 좋겠습니다. 학교는 여러 색깔과 모양의 꽃들이 어우러져 아름다운 꽃밭을 이루듯 다양한 아이들이 어우러져 더불어 사는 삶을 배우는 곳이어야 합니다.

아이들이 미래를 행복하게 살아갈 힘을 길러주고 싶습니다.

우리 아이들은 미래를 살아갈 것입니다. 산업화 시대의 낡은 방법으로는 미래를 행복하게 살기 어렵습니다. 미래에 적응하는 것을 넘어 앞서서 이끌 수 있도록 지식 중심의 학력이 아니라 지성과 심성, 시민성을 두루 갖춘 자주적인 민주시민으로 성장하도록 돕고 싶습니다. 미래를 행복하게 살아가려면 지금 행복해야 합니다. 공부는 행복을 뒤로 미루는 것이 아니라 지금 하고 싶은 공부, 하고 싶은 놀이, 하고 싶은 활동을 하면서 무엇을 할 때 자신이 행복한지 찾아가는 과정

이어야 합니다. 그러므로 교육은 가르침에서 배움으로 중심을 옮겨야 합니다. 학생 스스로 자신이 배우고자 하는 학습의 내용과 순서를 정하고 이것을 하나하나 배워가는 배움의 주인이 되도록 도와야 합니다. 이런 자기 주도성은 결국 자신의 삶에서도 주인이 되는 힘을 길러줍니다."

그의 흔들림 없는 교육관은 늘 웃음 띤 얼굴에서 찾아볼 수 있었다.

그의 교육관은 평생을 교육자로 살아온 내 가슴에도 와닿았다. 교육자로서의 권위는 물론, 교육수장으로서의 권위도 없었다. 아이들을 만나면 웃음으로 대하고, 학부모를 만나도 웃음으로 대하는 그다.

필자가 다시 교단에 선다면 나도 그처럼 하고 싶다. 어린 학생들을 다독여주고 교사들을 대할 때 웃는 얼굴로 편안히 해주는.

염홍철 전 대전시장께서 중도일보에 "보수와 진보의 치열한 토론을 제안한다"는 글을 올린 것을 필자가 옮겨 왔다.

"약 200년 동안 민주주의 체제에서 정치적 경쟁은 보수와 진보의 대결이었습니다. 그런데 지금은 이른바 민주주의 선진국에서조차 보수와 진보의 분류가 모호해졌습니다. 따라서 보수·진보, 좌파·우파의 기계적 구분은 시대에 뒤떨어진 것으로 생각할 수 있지요. —중략— 한국은 진정한 좌파도 우파도 아니면서 기이하게 고착된 좌우 진영 논리가 모든 정치적 아젠다를 집어 삼키며, 자신들의 진영논리로 상대방을 각각 '보수=부패', '진보=종북'으로 단순화하며 공격하는 것입니다."

옳은 지적이다.

그래서 한마디 권해주고 싶다. 당시에는 모르고 박정희 유신 정치에 항거하여 너나없이 힘든 싸움을 했지만 그 유신 때문에 우리 모두가 잘살게 된 고마움을 잊어서는 안 될 것이라고.

아아, 최교진 교육감이여!
필자는 앞으로 진영논리로 그대를 보지 않을 것이다. 그리고 그대의 과거 힘든 싸움을 헛되이 여기지 않을 것이며, 막내 여동생 연진이의 죽음도 결코 헛되지 않을 것이라고 확신할 것이다. 그러니 우리 함께 웃는 얼굴로 막내 여동생 연진이를 위로하며 살자.

내비게이션과 선견지명을 가진 목민관

최민호 국민의 힘 세종시 당협위원장

선견지명을 가지고 있는 리더가 있다는 것은 그 지역민들에게는 행복한 일이 아닐 수 없다. 더구나 자신의 이익을 위한 땅 투기나 기타 여러 분야의 검은 돈에 선견지명이 있는 것이 아니라 최민호 전 차관처럼 지역민을 위하고 나라발전을 위한 선견지명을 가지고 있다면 이에서 더 바랄 나위가 없는 것이다.

최민호 국민의힘 세종(갑) 위원장은 지난 12일 오전 세종시청 브리핑룸에서 기자회견을 열고 ▲대전 반석역~정부세종청사~조치원역을 연결하는 철도 노선 건의안 중 정부세종청사~조치원역 구간을 내판

역을 거치도록 할 게 아니라, 직선화해 세종시 연서면 스마트국가산
산업단지 예정지 입구를 경유하도록 정부에 수정 건의안을 낼 것 ▲
국회 세종의사당에 11개 상임위원회만 우선 이전하는 것은 '무책임한
사탕발림'으로, 세종시가 더불어민주당과 함께 세종시로의 국회 완전
이전에 적극 나서 줄 것을 요구했다.

그러나 이춘희 시장은 예전부터 세종시는 지하철이 필요 없다고 하
면서 15일 오전 세종시청 브리핑룸에서 한 정례브리핑에서 "정부세종
청사에서 (내판역을 경유하는) 조치원역~오송역~청주공항역 간의 광역철
도 노선 건의안은 지난해 11월 충청권 4개 시·도가 합의해 국토교통
부에 건의한 것"이라며 "제4차 국가철도망 계획에 반영될지 여부가 조
만간 결론 날 예정이어서, 지금 수정안을 내는 것은 적절치 않다"고 거
부의사를 밝혔다.

이춘희 시장과 최민호 위원장은 각기 다른 시기 행정중심복합도시
건설청장을 역임했다는 공통점도 갖고 있으며, 행복청장 직책은 세종
시 신도시 건설을 책임지는 최고 자리로, 차관급에 해당하는 자리이
다. 더구나 이들 두 분은 내년 6월 치러질 지방선거에서 각각 민주당
과 국민의힘 세종시장 후보로 나설 것으로 유력시 되는 인물들이라는
점에서 이들의 행정력에 대한 선견지명을 지켜보는 것은 재미있을 것
으로 생각된다.

그런데 22일 교통연구원이 개최한 제4차 국가철도망 계획 공청회
에서 최민호 위원장이 줄기차게 촉구했던 대전–세종–조치원간 지하

철 건설안이 국토부 안으로 채택되었다. 최위원장의 선견지명의 논리에 세종시민들은 물론 필자까지도 놀랐다.

이에 대해 '낙락장송'이라는 닉네임을 사용하는 어느 독자는 아래와 같은 댓글을 달았다.

고생 많이 하셨습니다. 이것이 행정과 건설의 차이입니다. 최 차관님은 중앙과 지방행정을 두루 섭렵하신 행정에 달인이시지만, 이춘희 시장은 같은 행시 출신이지만 건설부에서 오래 근무한, 어찌 보면 건설통이라고 할 수 있지요.

또한 누구를 위한 행정이냐에 따라 엄청난 차이가 있다는 것을 확인한 것이지요. 주민을 위한 행정이냐 다른 생각을 위한 행정이냐에 따른 결과입니다. 진정한 세종시의 발전과 주민을 위한 행정을 했다면 저런 창피는 당하지 않았을 겁니다.

마음고생 많이 하셨습니다. 고맙습니다.

인구 50만으로는 불가능한 세종시에 지하철 시대가 열린다는 것은 기념비적이자 역사적인 엄청난 쾌거가 아닐 수 없다.

이에 대해 필자는 최위원장을 내비게이션과 같은 인물로 평가하고 싶은 것이다.

최 위원장은 그동안 행자부 소청심사 위원장과 행복청장, 국무총리 비서실장을 역임하는 동안, 첫째, 본질에서 벗어나는 행동은 하지 않았다.

본질에서 벗어나는 행동, 즉 전 공직생활을 역임하는 동안 돈을 벌

최민호

기 위한 땅 투기를 하지 않고 시민들에게 피해가 되는 명령은 절대로 내리지 않았다는 점이 내비게이션과 같은 것이다. 내비게이션도 불리한 명령은 주인에게 내리지 않기 때문이다.

둘째, 시간과 공간을 예측했다.

내비게이션은 인공위성에서 보내주는 GPS 신호를 정확히 받아서 도착 예정시간을 알려주고, 주변의 건물과 공간을 제공해 주어 정확히 목적지에 도착하게 해준다. 최위원장도 sns나 자신의 페이스북을 통해서 자신의 당원들이 나아갈 바를 제시해 주고 따라오게 한다.

거기에 최 위원장은 덕을 갖추어 신망이 높은 것이다.

그래서 모든 것을 갖춘 최 위원장에게 필자도 한마디 거들고 싶다.

하나님 말씀에 '높은 자가 되려면 섬겨야 한다'는 말이 있다.

높은 자리에 오르겠다는 사람은 모든 이의 종이 되라는 뜻과 같은 맥락인 것이다. 지방 목민관이나 중앙 목민관은 주인을 섬겨야 하는 자리이기 때문에 내 측근부터 섬기고 더 나아가 내 지역 주민들을 섬기는 자세로 임하여야 할 것이다.

세종시에 내비게이션 안목을 가진 목민관 후보가 있다는 것은 큰 축복인 것이다. 기대가 크다.

허태정 대전 시장의 집념

허태정 대전시장

허태정 대전 시장은 집념의 사나이다. 그가 내딛는 발걸음의 보폭(步幅)은 넓고, 그가 내다보는 시야도 먼 곳을 본다.

보자, 그 집념의 결실이 어떻게 나타났는가를.

허태정 시장이 9월 12일 청와대를 방문했다. 대전을 혁신도시로 지정해 줄 것을 요청하기 위해서다. 이날 허 시장은 노영민 비서실장을 만나 혁신도시 개발예정지구로 선정한 대전역세권지구와 대덕 연축지구의 혁신도시 지정과 국립대전미술관, 대전의료원 설립 등 주요현안에 대한 지원을 요청함과 동시에 "균형위의 조속한 심사 절차 이행으로 지역의 숙원이 해결될 수 있도록 지원해 달라"라고 건의했다.

그런데 그게 관철됐던 것이다.

혁신도시로 지정되면 도시재생과 연계해 원도심 공간구조를 재편하고 도심권 활성화를 통해 지역 균형발전을 도모하며, 원도심 지역을 공공기관, 민간기업, 연구소 등이 협력하는 산학연클러스터로 탈바꿈해 대전의 신성장동력으로 활용된다는 비전을 갖게 된다. 더구나 전국에서 유일하게 국립 문화시설이 없는 대전에 근대문화재인 옛 충남도청사 본관을 활용한 국립대전미술관 유치와 유성 궁동·어은동 일원에 스타트업 파크 조성에 대한 정부 지원도 받게 될 것이라 한다.

그런데 허 시장이여 이것만은 알라. 대전이 혁신도시로 지정받기까지에는 이들의 숨은 공로가 크다는 것을.
이날 장종태 서구 청장은 그 기쁨을 페이스북에 올려 서구민들과 함께 축하했다.

"대전 지역의 오랜 숙원이었던 혁신도시 지정이 드디어 결실을 맺었습니다. 지역 주민 모두가 부단히 노력하고 합심하여 이룬 역사적인 쾌거입니다. 참으로 가슴 벅차고 뿌듯합니다. 혁신도시 지정을 통해 대전이 힘차게 도약하는 새로운 전기가 마련되길 기대합니다. 어려운 고비 때마다 큰 역할을 해주신 박병석 국회의장님, 박범계 의원님, 이상민 의원님, 조승래 의원님, 박영순 의원님, 황운하 의원님, 장철민 의원님, 그리고 허태정 시장님께 다시 한번 감사드립니다."

혁신도시로 지정받은 게 얼마나 기뻤으면 서구민들과 함께 기뻐하려 하는가?

당태종에게는 위징, 방현령 같은 신하가 있어 바른 정치를 할 수 있었고, 유비에게는 관우 장비, 제갈량 등의 신하가 있어 천하를 얻을 수 있었으며, 제환공에게는 관중 같은 신하가 있어 혼란스럽고 위기에 몰렸던 국가를 강력하게 만들어 그 힘을 바탕으로 제후국들의 우두머리인 맹주가 될 수 있었다.

이처럼 허시장에겐 뜻을 함께하는 분들이 많고 그런 분들에겐 엄청난 잠재력이 있다는 것을 알아야 할 것이다. 옛 고사에도 보면 한 사람이 한 나라를 부흥시키기도 하고 망하게 하기도 한다. 현대는 아주 빠르게 변해간다. 이러한 때에 우리들의 길잡이가 될 수 있는 것은 고대의 선인들의 통치방법이었던 것을 거울삼는 것도 바람직한 일일 것이다.

과거 전제군주체제에서도 군주와 몇몇 통치자들의 리더십이 요구되었던 것처럼 현대에 와서도 개인의 리더십은 물론 뜻을 함께하는 사람들의 리더십이 요구되는 것이다.

허태정

허 시장에게는 장종태 청장이 말한 바와 같이 위로는 박병석 국회의장, 박범계, 이상민, 조승래, 박영순, 황운하, 장철민 의원이 있고, 대전에는 장종태 청장을 비롯해 박용갑 중구청장, 황인호 동구청장, 박정현 대덕구청장, 정용래 유성구청장인 있어 뜻을 함께하고 있다.

어디 이뿐인가?

우애자 시의원도 혁신도시 선정에 대한 답은 문대통령이 해야 한다고 촉구하는 성명을 발표했고, 대전시청의 모 팀장은 혁신도시로 발표된날 '허태정 대전시장 시민발표문 원문'을 제일 먼저 필자에게 보내와 함께 축하해 달라고 했다.

허태정 대전시장이여!
허 시장께서 시민발표문에 명시했듯이 이번 혁신도시로의 선정은 대전시민 여러분의 힘으로 해낸 것이다. 그래서 원도심을 획기적으로 살리고 청년취업의 문을 활짝 여는 계기가 되기를 바라는 바이다.
참으로 잘된 일이고, 집념의 사나이 허태정이 그렇게 자랑스러울 수가 없다. 앞으로 대전의 다섯 목민관들과 숙의하고 시민들의 협조를 얻어 살기 좋은 대전 만들기에 더욱 박차를 가하기 바란다.

홍준표 대표와 내비게이션

홍준표 의원

자유한국당 홍준표 대표와 내비게이션은 공통점이 많다.

첫째, 본질에서 벗어나는 행동은 하지도 않으며 명령도 내리지 않는다는 것이다.

본질에서 벗어나는 행동, 즉 해당 행위를 하거나 자기편을 향해 화살을 쏘지 않고, 자기편에 불리한 명령은 내리지도 않는다는 것이다. 내비게이션도 자기 주인에게 피해가 되는 명령은 절대로 내리지 않는다. 보라 박근혜 전 대통령 탄핵 당시 그를 과녁 삼아 화살을 날렸던 자들이 누구인가를. 그러나 홍 대표는 그런 짓거리는 절대로 않는 사람인 것이다. 이제까지 그가 내뱉은 말이나 거친 언행들이 그것을 증명하고도 남는다.

둘째, 집요하다는 것이다.

홍준표 대표나 내비게이션은 목적 중심적이며 행동 지향적이다. 내비게이션은 자기 주인이 경로를 이탈하게 되면 안내하는 길로 돌아올 때까지 경로를 이탈했음을 집요하게 반복해서 알려줌으로 바른길로 돌아오게 한다. 과속방지턱이 있으면 있다고 안내하고, 감시 카메라가 있으면 속도를 줄이라고 안내하며, 그래도 말을 듣지 않으면 경고음을 울리면서까지 속도를 줄이게 한다. 홍준표 대표도 그렇다. 그는 자기 당원들을 이끌고 목적지를 향해 갈 때, 때론 거친 말도 하고 경우에 따라서는 경고음까지 사용한다. 그러나 그의 깊은 혜안을 모르는 당원들이나 국민들은 오히려 그를 비난한다. 무식하다고. 그러나 두고 보라. 과연 그가 무식한 리더였나를.

셋째, 시간과 공간을 예측한다는 것이다.

내비게이션은 인공위성에서 보내주는 GPS 신호를 정확히 받아서 도착 예정시간을 알려주고, 주변의 건물과 공간을 제공해 주어 정확히 목적지에 도착하게 해준다. 홍준표 대표도 sns나 자신의 페이스북을 통해서 자신의 당원들이 나아갈 바를 제시해 주고 따라오게 한다. 그러나 요즘 한국당 소속의 의원들을 보면 색맹인자가 더러 있고, 귀머거리도 종종 눈에 띈다. 아니면 정치에 대한 지능 지수가 낮아 홍 대표의 의도를 알아채지 못하는 경우일지도 모른다.

그럼 보자. 홍준표 대표가 이런 청맹과니 의원들을 향해서 하소연하고 있는 말을.

"내가 남과 북의 '동네북'이 됐다.

북쪽의 노동신문을 보면 연일 '역적 패당의 수괴 홍준표'라고 놀린다. 노동신문 사설에서 '역적 패당의 수괴', 오늘 또 노동신문의 기사를 보면 북에서 드루킹을 그 사건을 자유한국당에서 조작한 것이라고 한다. 북에서만 홍준표를 비난하는 것이 아니고, 요즘 다른 당에서 민주당, 바른 미래당, 민중당은 할 것 없고, 민평당, 정의당 죄다 연합해서 나를 비난한다.

그걸 뒤집어서 말해보면, 내 존재가 있다는 것이 자기들에게 너무나 부담이 된다는 말이다. 수월하게 선거를 치를 수 있는데 내가 있기 때문에 남쪽도 불만이 많고 북쪽도 불만이 많다. 말하자면, 내가 눈엣가시고 거추장스럽다는 것이다. 그거 나는 나쁘게 생각 안 한다. 오히려 그것이 기회가 될 수 있다. 우리당으로서는 우리당이 위기에 처했을 때 어떻게 대처했는가? 그걸 선거를 앞둔 후보님들이 명심하라고 이야기하는 것이다.

2000년 4월에 총선 사흘 앞두고 DJ가 남북정상회담을 마련했다. 역사상 처음 있었던 일이다.

그리고 우리 한나라당은 중진들을 다 쳐내는 바람에 한나라당 분할이 되어서 경상도에서도 참패한다고 언론이 도배를 했다. 그런데 찾아봐라. 도저히 한나라당은 2000년 총선을 끝으로 없어지는 당이라고 했다. 사흘 뒤 총선이 있었다. 그 총선에서 출구조사를 하면서 내가 어느 방송사라고 이야기는 안했다. 6시 '땡' 하니 출구조사해서 민주당 180석으로 보도했다. 한나라당은 내 기억으로는 80석이 안 되었다. 180석이면 개헌 가능 의석이다. 그런데 나중에 개표 결과 보니까 민주당이 참패했다. 한나라당이 대승을 했다. 남북정상회담이 먹히지 않기 시작한 것이 바로 그때부터다.

두 번째, 2004년도에 총선을 앞두고 노무현 정부에서 대선자금 수사를 했다. 그때 나는 전략본부장을 했고, 우리 이재현 선배는 사무총장 비대위원장을 했다. 그걸 하면서 대선자금 수사를 할 때 우리가 차떼기 정당으로 저쪽에서 몰아갔다. 그래서 당이 붕괴 일보직전이었다.

그런데 천막당사하고 당사 매각하고 그 절차 와중에 또다시 2004년 3월 12일로 기억하는데 노무현이 탄핵을 했다. 그 탄핵하고 난 뒤에 국회 탄핵투표 현장에서 정동영을 비롯한 몇몇 열린 우리당 위원들이 거의 절규하듯이 반대하고 그걸 물리치고 탄핵을 통과하는 것이 하루에 17시간씩 사흘을 방송에 내보냈다. —중략—

2007년도 10월에 대선을 뒤집기 위해서 노무현 대통령이 남북정상회담을 DMZ걸어서 넘어가는 세계적인 쇼를 했다. 그러나 두 달 뒤 있었던 대선에서 민주당은 참패했다. 우리가 대승했다. 이처럼 당이 지금보다 더 어려웠던 순간이 있었다.

2017년 1월에 박근혜 대통령이 탄핵당하고 구속되고, 5월 대선을 치를 때 우리당은 10%도 득표 못하는 탄핵정당으로 대선 치렀다. 그런데 2등 했다. 당의 면면은 국민이 유지할 수 있게 해줬다. 그럼 지금은 어떤가. 남북정상회담을 똑같이 세계적인 쇼로 이번이 세 번째 한 것이다. 우리 국민들은 이번이 처음인 것으로 착각하는 사람이 많은데 세 번째

한 것이다.

두 번에 걸친 남북정상회담은 북핵을 개발하고, 북핵을 진작(振作)지키고, 또 북핵을 만드는 데 도와주는 회담이었다. 우리가 넘겨준 달러로 북에서 핵무기 만들었다.

DJ가 2000년 6월에 평양 갔다 와서 뭐라고 했나. 이제 한반도에 전쟁은 없다. 북은 핵을 만들 의사도 없고 능력도 없다. 안심해도 된다고 했다. 그런데 그게 세계를 속인 희대의 사기극이었다. 그렇지 않나. 마찬가지로 2007년도 노무현 대통령의 10.4선언을 봐라. 북의 핵 폐기 절차를 구체적으로 담았다. 2008년도 북은 냉각탑을 폭파하는 세계적인 쇼도 연출을 했다. 그리고 북핵을 포기했던가. —하략—"

보라, 홍준표 대표의 피맺힌 절규를. 그는 이렇게 집요하게 당이 나아가고 국민들이 나아갈 방향을 내비게이션이 지시하듯 정확하게 제시하고 있지 않은가? 말해보라. 박근혜 전 대통령을 더불어 민주당과 합세하여 탄핵 시켜 놓고 이번엔 홍준표 대표마저 동네북을 만들어 똥 친 막대기로 만들 것인가?

이완구 전 총리가 있다구? 그래? 그렇다면 6.13지방 선거는 어쩔 것인가? 박근혜 대통령을 탄핵시키고 홍준표 대표를 동네북으로 만든 졸개들이 이완구 전 총린들 그대로 두겠는가?

보라 홍준표 대표를. 그는 비록 동네북 신세가 됐을망정 흩어지고 있는 당의 민심을 집요하게 한 곳으로 모아가려 하지 않는가? 경로를 이탈했다고. 그래서 경로를 재탐색해서 바로 잡겠다고. 뭉쳐라. 6.13 지방 선거가 코앞에 다가왔다. 국민들은 현명하다. 그래서 박근혜 대통령의 탄핵에 가담했던 자들이 또 어떤 짓거리들을 하려는지 두 눈 부릅뜨고 지켜보고 있다.

필자는 이 글을 여러 종류의 언론에 게재하여 많은 이들이 보고 판단하게 할 것이다.

목민관의 선두주자, 황선봉 예산군수

황선봉 예산군수

황선봉 예산군수, 그는 목민관의 선두주자임에 틀림없다. 주민을 사랑하되 언제나 발로 뛰며 눈으로 보고 난 뒤 가슴으로 사랑하는 목민관이기 때문이다.

시민미디어마당 사회적협동조합과 ㈜세종리서치가 2019년 11월 29일부터 30일까지 충남도 광역 및 기초단체장을 대상으로 직무수행 평가 만족도를 조사한 결과 황 군수의 만족도가 지난달보다 3.9% 상승한 76.6%로 나타나 충남도내 기초자치단체장 중 1위를 차지했다는 것도 그 증거다.

그동안 황 군수의 직무수행 만족도는 연간 누적 평균 76.1%로 지속적으로 높은 추세를 유지했으며, 부정 평가는 전월 대비 2.9% 하락한 18.5%에 그쳤다고 했다.

자랑스럽다. 황선봉 군수.

그는 조선 후기의 실학자 다산이 말하고 있는 목민관으로서의 마음가짐 '율기육조(律己六條)'를 실천하는 인물이다. 보자, 황군수가 실천하고 있는 율기에서 말하고 있는 육조를.

첫째, 칙궁(飭躬). 칙궁(飭躬)은 몸가짐을 바르게 하고 생각과 행동을 격에 맞추어 행하며, 계획성 있는 일과를 사사로움이 없이 신중하게 처리하여야 한다는 것이다. 경솔하고 탐욕에 찬 언행으로 억울한 피해자가 생기게 한다면 그는 이미 공직자가 아닌 것이다.

둘째, 청심(淸心). 청심(淸心)이란 목민관의 본무(本務)며, 모든 선(善)의 근원이요, 모든 덕의 근본이니, 청렴하지 않고서 목민관이 될 수 없는 것이다. 따라서 청렴한 마음가짐과 행동을 하지 않고서는 목민관이 될 수 없다는 것이다.

셋째, 제가(齊家). 제가는 가정을 바르게 하여야 모범이 되며, 정사를 돌봄에 사사로운 생각을 하여서는 안 된다는 것이다. 관리가 가정을 다스리지 못하면 가족이 뇌물에 현혹될 수 있으며, 가족이 뇌물에 연루되는 것은 관리에게 멍에로 작용하여 바르고 엄정한 정치를 할 수 없다는 것이다.

넷째, 병객(屛客). 병객은 공무로 오는 객 이외의 객을 만나지 말라는 것이다. 고을에는 반드시 문사(文士)라는 사람들이 있어 수령과 교분을 맺고 그것을 인연으로 해서 농간을 부리려 할 것인즉, 그런 자들을 불러들여 접견해서는 안 된다고 경계하고 있다. 논어에서도 공자가 가장 강력하게 비난한 것이 동네의 유지들이다. 공자는 이런 사람들을 가장 심한 표현인 "덕(德)의 적(賊)" 즉 덕적이라고 표현하고 있다. 이는 지역토착의 힘 있는 무리들과 모의는 곧 민초들의 고통과 직결된다는 것이다.

다섯째, 절용(節用). 절용에서는 관의 재물은 공물(公物)이기에 절약하여 써야 한다고 이르고 있다. 다산은 목민관의 첫 번째 의무로 법식에 의한 억제가 따르는 절약을 제시하고 있다. 그래서 법식을 절약의 근본으로 의복과 음식의 법식과 공물의 절약을 특히 강조하고 있다.

여섯째, 낙시(樂施). 낙시는 베풀기를 즐겁게 하라는 것으로 "절약만 하고 베풀지 아니하면 주민들이 멀리하니, 베풀기를 즐기는 것을 덕의 근본으로 삼으라"고 당부하고 있다.

이렇게 다산의 율기 육조를 지켜가며 주민을 다스렸기에 충남도 광역 및 기초단체장을 대상으로 직무수행 평가 만족도를 조사한 결과 황 군수의 만족도가 충남도내 기초자치단체장 중 1위를 차지했던 것이다.

그런데 이런 자세로 주민을 위해 일하는 그에게 지난해 박모(75세)가

"2010년부터 황 군수와 A씨에게 선거자금으로 빌려준 5억 8000만 원 중 3200만 원만 돌려받고 나머지는 돌려받지 못했다"며 그를 도왔던 A씨까지 걸어 고소를 해왔다. 그러나 검찰은 "이를 인정할 만한 뚜렷한 증거가 없다"고 판단해 무혐의 처리했다.

정치를 하려면 언제나 이런 모함과 고소고발이 따른다. 몇 년 전 이 완구 전 총리께서도 이런 모함으로 오해를 받다가 고등법원과 대법원에서 무혐의 처리를 받지 않았던가. 그러니 이런 짓거리에 크게 신경 쓰지 말고 오로지 군민들만 바라보기 바란다.

따라서 나머지 임기 동안 기대가 크다.

황 군수가 공약으로 내세운 현장행정과 섬김 행정을 잘 실현하고, 앞으로도 다산의 율기 육조를 잘 실천해 예산 군민이 편안히 살고, 전국 각지의 관광객 및 외국방문객들이 찾아오는 예산을 만들어 지역경제 활성화에 기여하는 바가 크기를 바란다.

예산에너지 충전소 대표 조철호 씨의 말에 의하면 황 군수는 덕망과 인격을 갖추고 있는 분인 데다가 올해 20여 개 기업을 유치해 지역경제 활성화에 기여했으며, 예산전통시장 내 일자리지원센터를 개소하고, 기업하기 좋은 환경을 조성해 자신 같은 소규모 기업가들도 희망을 가지고 기업을 운영하고 있다고 자랑이 대단했다. 예산군 오가면 신장리에서 황토 과수원을 운영하는 김락훈 씨도 황 군수님은 인자한 분이어서 얼굴만 뵈어도 마음이 편하다며 회전의자만 돌리고 앉아있는 분이 아니고 군민을 찾아다니며 군민의 어려움을 해결해 주는 분이라 자랑하였다.

　힘내시라, 황 군수여.

　주민들이 이렇게 대전에 있는 필자에게까지 전화를 걸어 자랑하지 않는가.

　　　　　　　　　　　　　　　　　　　　　　　　　황선봉

황운하 의원의 의정 활동을 보며

황운하 의원

　황운하 의원은 2020.05.~ 제21대총선에서 민주당 소속으로 국회의원에 당선되어 금배지를 단 인물이다. 외면으로 볼 때 입술도 두껍고 얼굴도 두껍다. 무슨 말인가? 염치불구하고 배짱이 세다는 말이다.

　그는 금배지를 달 때까지 말썽도 많았던 인물이다.

　그런데 보자. 그의 의정 활동을.

　그는 2021년 6개월여 국회개원 총 22회 가운데 출석 21, 결석 0, 출장 0, 청가 1, 출석률 95%의 성실하게 국회에 출석하며 의정활동을 하고 있는 인물이다. 필자는 좌파는 싫어하는 편이다. 하는 짓거리마다 나라를 위하는 게 아니라 권력을 거머쥔 뒤에는 법무부 장관들처럼 칼을 제 맘대로 휘두르며, 부동산 투기에, 성추행에, 위안부 등 처먹기에 혈안이 된 인간들로 변신하기 때문이다.

그런데 말썽 많게 배지를 단 이 사람, 풍운아인 황운하. 그는 의정활동도 풍운아답게 대전 시민을 위해 노력하고 있었다.

보자, 2021년도 상반기를 마치고 그가 페이스북에 올린 의정활동보고서를.

• 황운하 의원 의정활동 보고드립니다.

<살기 좋은 대전중구

국민이 행복한 대한민국을 만들어가겠습니다>

1. <지역활동>

　－ K바이오랩허브 공모사업 대전유치를 위한 권칠승 중기부장관 및 송영길 민주당대표 면담

　－ 행정안전부 상반기 대전중구 특별교부세 12억 원 확정(6.30)

　　(▲중촌동 행정복지센터 시설개선 3억 원, ▲중촌동 도시재생 뉴딜사업 3억 원, ▲소로3－석교31호선 도시계획도로 개설사업 4억 원, ▲소로3－석교16호선 도시계획도로 개설사업 2억 원)

　－ 제4차 국가철도망 구축계획(2021~2030년) 호남선 고속화 사업(가수원~논산 직선화) 반영(6.29) (서대전역 KTX 증편과 연계할 예정)

　－ 대전지역 간호사 및 물리치료사, 기공사, 안경사 등 보건의료기사 간담회를 통

한 입법의견수렴

    — 대전중구 오월드 동물병원 개설 추진활동(수의사법 개정안 7월초 발의 예정)

2. <국회활동>

    — 6월 22일 대정부질문을 통해 수사권 조정 이후 검찰 인력·예산 조정 미흡 질타

    (검찰개혁)

    — 코로나19 재난지원금을 포함한 33조 규모의 2021년도 2차 추경안 심사 예정

    — 코로나19로 피해 입은 자영업자·소상공인 지원을 위한 소상공인법 개정안 심사

    및 본회의 통과(7.1)

    — 인권중심의 경찰직무집행법으로 전면 개정 추진을 위한 연속토론회(2회) 개최

    — 주민밀착형 민생치안 강화를 위한 자치경찰제 시행(7.1)

황운하 의원에게 당부 좀 하자.

법의 판결로 자유의 몸이 되었다 하나 아직도 대전에서는 그대를 곱지 않은 시선으로 보는 시민들이 있음을 유념하고 더 낮은 자세로, 입으로는 남을 헐뜯는 말을 삼가고, 눈으로는 어두운 곳을 보며, 과일 나무 아래에선 갓끈을 고쳐 쓰는 일이 없도록 하기 바란다.

또한 그대 풍운아를 황운하로 입지를 굳게 세워준 중구민들의 고마움도 잊어서는 안 될 것.

그런 자세로 임할 때 23만 3천여 명의 대전중구민들의 눈에 그대는 풍운아로 보이지 않고 진정한 황운아로 비치게 될 것이다.

황인호 대전 동구청장의 애민(愛民)관

황인호 대전 동구청장

　말없이 실천만 하는 황인호 동구청장이 입을 열었다. 자신감이 생겼기 때문이다.

　민선7기로 동구청장에 당선되어 임기 3주년을 맞은 그는 신바람 나는 공직문화 혁신과 대규모 공모사업 유치 등 다양한 성과를 이뤘으며 동구민들의 행복한 삶을 위해 다섯 가지 복주머니를 얻은 것이 가장 큰 기쁨이자 보람이라고 말했다.

그가 밝힌 동구민들이 누릴 五福이란 무엇인가?

첫 번째 복은 대전역세권 재정비사업의 시작이다.

지난해 혁신도시 지정은 물론, 도심융합특구 지정, 복합2구역 민간사업자 선정 등 대전역 일대는 경부선이 만들어진 지 110년 만에 가장 변화와 혁신의 기회를 맞았다. 향후 4~5년 사이 이 지역은 2조 3000억 원이라는 천문학적인 자금이 투입돼 69층 초고층 아파트와 3400세대 규모 주거단지·백화점·영화관·쇼핑시설이 들어서고, 혁신도시 공공기관 입주까지 천지개벽의 시대가 열릴 것이라는 전망이다.

두 번째 복은 공영개발 주거환경개선사업이다. 대전 동구는 전국 광역시 여섯 군데 동구 중 LH 공동 공영개발 주거환경개선사업이 가장 많이 이루어진 곳이며, 앞으로도 천동3구역·대동2구역·구성2구역·소제구역 사업이 예정돼 있고, 쪽방촌 1400호 공동주택단지 건설과 용운동·용전동·성남동·천동 도시재생 선도사업도 착착 진행될 예정이다.

세 번째 복은 민영개발인데 공영개발 성공을 촉매제로 현재 주민들이 조합을 설립해 확정한 사업만 20곳에 달하며, 추진 중인 곳을 포함하면 50곳이 넘는다고 했다. 또한 동구는 전국의 내로라하는 대기업이 다 모여 서로 먼저 투자하기 위해 경쟁하는 지역이므로 앞으로 계속 발전할 가능성이 크다.

네 번째 복은 대전의료원 확정으로, 지난 10여 년 전 시립병원 용도로 마련해 놨던 부지를 훼손하고 구청사를 설립해 다시 동구에 대전 의료원을 달라는 말도 못 할 처지였는데, 범시민결의대회 등 전방위 노력을 통해 예타 면제를 이끌어 용운동 일원에 319병상 규모로 2026 년 준공이 계획돼 있다.

다섯 번째 복은 채무 없는 희망 동구를 이루어냈다는 것이다. 다시 말해 2008년 가오동 신청사 및 동 주민센터 청사 건립 등을 위해 발행 한 지방채 453억 원을 모두 갚아 그동안 못 주던 공무원 인건비를 제 대로 주게 됐다.

황청장이 임기를 시작할 때만 해도 110억 원의 빚이 남아 있었는데, 지난해 당초 계획보다 2년이나 앞당겨 채무를 전액 상환했기에 무작 정 허리띠만 졸라맨 것이 아니라 공무원 인건비 모두 지급하고, 대청 호 100억 원·인동국민체육센터 120억 원 등 사업은 사업대로 다 해가 면서 빚을 청산했다는 점에서 목민관으로서의 임무를 완수했다고 볼 수 있다.

장하다 황청장이여!

그대의 청렴결백하고 말없이 실천하는 성격을 잘 알고 있는 필자는 지난 2018년 7월 1일 '새로운 가치의 동구 실현'을 외치며 구정의 첫걸 음을 뗀 뒤 그동안 밤낮없이 일해 온 것을 알고 있다.

황청장은 동구를 다스리는 목민관이다. 그래서 잘 달리는 말에 채 찍질 좀 하자.

황인호

목민(牧民)이란 백성을 기른다는 뜻이다. 따라서 목민관이란 백성을 가장 가까이에서 다스리는 고을의 수령을 뜻한다.

다산 정약용은 목민관의 자세를 율기육조(律己六條)를 말하고 있는데,

제1조 몸가짐을 바르게 함

제2조 청렴한 마음가짐

제3조 가정을 잘 다스림

제4조 공무(公務)로 오는 이외의 객(客)은 막음

제5조 관재(官財)를 절약하여 씀

제6조 즐거운 마음으로 베풂이 그것이다.

슬하에 한 자녀도 없으니 무엇이 아쉬우랴. 오로지 동구민만 바라보고 애민에 힘쓰기를 바란다. 그동안 추진하고 있는 오복의 원천을 남은 임기 1년에 완성할 수는 없는 일. 동구민들은 현명하기에 그대를 선택했던 것이고, 재선, 3선도 그대를 버리지 않을 것이다. 그러니 오복의 복주머니 완성하는 일에 최선을 다하기 바란다.

필자가 대전에 수십 년 살아오는 동안 동구의 미래가 이렇게 희망적인 때가 없었다.

보라, 식장산에 솟아오르는 밝은 태양을.

매화꽃은 날리고

나영희 시인

생글거리는 대지

그리던 임과 회포를 나누고

앙증맞은 꽃망울

예서제서 피어난다.

눈송이 하늘가 휘날리니

봄에 오는 눈비인가!

나영희 시인

예술인 편

나는 비록 명품은 못 되지만

나는 명품이 되지 못한다.

과거는 물론, 현재도 미래도 영원히 명품은 될 수가 없을 것이다.

물론 내 눈의 잣대로 잰다면 나는 천하의 명품이다. 그런데 남들이 재는 명품의 잣대는 내가 재는 기준과 다를 것이다.

그 잣대가 무엇인가? 남들이 재는 잣대는 TV 홍보에 현혹되고 충동적인 감각에 따라 선택하는 외적인 것이다. 그 제품이 무슨 소재를 사용했고, 포르말린이 얼마나 들어가서 유해한지 겉만 봐서는 알 수가 없다. 심안(心眼)으로 보지 않고 그저 외적인 것만을 가지고 판단하기 때문이다.

내외적인 것을 한번 보자.

우선 내가 늘 타고 다니는 승용차는 2012년형 마티즈다. 글쟁이 친구들과 외지로 놀러 갈 때 여자 동인들은 내 차를 타지 않으려 한다. '위험하기 때문에'라는 핑계를 댄다. 하지만 난 37년간의 무사고 운전자다. 위험할 리가 없다. 나는 그들이 내 차를 안 타는 속내를 잘 알고 있다.

내가 왜 마티즈를 고집할까? 그 이유를 우리 가족들은 너무 잘 안다. 그래서 그 뜻을 따르고 있다. 다만 막내딸만 아버지 뜻을 어기고 있다. 나는 12년 전 아내에게 '모닝'을 선물했고 2년 뒤에는 며느리에게도 모닝을 선물했으며, 다시 2년 뒤에는 큰딸과, 둘째 딸에게도 모닝을 사라고 현찰을 1천만 원 넘게 준 일이 있었다. 모두들 내 뜻을 잘 따랐다. 그러나 막내는 자기에게 돌아올 2년을 기다리지 못했다. 화가 작동했던가? 3,600만 원짜리 이름 모를 차를 샀다. 모르고 있었는데 할부금 계산서가 집으로 날아오는 바람에 알게 됐다. 그게 2016년 2월 초다. 그 후 막내 얼굴은 한동안 보지 못했다. 명품 얘기하다가 왜 봉창(封窓) 두드리는 소리를 하느냐고 반문하는 사람들도 있을 것이다. 내 막내의 명품 기준은 외적(外的)에 있음을 말해주기 위해서다.

나는 옷도 유명 메이커가 없다.

우리나라 대부분 소비자들은 이태리제나 프랑스제를 좋아하고 가격도 제법 비싼 것을 선호하지만 나는 씨줄 올과 날줄 올이 촘촘해서 바람이 잘 들어오지 않는 실속 있는 옷을 좋아하고 여름이면 그저 반팔 티셔츠 두 개면 된다. 어렸을 적부터 부모가 없이 자란 우리 4남매들은 서로 촘촘히 얽혀서 바람 한 점 들어오지 못하게 끈끈한 정을 나누며 살아왔다.

70이 다 넘긴 나이인데도 그 정의 끈끈함은 지금까지 이어오고 있는 것이다. 아픔이나 힘든 일을 혼자 고민하지 않는다. 함께 아파하고 함께 해결한다. 그래서 외롭지 않다.

내 우선순위 1번인 나의 아내는, 명품 가운데 명품이다. 호떡 한 개에도 좋아하고 와플 빵 한 개만 사다 줘도 잠 잘 때 먹으면 살찐다고 하면서도 맛있게 먹는다. 내가 늦게 귀가할 양이면 방문을 열어 둔 채 잠들어 있다. 기다리다 잠든 것이다. 전깃불 꺼주고 방문만 살짝 닫아 주면 된다. 아내는 이렇다 할 병이 없다. 스트레스를 받지 않기 때문이다. 아침 드라마를 보다가도 욕할 일이 생기면 입에 담지 못할 욕을 해대기 시작한다. 어떤 때는 발까지 굴러가며 신나게 욕을 해댄다. 그러고도 식사기도 할 때면 천연덕스럽게 하나님 아버지를 찾아댄다. 나는 그런 아내가 고맙다. 욕을 할 땐 열심히 하고, 기도할 땐 언제 그랬느냐는 듯이 천연덕스러운 사람. 그를 볼 때마다 웃음이 나지만 그래서 아내가 병이 없는 것이다. 고맙다.

외국 여행 갈 때는 워낙 자주 드나들어 미안해서 그랬는지 해운대 다녀온다 하고 일본에 갔다 오고, 친구들과 춘장대 다녀온다 하고 중국을 다녀오곤 한 것이 열 번도 넘는다. 물론 나한테 얘기 않고 간 것이 그러한데 얘기하고 간 것과 내가 보내준 것까지 합치면 20여 차례 넘게 외국을 다녀왔다. TV를 보다가 가보고 싶은 나라가 나오면 안 가고는 못 참는다. 몰래 외국에 가고서는 자기 친구들한테 얘기한다.

'우리 남편은 둔해서 내가 춘장대 다녀온다고 하면 그렇게 믿어. 춘장대 뭐 볼 거 있다고 나흘씩이나 있담.'

자기 친구들의 남편들 가운데는 내 친구도 있다. 나도 두 귀가 있고 스마트 폰도 있다. 스마트 폰이 작동 안 할 리 없다.

"사모님 이번에 이스라엘 가셨다며? 우리 마누라도 갔는데 요단강 별거 아니래."

그러나 우선순위 1번은 내가 속는 척 해주는 걸 알고 있다. 다만 그도 나도 모르는 척하고 있을 뿐이다. 그리고 속는 척 넘어가는 내게 늘 고마워하고 미안해한다.

한번은 이런 일도 있었다.
우선순위 1번은 군고구마를 좋아한다. 그래서 집에서 글을 쓰다가 군고구마처럼 구우려고 압력 밥솥에 물을 조금 붓고 전기 렌지에 올려놓았다. 그리고 깜빡 잠이 들었다. 얼마를 잤을까? 현관문 열리는 소리가 나는가 했더니 난리가 났다. 우리 집사람 목소리 큰 건 알 만한 사람은 다 안다. 내가 알기로는 30분은 해댔을 것이다. 무슨 소리를 해댔는지 말할 수는 없다. 나도 전혀 듣지를 않았으니까.
쥐 죽은 듯이 참고 있었다. 얼마나 더 화가 났을까. 묵묵부답하고 있는 나 때문에. 한참 동안 떠들더니 잠잠해지는가 싶었다. 때를 놓칠 순 없는 일. 앞으로 다가가 앉으며 등을 들이댔다. 가려우니 긁어 달라고.

얼마나 세게 긁어대는지 눈물이 찔끔 났다. 상상해 보면 안다. 손톱에 격한 독성의 감정이 들어 있다는 것을. 그리고 한 시간쯤 지났을까? 참외 한 개를 깎아와 내밀며 먹으라는 것이다. 그러면서 한마디 던졌다.

"당신 바보야? 내가 그렇게 쏘아대도 듣고만 있게?" 나는 빙긋이 웃으며 속으로 대답했다.

'천만에, 함께 맞장구치고 싸우면 당신 병나고, 당신 병나면 나만 손 핸 걸.'

친구 얘기 안 할 수 없다. 친구들도 모두 명품 친구들이기 때문이다. 권영국도 좋고 변상호 형도 좋다. 50년지기다. 의견 충돌 없이 지금껏 지내온다. 남상선은 아우 같은 친구다. 내가 전화하는 걸 아주 귀찮아한다. 맥주라도 사들고 집을 찾아가면 더 귀찮아하면서도 사들고 간 맥주는 다 마신다.

그리고 날 좋아한다고 실토를 한다. 산시인은 먹을 데만 있으면 나를 꼭 찾는다. 박덕환도 며칠 동안 안 뵈면 전화기가 울린다. 장상현은 장군 출신으로 나에게 사자성어를 가르쳐 준다. 김성문 앞에서 내 욕을 하는 사람은 그날로 병원에 입원을 해야 한다. 소용이와 문정이는 늘 내 곁에 있는 딸들이다. 이들과 쇼핑할 때는 기분이 좋다. 팔짱을 껴주기 때문이다. 임경미는 삐치기 잘해서 좋고 손경희는 상냥해서 좋다. 멀리 남쪽에는 색소폰 부는 김진현도 있다. 모두 명품들인 친구들이다. 그리고 한 가닥 하는 친구들이다. 부르면 핑계 대지 않고 줄렁 줄렁 따라 나오는 친구들. 그들도 고급 차도 없고 명품 옷도 없다. 삼겹살에 O2린 소주면 만족해하는 친구들, 산에 가자면 산에 가고, 음악회 가자면 음악회도 가는 친구들. 음악회 따라가서는 끝날 때까지 조는 모습을 여러 번 보았는데도 가자면 즐거워서 따라 나온다. 지난 어버이날에 이들에게 문자를 날렸다.

"오고 가는 택배는 이 집 저 집 많은데 우리 집 오는 택배는 하나도 없네."

전화가 먼저 온 것은 권영국 친구다. 청승 떨지 말고 점심이나 먹자고. 이완순 친구는 심천에 있다고 하면서 저녁에 올라가니 술 한잔하자 했다. 남상선 친구는 아예 믿지를 않았다. 저러고도 대머리 벗겨지지 않는 게 기적이라 놀려 댔다. 류지탁 친구는 두 차례나 불러내 옻닭을 안주 삼아 O2린을 비웠고, 김선호 친구는 의사가 먹지 말라는 술을 나 때문에 여러 잔 마셨다. 어쨌든 그 택배 건으로 해서 포도주도 들어오고 한산 소곡주도 들어오고, 술대접도 잘 받았다. 이만하면 능청도 떨 만하지 않은가?

모두가 명품들인 것이다. 그러나 그 명품의 조건은 심안(心眼)으로 볼 때에만 가능한 것이다.

친구들이여!
나 오늘 외롭다. 눈물도 나오려는지 서글프기도 하다. 이번은 능청떠는 게 아니다. 명품이 못돼서 그런 것도 아니다. 어서들 와다오, 와서 우정이라는 올을 가지고 날줄과 씨줄을 짜보자. 찬바람도, 서글픔도, 외로움도 들어오지 못하도록 촘촘하게.

강순향의 정열적인 고백 사랑합니다

2019년 8월 14일(수), 18시 30분. 청소년위켄센터(대전 동구 대전천동로 508)

정열적인 가수 강순향이 그의 히트곡 〈사랑합니다〉를 가지고 시민들을 초대한단다. 보자 그가 보낸 초대장을.

소망하는 황금돼지해를 맞이하여

10주년 순향 콘서트에 여러분을 초대합니다. 어느새 강산이 변한다는 10년 세월을 달려왔습니다. 아무것도 모르고 버스킹으로 봉사하며 출발한 이 길에 여러 가요제 입상으로 주어진 가수의 길과 진행자의 길에 뒤 볼 새 없이 열심히 이어 달려왔습니다.

가수이기에 제 노래도 만들었고, 그간 저를 응원해 주시는 진정 팬분들도 계시어 이 소중한 시간들을 그냥 보내기 아쉬워 작은 약속을 실천하려 합니다.

한여름 밤 누군가의 열정 꽃을 보시고 이열치열 꿈의 사랑 꽃을 피워보세요.

혼자서 준비하고 기획하다 보니 많이 미흡한 부분도 있겠지만 여러분께서 와주시어 함께 해주신다면 큰 용기와 칭찬으로 알고 최선을 다하겠습니다.

저의 순한 향기의 모습도, 때론 강한 향기의 모습도 거기에 사랑 향기의 모습도 지켜봐주시고 응원해주세요.

이 날 어느 무대에서나 부르지 못한 숨어있는 제 곡들과 애창곡을 불러드리겠습니다. 도움주시는 가수님들과도 함께하는 시간 만들어 작은 꿈부터 이루고 또 다른 꿈에 도전하는 모습도 지켜봐주시어 서로서로 응원해 주세요.

한여름 8월의 그린 밤 잠시 짧은 휴가라 생각하시고 한 공간에서 즐기는 자리가 되었으면 좋겠습니다. 누구보다도 저를 응원해주신 팬클럽 회원 여러분께 감사드립니다.

모두 여러분 덕분입니다.

사랑합니다.~ ♡♡♡

—가수 순향 올림—

가수 순향은 빼어난 미모와 함께 정열적인 가수다. 버스킹으로 진행자로 출발하여 가수로 변신하여 자신만의 음반도 내고, 오로지 가수의 길만을 걷고 있다.

그는 그의 좌우명인,

- 늦었다고 생각할 때가 가장 빠른 때다.
- 수신제가치국평천하
- 꿈을 꾸는 사람은 늙지 않는다.

를 주제로 삼아 노래를 부른다 했는데 그래서 그런지 그가 봉사활동으로 하는 일에는 그런 신념으로 가득 차 있었다. 그가 첫선을 보여 히트한 노래를 보자.

<사랑합니다>

사랑합니다, 사랑합니다. 영원토록 사랑합니다.

비바람이 불어와도 태풍이 몰아쳐도 당신이 내 인생을 바꿔놨어요.

강순향

외롭던 내 마음이 봄날처럼 따스해졌네.

사랑합니다 사랑합니다. 영원토록 사랑합니다.

사랑한다고 하소연하며 비바람이 불어와도 태풍이 몰아쳐도 당신이 내 인생을 바꿔놨기에 영원토록 사랑한다고 절규하고 있는 것이다. 부럽다. 이렇게 아름다운 미모의 가수의 사랑을 독차지하고 있는 사내가.

순향은 이 곡 외에도 〈그리움이라는 당신〉, 〈인생이란〉을 비롯하여 12곡을 부른다고 한다.

유명 MC 곽성열이 진행을 맡고, 우정출연으로는 색소폰 고흥식, 통기타 이영순, 국악민요 이선명, 그리고 동료가수 지미휘(좋아요좋아), 초연(최고야), 양용모(잘살아 보세), 신성(사랑의 금메달), 미소걸스(나만 믿어), 삼태기(삼태기 메들리)가 출연한단다.

가수 순향이 오늘이 있기까지에는 남모르게 뒤에서 후원하고 계신 강귀동 회장님과 임원진, 그리고 팬클럽회원님들의 도움이 크다고 한다.

특히 이날 공연에는 순향 가수가 레크리에이션 특강 수업을 하고 있는 보은 노인대학, 세종 장수대학, 금산 한방대학, 대전 실버대학 등 어르신들께서 많이 참석하신다고 한다.

기대가 크다.

열정적인 가수 순향의 몸부림치듯 뿜어내는 감성적인 음색이.

대전의 가왕 김경암 가수와 허진주 가수

김경암 가수(위)와 허진주 가수(아래)

2020년 10월 17일 오전 11시. 대전 유성구 대덕대로556번길 102 도룡동 소재 남선초등학교 교정에 김경암, 허진주 가수가 나타났다. CMB에서 주관하는 '김정선의 날마다 좋은 날'에 출연하기 위해서였다.

보자 대전의 가수왕 김경암 가수가 부른 〈웃으면 복이 와요〉를.

가식으로 엉킨 세상 지쳐있는 우울 모드 / 화끈하게 발로 차버려
싱글벙글 웃어요 덩실덩실 춤춰요 / 근심걱정 모든 것 털어버리고
신나게 살자 하루하루 신나게 하루하루 즐겁게 / 세상사 내 뜻대로
안 될지라도
웃으며 살아요 모든 일이 잘될 거야 / 매일매일 신나게 살아요
웃는 얼굴로 변하면 인생이 요술을 부려 / 멋진 인생 신나는 인생
신명 나게 화끈하게 웃고 살아요 / 웃으면 복이 와요
내 얼굴에 주름살이 너무 멋져요 / 멋진 인생 신나는 인생 / 신명나게
화끈하게 웃고 살아요
웃으면 복이 와요. 웃으면 복이 와요

김경암 가수는 우울 모드는 화끈하게 발로 차버리고 싱글벙글 웃으
며 살자고 하였다.

그런데 그 폼이 멋있다 못해 감탄을 자아내게 했다. 필요한 부분에
어깨를 들썩거림으로 방점을 찍었기 때문이다. 대부분 가수들은 무대
위에서 손을 들어 제스처를 쓰거나 관중들에게 박수를 요구하는 폼을
잡는 데 비해 김경암 그는 어깨 들썩거림으로 흥을 돋우고 필요한 부
분마다 어깨를 들썩거려 방점을 찍는 센스를 보인 것이다.

멈추지 않는 도전자 하면 대전시민들은 대부분 김경암을 가리킨

김경암 허진주

다. 그는 나이가 익어갈수록 도전정신이 강해 부르는 노래마다 히트를 친다.

또한 그는 끼가 있는 가수다.

젊은 가수들도 엄두를 못내는 음반도 내고 지자체 행사나 방송국 어디나 부르기만 하면 달려간다. 어디 그뿐인가. 경로당이나 복지회관 등 어르신들을 위한 행사라면 달려가 어깨를 들썩거리며 흥을 맞춰 관중들로 하여금 지쳐 살아가는 나날을 발로 화끈하게 차버리게 한다. 불러서 함께 해보라. 우울한 마음이 어디 있고, 근심걱정이 어디 있겠는가?

그를 아는 대전 시민들은 김 가수는 봉사로서도 남에게 뒤지지 않는다고 한다.

그동안 한국 자유 총연맹 대전광역시 대덕구 지부장을 비롯하여 청소년 선도위원장, 방범위원장, 주민자치위원장 등을 맡아 봉사하였기에 대전시장상과 국민훈장목련장까지 수상하게 되었던 것이다.

자랑스럽다. 대전의 보물 가수 김경암.

코로나19로 나라가 온통 소란스럽고. 근심 걱정이 많다지만 김경암의 노래를 듣고 있노라면 멋진 인생, 신나는 인생이 펼쳐지는 것만 같다.

다음으로 〈대전아리랑〉을 불러 유명세를 타고 있는 가수 허진주.

그는 방송 축제 행사에서 진행MC로, 천사 가수로 활동하고 있고, 세계 효문화 홍보대사, 결초보은대추 홍보대사로도 뛸 만큼 역량이 대단하다. 그리하여 국민 행복 공헌 대상, 충남연예예술인표창장, 대전시장상, MBC주부가요열창 수상, 시민가요제 수상, 밧딧불가요제 수상 등 여러 가요제에서 수상하였으며, 그가 가지고 있는 자격증만도 노래 지도사 자격증, 리더십 지도사 자격증, 민요 지도사, 웃음 지도사, 실버체조 지도사, 레크리에이션 지도사, 시와스피치 지도사, 요양보호사 등 10여 개가 넘을 정도로 열정적으로 활동하고 있는 천사가수다.

그 외 허가수의 노래 실력이나 가창 솜씨는 너무나 알려져 있어 필자가 거론하지 않겠다.

그러나 이 노래 〈대전아리랑〉

작사 작곡 모두 유명한 주정관 선생이 하셨고 허 가수가 부른 유명 노래다.

추억 어린 대청호 물안개 은빛 물결 내 사랑 그대와 손잡고
거닐던 그 시절이 너무 그리워 어허 나 또 다시 왔네.
님을 찾아 왔네. 내 사랑 그대와 불꽃을 피우리라
또 기약 없는 이별에 팔베개 적시네
나 이제 가야하나, 나 이제 떠나야 하나 / 사랑 내 사랑 그대 품 안에

쉬어 가고픈 대전아리랑

허태정 대전 시장이 대전 살림을 맡은 지 2년여.

'대전여행 1000만 시대'를 목표로 대전 방문의 해를 정하고 지난 2019년부터 오는 2021년까지 시행하려던 '대전방문의 해' 추진계획이 코로나19로 변경되어 스마트관광 콘텐츠 개발을 하려 한다는 소식이 들린다. 사람들의 다양한 취향을 수용하는 여행상품을 개발할 때 대전을 빠르게 인식시키기 위한 수단으로 허진주의 〈대전아리랑〉보다 더 효과적인 것은 없으리라 생각된다. 그의 대전아리랑을 부르다 보면 대청호길 물안개도 나오고, 사랑 담은 보문산 고갯길도 나온다. 얼마나 대전을 홍보하기에 좋은 노래인가?

그래서 당부하고 싶다.
관에서 주도하는 행사라면 허진주 가수의 이 노래 〈대전아리랑〉을 부르게 하여 대전을 홍보하는 것이 어떻겠는가?

노금선

변신(變身)의 달인(達人) 노금선 시인

노금선 전 mbc tv 아나운서

노금선 시인, 그는 늘 웃는 얼굴이다. 웃는 얼굴을 하고 있기에 보기에 좋았고, 대하기가 편했다. 그는 시인이기에 앞서 아나운서였고, 사회 활동가였다. 얼굴만 웃는 얼굴로 변신한 게 아니라, 활동하는 모습도 시인으로, 시낭송가로, 화가로도 변신했다. 그런 그를 멀리서 바라보는 필자는 부럽기까지 했다. 어떻게 저렇게 많은 활동을 하며 적극적으로 살아갈 수 있을까 하고.

그런 그가 12월 초 나에게 전화를 해왔다.

내 아내 오성자가 세상을 떠난 지 한 달이 조금 지났을 때다.

222

노금선

반가웠다. 만나기 힘들었던 분. 김우영 문학박사가 동행했다.

"사모님 보내시고 얼마나 어려우시냐?"로 첫 대화가 시작됐다. 그러면서 눈물을 흘렸다. 깜짝 놀랄 수밖에. 흐르는 눈물을 닦아내며 하는 말씀에 더욱 놀랐다. 10년 전에 남편을 저세상으로 보냈다 한다. 남편이 교통사고로 병원에 실려 왔다는 전화를 받고 달려갔더니 남편은 이미 이 세상 사람이 아니라 했다.

갑자기 문 열고 들어오는 남편이 환상으로 보일 때도 여러 번 있었고, 남편과의 추억이 서린 곳에 가게 되면 남편의 환상으로 눈물짓는 게 한두 번이 아니라 했다.

환상은 때로 우리를 우울하게도, 행복하게도 해준다.

시간은 멈추어 주지 않고 흘러가지만 환상 속에 나타나는 내 짝은 나를 그리움 속에 빠져들게 하고 더욱 외롭게도 한다. 그래서 머리를 저으며 웃는 얼굴로 변신하고 잊기 위해 더욱 열심히 시도 짓고, 시낭송도 하는 것이다. 환상 속에 나타나는 그를 잊어야 하기 때문이다.

그래서 그랬을 것이다. 그래서 늘 웃는 얼굴로 변신하여 적극적인 삶을 살아가고 있을 것이다.

문학박사 김우영 님의 말에 의하면,

"혜원 노금선 시인은 1947년 3월 5일 대전에서 출생하여 중앙대학교 문예창작과 졸업하고 동아인재대학 사회복지과, 대전 감리교 베델성서신학원, 대전 한남대학교 지역개발대학원 문예창작과 석사학

위, 2018년 한남대학교 대학원에서 문학박사를 학위를 받은 예능재원
이다. 평소 뜻한 바 있어 사회봉사의 빛과 소금으로 거듭나고 있는데
2008년 국제존타클럽 3지구 3지역 회장을 시작으로 대전시 사회복지
공동모금회 운영위원, 한국사회복지법인협회 대전지회장, 현재 사회
복지법인 선아복지재단 이사장으로서 어르신 섬김을 덕목으로 실천
하고 있다.”고 했다.

중앙대학교 문예창작과를 졸업했다면 필자의 후배가 된다. 필자는
미아리 고개 너머에 있었던 서라벌 예술초급대 문예창작과를 1961년
도에 졸업했기 때문이다.

또한 그는 사회복지법인 ‘선아복지재단 이사장’으로 어르신들을 섬
기고 있다 했다. 남편에 대한 그리움이 얼마나 컸으면 거동이 불편하
신 어르신들을 섬김으로 남편에 대한 그리움을 메꾸려 했을까? 그는
어르신들을 남편 섬기는 것처럼 정성을 다한다 했다.

어르신들을 섬기는 단체는 ‘법인’이라는 명칭을 가진 요양 시설이
있고, ‘시립’이라는 명칭을 붙인 요양시설도 있으며, ‘법인’이나 ‘시립’
이란 명칭이 붙지 아니한 곳은 개인이 설립해 운영하는 곳이다.

노금선 시인이 운영하는 곳은 ‘법인’이다. 법인은 본인이 제공한 땅
에 市에서 건물을 지어주어 운영하는 곳이다. 그러기에 시설이 깨끗
하고 직원들의 친절이 다른 곳과 비교가 되지 않는다.

그래서 지난 1919년 11월에는 대전시에서 선아복지재단 실버랜드
에 중구에서는 유일하게 ‘여성친화기업 인증서’를 수여했던 것이다.

실버랜드가 여성존중과 인권보호를 바탕으로 지역사회보장증진을

노금선

위해 앞서나가는 복지서비스를 지향하고 있다는 점과 특히 60여 명의 직원 중 95% 이상이 여성직원으로 구성되어 있다는 점이 이번 여성친화기업으로 인정받게 된 계기라 했다.

이렇게 모범 요양원으로 운영하다 보니 애로 사항도 적지 않을 것이다. 그래서 개인이나 사회단체로부터 후원금이나 후원 물품도 제공받아 어르신들에게 제공하고 있다 했다. 필자도 이날 먼저 떠난 아내를 생각하며 월 1만 원의 후원금을 약속했다. (후원 의사가 계신 분들을 위해 후원계좌를 공개합니다. - 후원계좌: 하나은행 626-910003-47705)

변신의 달인 노금선 시인,
그의 변신은 먼저 간 남편에 대한 그리움의 보답이요, 자신을 이 자리에 있게 한 주변 지인들에 대한 보답이다.
그는 오늘도 외로움을 달래기 위하여 변신 또 변신할 것이다. 그리고 그의 지인들께서도 그의 변신에 대하여 축복을 함께할 것이다.

대전에 번지고 있는 예술의 향기

다향(茶香)천리, 문향(文香)만리라 했던가?

2020년 1월 4일 오후 2시, 대전중구문화원 1전시실과 2전시실에서 문향(文香)만리를 포함한 대전 최고의 초대작가전이 개막하여, 8일까지 전시되었다. 충청예술협회(회장 리현석)에서 주최하고, 초대작가회에서 주관한 제2회 충청예술 초대작가전이었다.

참여한 작가로는 충청예술 초대작가회장이신 김정수 회장을 비롯하여, 인향만리의 대가 중산 조태수 회장, 대전의 대표 행위 예술가 류환, 강환춘, 고재윤, 김기반, 김기웅, 김대성, 김명동, 김명세, 김옥연, 김용근, 김월주, 김준섭, 김창수, 김창유, 김해선, 박해인, 배 광, 백경화, 성기순, 송근호, 송석찬, 신옥균, 유병주, 유승조, 윤경숙, 윤우근, 이연옥, 이완희, 이종수, 이종철, 임명웅, 임승술, 임영우, 전원규, 정동문, 정우경, 최현순, 사진작가, 서각가, 서양화가, 서예가, 조각가, 한국화가 등께서 수작(秀作)들을 보내어 이곳 대전 중구문화원 두 곳의 전시실이 예술의 향기를 진동시키고 있었다. (가나다순으로 소개했습니다)

이날 전시 오프닝 행사를 진행하기 전, '식전행사'가 진행되었는데 내빈 소개는 리헌석 충청예술문화협회 이사장이 충청예술 초대작가회 김정수 회장과 임승술 부회장, 강환춘 상임고문, 대전중구문화원 노덕일 원장, 충청서도협회 조태수 회장, 세종시 예총 임선빈 회장, 충북미술협회 유승조 전 회장, 한밭대학교 김해선 전 주임교수, 충북문인협회 김명동 회장 등을 소개하였고, 이어서 추천 위원으로 수고한 김해선 한국화가에 대한 초대작가 추대패, 김정수 회장에 대한 축하패, 강환춘 상임고문에 대한 축하패 등을 수여하였으며 이어 진행된 개막식은 김정수 회장의 인사말씀, 노덕일 문화원장의 축사, 강환춘 상임고문의 축사, 리헌석 충청예술문화협회장의 환영사 순서로 진행되었다.

초대작가로 추대된 김해선 교수의 주선으로 마련된 축하 떡 촛불 끄기에 이어, 국제적 퍼포먼서 류환 사무처장의 전위예술이 펼쳐졌다. 10여 명 내빈들을 신문지로 둘둘 말아 한 그룹을 만든 뒤, 테이프로 여러 겹 둘러서 하나를 이룬 다음에, 다 함께 소리에 맞추어 틀을 해체하고 새로운 세상을 나서는 행위예술을 선보였다.

김정수 회장이 이끄는 이번 행사는 우리 고유의 전통예술인 서예와 한국화에 서양화를 비롯해 사진 기술까지 접목시킨 최대의 전시회라 아니할 수 없다. 모두들 각 분야의 내로라하는 분들로 수십 년간 이 분야에서 이름을 날리고 있는 분들이었다.

이번 전시에서 서양화가 김정수 화백은 물감과 종이에 다양한 질감으로 표현되는 작품과정을 통해 아름다운 비너스 여인상을 그려냈다. 그러나 자세히 들여다보니 아름다운 미모에 예리한 눈초리를 그려 방점을 찍었다. 왜 그 아름다운 미모에 예리한 눈초리를 그려 선보였을까? 마치 세상을 먼저 떠난 사랑하는 아내의 눈초리였을까? 그래서 화백의 심정을 글쟁이들은 평가할 수 없는 것이다.

　보라, 아름다운 미모에 사랑하는 남편을 주시하는 듯한 여인의 모습을.

김정수 화백의 비너스상

대전에 번지고 있는 예술의 향기

특히 이번 전시회에는 서양화가의 그림이 많았다.

일반적으로 동양화와 서양화를 구분하는 점은 재료의 차이로 보는 이도 있으나 원재료에 미디엄으로 아교를 쓰면 동양채색물감, 아라비안 검(arabic gum)을 쓰면 수채화, 기름을 쓰면 유화, 아크릴 수지를 쓰면 아크릴 컬러가 되는 것이니 엄밀히 말하자면 재료의 차이가 아니라 미디엄의 차이로 인한 스타일 즉 일종의 회화양식의 차이라 보는 것이 옳다고 생각한다.

그러나 동양화는 주관을 중시하고, 서양화는 객관을 중시하였다는 점에서 차이가 난다.

보자, 이번에 전시된 서양화가 정우경의 작품을.

정우경 화백의 Past, Present and...(Picnic)

그는 위 작품에서 보이듯 엄마의 사랑을 그려냈던 것이다. 캔버스 위에 한 올 한 올의 실들이 엮이고 매듭지어져 과거와 현재를 이어 내일의 삶을 살아가는 원천이 된다는 의미를 담고 있는 이 그림.

어릴 적 엄마가 내게 뜨개질로 만들어 입히셨던 다양한 액세서리와 옷을 입고 기뻐하며, 부족한 엄마의 사랑을 채웠던 기억. 그것을 모티브 삼아 뜨개질 무늬로 그림을 그리기 시작해 작품마다 이야기를 담아내 보여주고 있는 것이 정우경 그림의 특징이다. 일 때문에 바빴던 엄마가 따로 떨어져 살아야 했던 사랑하는 딸에게 뜨개질로 최고의 사랑을 표현했듯, 사랑이 깔려 있는 작품을 보고 있으면 저출산 문제라도 지적하듯 세 자녀가 정답게 손잡고 걸어가고 있는 모습이 보인다. 세 자녀이기 때문에 자란 후에도 외롭지 않을 것이다. 정우경 화백, 그는 미래의 가족제도까지 내다보는 안목을 가지고 있는 화백이다. 그림을 보고 있노라니 그와 만나 저출산 문제에 대해 이야기 나누고 싶은 심정이 일어난다.

그리고 그림인 듯 사진 같고 사진인 듯 그림같이 착각할 수 있는 충청예술초대작가 신옥균 사진작가의 이 작품 연화지.

연화지는 경상북도 김천시 교동에 있는 연못이란다. 연화지는 낮이든 밤이든 멋지다. 특히 야경은 연화지에서만 볼 수 있는 아름다움 그 자체로 해가 지기 시작하면 벚꽃나무 아래 조명이 들어와 이때부터 연못에 반사된 벚꽃나무의 반영이 장관을 이루어서 한 컷 촬영했다 한다.

대전에 번지고 있는 예술의 향기

신옥균 사진작가의 연화지

그리고 목판화로 아로새긴 김창수 서각가의 세한도.

정교하고 세밀하게 다듬어낸 나무판 위에 마치 사진을 찍어내듯 정교한 솜씨로 아로새긴 김창수의 세한도, 어쩌면 이렇게 정교하게 판을 찍어내듯 새겨놓았을까? 눈을 의심하며 보고 또 보다가 궁금증이 풀리지 않아 작가를 찾아 설명을 들었다.

여백의 미를 사랑하는 수묵화의 특징일까? 아님 유배지에서 자신의 심경의 항변일까?

아무짝에도 소용없는 나무 조각에 손질을 하여 그의 예리한 칼끝은 여러 달을 거치는 동안 이렇게 정교한 작품을 완성시켰을 것이다.

김창유 화백의 '우연의 표정'도 짚고 넘어가지 않을 수 없다.

김창수 서각가의 세한도

　인간은 자연과 공존하고 있다. 그리고 그 자연은 생명체와 무생명체로 무한하다. 따라서 예술인으로서의 화가도 그들과의 상호관계 속에서 오묘하고 진지한 상호작용에서 모티브를 찾아 작품 활동이 이뤄진다고 하겠다.

　험산 짓눌린 바위틈에서도 모질게도 뿌리 내리고 꽃피우는 감탄이 있는가 하면, 어느 폐차장 한구석에 고양이가 안식처를 잡고 공존하는 안락함(?)과, 폐기물 끝까지 오르고 또 오른 덩굴 꽃의 소담함 가운데 살아가는 생명들이 작가의 눈에 발견되어 작품화되기도 한다.

　섬세하고 예리한 관찰력으로 사물을 대하는 화백 김창유는 어느 날 폐차장을 살피다 우연히 어느 폐차의 본넷트를 발견했다. 그냥 지나칠 수가 없었을 것이다. 한때 왕성한 기운으로 질주했던 생명체와 같았던 엔진의 모습이, 지금은 심장이 멎은 채 주인도 잃고 일그러져 누워 있는 모습을 하고 있었기 때문이리라. 그 표정은 마치 지난날에 만족하며 겸허한 모습을 짓고 있는 듯하다. 내장 구조는 복잡하고 신기한 우리 인체의 구조 같아 실루에트 표현을 썼고, 원, 다각형과 선, 면들의 구성이 마치 아픈 상처를 잊고 미소를 보이는 듯하여 중앙 원형

　　　　　　　　　　　대전에 번지고 있는 예술의 향기

을 중심으로 절제된 선들로 밝은 미소를 표현하였다. 녹슬고 마모되고 일그러진 상처들은 무채색톤으로, 그래도 왕성했던 지난날들의 추억(흔적)은 보랏빛으로 살려 예술의 극치를 선보였다.

김창유 화백의 '우연의 표정'

러시아의 대문호 톨스토이가 떠오른다. 그는 부유한 가문 출신이고 상류층의 생활을 누리며 살면서 이번에 전시회에 초대된 작가들처럼 삶에 대하여 생각하고, 무언가를 발견하여 재조명하려고 노력했던 인물이다.

이번이 두 번째 전시회라 한다. 바라건대 내년에도 후년에도 계속 이어지는 전시회로 하여금 예술을 사랑하는 대전 시민들에게 새로운 발견의 희망을 안겨주기 원하는 마음 간절하다.

애국심으로 뭉쳐진 '메시야 필하모닉 교향악단'

'메시야 필하모닉 오케스트라' 박인석 지휘자는 애국심으로 똘똘 뭉쳐진 지휘자였다. 교향악단 구성원들이 그랬고, 선별된 노래 가사들이 그걸 증명해 주었다.

평생 이렇게 감동을 주는 연주회는 처음 보았다. 막이 오르자 잔잔한 애국가가 흘러나오며 관중들까지도 합창을 하게 만들더니 공연의 마지막은 강한 애국심을 발현하기 위해 지휘자를 비롯해 75명의 단원들이 애국가 가사 하나하나에 방점을 찍어 힘찬 연주를 하였던 것이다.

동해물과 백두산이 마르고 닳도록
하느님이 보우하사 우리나라 만세
무궁화 삼천리 화려강산
대한 사람 대한으로 길이 보전하세

연주하는 단원들 모두의 손놀림이 빨라졌고, 관악기에선 힘찬 멜로디가 흘러나왔다. 지휘자는 온몸으로 지휘하다가 그것도 모자라는 듯 펄떡펄떡 뛰기까지 하였다. 감상하는 2시간여가 감동 그 자체였다. 그래 동해물과 백두산이 마르고 닳도록 조상들에게 물려받은 이 조국을 지키고 보전하는 데 모두들 동참하도록 하자.

보자, 그 감동의 순간들 가운데 2021년 6월 20일, 오후 7시 대전 시립연정국악원 큰마당 무대에서 있었던 일을.

6월은 호국 보훈의 달. 그 호국 보훈의 달을 맞아 세계적 수준의 한국 전통음악을 수놓는 무대가 이곳 대전 시립연정국악원 큰마당 무대에서 제40회 정기연주회로 올려졌다.
이번 연주회는 '가장 한국적인 것이 가장 세계적인 것'이라는 사명감을 주제로 하면서 장애인과 비장애인이 함께하는 특별한 한국 전통 가락의 클래식 콘서트였다.
아울러 박인석 지휘자의 진행으로 안익태 작곡의 '한국환상곡'을 새로운 버전으로 연주하고 한국창작 관현악 작품, 창작 가곡 등을 선보이는 등, 작곡가 신만식, 한지영, 김종덕, 최영섭, 이경섭, 이수은, 이

문석, 안익태와 김좌진, 신계전, 이명숙, 공한수 작사가들의 작품을 새롭게 편곡하여 연주하였으며, 국악기 협주에는 아쟁 구은심, 피리·태평소 박성휘, 성악가로는 권혁연, 유아영, 백하은, 김주선, 전용현, 이승환, 이영훈, 임현묵 등이 함께 참여했고, 현재 학교에서 현역 교사로 재직 중인 이상덕 지휘자도 함께하였다.

아쟁 연주의 대가 구은심은 대구에서 올라왔는데 연주하는 손놀림이 과연 대가다운 모습이었다. 왼손으로 현을 조절해 음색을 발현하고, 오른손으로는 활을 당겨 흥을 돋우는 모습이 신들린 사람 그 자체였다.

아쟁의 선율을 들으며 연주자나 관중들은 한도 찾고 흥도 찾는다. 우울하면 우울한 마음을 투영하고, 기쁘면 더 없는 즐거움을 제공하는 것이 아쟁의 음색인 것이다. 아쟁의 매력은 우리 민족의 정서와 긴밀하게 맞닿아 있다. 소리가 구슬프고 애원성이 짙어, 그 소리에 한번 빠져들면 헤어 나올 수 없을 만큼, 마음을 움켜쥐는 애원성이 절절하다. 한스럽게 들리면서도 그 안에 '흥'이 살아 움직이고, 흥겨운 가락이 울려 퍼지는데도 '한'스럽게 들리는 그 미묘함. 그 음색을 왼손과 오른손을 동원하여 이날 밤 구은심 연주자가 관객들을 울렸던 것이다.

그러나 결코 잊어서는 안 될 것이 있다. 동료 아쟁의 특유한 음색을 살려주기 위해 다른 연주자들은 자신들의 목소리를 최대한 낮추고 손놀림마저도 방해될까 봐 잠시 연주를 멈췄던 것이다. 이야말로 동료 연주를 돋보이게 하는 동료 연주자들의 배려가 아니고 무엇인가?

그리고 또 보자, 태평소의 대가 박성휘의 연주를.

태평소는 나팔 모양으로 된 우리나라 고유의 관악기로 나무로 만든 관에 여덟 개의 구멍을 뚫고, 아래 끝에는 깔때기 모양의 놋쇠를 달며, 부리에는 갈대로 만든 서를 끼워 부는 것을 말한다. 태평소(太平簫)의 구성진 가락과 농음(濃音)은 신명나는 연주에 감칠맛을 더한다. 우리 조상들은 날나리로 불리는 이 태평소를 이용해 화란(禍亂)이나 질병을 물리치고 풍년이 드는 태평성대(太平聖代)를 기원하는 의식에 활용하였다.

많은 연주 동료 악기들 가운데 홀로 선율을 드러내는 태평소. 그 태평소를 가지고 연주자 박성휘는 관객들을 흥분케 하였다. 구성지고 하늘하늘한 음색은 오늘밤 대전 시립연정국악원 큰마당 무대에는 없었다. 그저 신명나고 흥분의 도가니뿐이었다. 관객들도 춤을 덩실덩실 추고 다른 동료연주자들도 어깨를 들썩이며 연주를 함으로 태평소의 독주에 힘을 실어줬다.

아아!
우리 정치인들이 이런 모습을 보았으면 얼마나 좋았을까? 서로 배려하고 밀어주는 아름다운 모습. 그 아름다움은 지휘자 박인석의 애국심에서 나온 연출이었다.
이왕 말이 나왔으니 지휘자 박인석의 자랑 좀 더 하고 넘어가자.
박인석 지휘자는 한국과 대전 초연의 한국창작 음악회를 시민들에게 선보이며 지역의 자부심과 문화 예술의 향수를 불러일으켰음은 물론, 중증장애인들과 소외계층의 관객들을 공연장에 초대하는 등 사랑 나눔을 실천해 오고 있는 분이다.

그가 지휘자로 있는 메시야 필하모닉 오케스트라는 지난 2000년 12월 창단 이후 약 80여 명의 기악 전공자들로 구성한 비영리 민간단체로 사람들에게 삶의 희망과 행복을 전달하는 메신저 역할을 지속적으로 펼치고 있다 한다.

오늘 연주회에 설동호 대전시 교육감 사모님께서 가슴으로 노래하는 대전의 명가수 윤영신과 함께 오셨고, 필자가 아끼고 사랑하는 소프라노 조용미도, 이강철 시인도 함께했고, 월정 이선희 시인도 함께 관람하며 즐거워했다.

동해물과 백두산이 마르고 닳도록 영원하여라, 우리 대한민국과 메시야 필하모닉 오케스트라.

그리고 기쁨과 즐거움을 선사한 단원 모두들,
영원하여라. 동해물과 백두산이 마르고 닳도록.

메시야 필하모닉

06

박재룡

필자의 눈에 비친 지휘자 박재룡

2021년 5월 9일 오후 7시. 대전 예술의 전당 아트홀.

지휘자 박재룡과 함께하는 "모차르트 레퀴엠"의 공연이 있는 날이다. 코로나19의 여파로 거리 두기가 엄하게 지켜지는 시기에 공연을 한다는 것은 참으로 어려운 일이었다.

팜플렛 표지에 나타난 박재룡은 젊고 눈에 패기가 있었다.

이날 등장한 인물로는 소프라노 이미성과, 메조소프라노 구은서, 테너 권순찬, 바리톤 김강순, 그리고 카페솔리스텐 오케스트라 단원들과 카페솔리스텐 합창단이 함께 출연하여 관객들에게 음악 감상의 즐거움을 더해주었다.

　모차르트 레퀴엠은 1791년 작곡되었다. 모차르트가 이 곡을 작곡하던 도중 사망했기 때문에 미완성으로 남았지만 사후 모차르트의 제자가 그가 남긴 스케치를 토대로 완성되었다.

　'레퀴엠'이란 '안식'을 뜻하며 가톨릭교회에서 죽은 이를 위한 미사에 '진혼곡'으로 사용된다. 의뢰에 의해 만들어졌지만 모차르트의 유작으로 그를 기리며 들을 수 있는 음악이기도 하다. 이번 공연은 카펠솔리스텐의 주최로 카펠솔리스텐의 음악감독이자 지휘자인 박재룡을 중심으로 훌륭히 진행되었다.

　지휘자란 선천적으로 재능을 타고나야 하며, 본인이 가지고 있는 선천적인 음악성에 더해 음악을 듣고 구별하는 능력이 뛰어나야 좋은 지휘자로서 인정을 받는다. 거기에 악보를 보고 들을 수 있는 능력과, 복잡한 악보, 단순한 악보, 때로는 오케스트라 악보도 보고 지휘할 수 있어야 하며, 화성학, 대위법, 악식론 등 음악분석 능력도 있어야 한다. 그 이외에도 음악해석능력, 발성지도 능력, 음악용어들에 대한 지식도 세세히 알아야 하며 악기를 다룰 줄 알 뿐만 아니라 악기의 특성과 연주기법도 알아야 할 것이다.

　음악적인 면 외에도 지휘자로서 인내심과 교양이 있어야 하고, 단원들로부터 신뢰를 받아야 하고, 단원들의 심리 상태를 파악하고 대처할 수 있어야 하며, 어려운 상황에 있을 때 용기를 복돋아 줄 수 있는 리더여야 좋은 리더가 될 수 있는 것이다.

　　　　　　　　　　　　　　　　　　　박재룡

이날 필자의 눈에 비친 지휘자 박재룡은 젊지만 그런 요소들을 갖추고 있는 것 같았다. 왜 아니 그러랴. 위에 열거한 내용들을 늘 강조하는 이상덕 선생으로부터 배웠다 하니 그럴 수밖에 없을 것이다.

특히 이날은 현악기와 금관악기를 출연시켜 조화를 이룬 점이 눈길을 끌었다. 음색이 서로 다른 금관악기와 현악기의 음의 조화를 이루는 데 성공했고, 소프라노 이미성과 메조소프라노 구은서, 테너 권순찬, 바리톤 김강순을 발탁하여 무대에 세운 것은 지휘자로서의 안목을 엿볼 수 있는 데 충분했으며, '레퀴엠' 전 곡을 연주하는 경우가 많지 않은데 모두 연주했다는 점이 놀라웠다.

필자는 공연이 끝난 후 이상덕 선생과 미모의 여가수 윤영신과 차를 나누는 자리에서 "최근 열린 공연 가운데 많은 감동을 받았다"며 "곡 선택부터 공연 흐름, 현악기와 금관악기의 조화로운 연주까지 완벽했다"고 호평했다.

특히 이날은 소프라노의 거장 이영신 씨와 가슴이 따뜻한 데다가 미모까지 겸비한 윤영신 여가수까지 감상에 참여해 음악을 이해하는 데 도움을 줬다.

지휘자 박재룡이여!

좋은 스승 밑에서 가르침을 받고 이렇게 자랐으니 그를 바탕으로 더욱 정진하기 바란다. 그대의 빛나는 눈빛이 그렇게 되기를 증명하고 있는 것이다.

07

박종학

음악을 위해 태어난 사람, 박종학 교수

박종학 교수!

그는 평생 음악 속에서 음악과 함께 행복한 삶을 사는 음악인이다.

그는 일찍부터 부모님으로부터 음악이라는 축복된 유전인자를 가지고 태어났나 보다.

충남 논산의, 그것도 채운면이라는 시골 농부의 아들로 태어났지만 음악을 사랑하는 그 열정과 끼는 모든 사람들한테 인정을 받았다. 일찍이 시골 초등학교(국민학교)시절에 한 번도 피아노 위에 앉아 보지도, 피아노 레슨도 받아 보지도 못한 어린 학생이 음악 시간에 선생님께서 노래를 가르치며 즉석으로 오르간 반주를 부탁하자 바로 행한 사례들은 그의 음악적 감각과 귀한 달란트를 의미하는 일이 아니었나 생각된다. 시골 교회에서 교회학교 예배 및 음악수업시간에는 반주로 봉사도 했으니 말이다.

고교를 졸업하고 서울이라는 대도시를 가보니 그는 한없이 작은 존재임을 느꼈다 한다. 그때부터 여기저기 음악은 물론 교회학교, 교육세미나 강좌 및 음악이 들어있는 곳은 미친 듯이 쫓아다녔다 한다. 음악을 좋아하니 어느 합창단이라도 입단하여 물 찬 제비처럼 신나게 뛰어다녔는데 그렇게 재미있고 신나는 일이 없었다고 했다.

그는 강의를 하러 다니며 청소년들한테 진로에 관한 강의를 할 때마다 "자기가 제일 좋아하며 잘하는 일들을 찾아보라"고 하는 말을 하는데 맞는 이야기인 것 같다. 자기가 좋아하니 피곤도 없고 능률도 오른다는 것이다.

그러다 어느 날 봉사하던 모 합창단에서 상임지휘자가 하루 공석이 생기는 일이 일어났다. 그때 총무를 맡고 있었는데 지휘자께서 자기를 대신해 파트 연습이라도 시키라고 권면을 했다고 한다. 그때부터 한 주 동안 가르칠 악보를 거의 암보할 정도로 준비해 가지고 가서 연습시켰는데, 연습 후에 단원들의 분위기는 가히 상상을 초월했다 한다. 듣기 민망할 정도로 칭찬이 쏟아졌는데 상임지휘자보다 더 좋았다는 말부터 시작해 정말 대단했다고 다들 입을 모았다는 것이다. 그

때 연습했던 곡이 '구노의 장엄미사 곡'이었다고 한다. 그는 한 주 내내 구노의 장엄미사에 미쳐있었다고 했다. 어떻게 온 기회인데 나름 내 자신을 한번 평가받고 싶었다고 한다.

그리고 세월이 흘러 그는 더 거룩한 욕심을 부렸다.

모 대학 지휘과에 입학을 해 자기 자신을 한층 더 성장시키는 계기를 맞이했다. 부족한 부분도 발견하며 서서히 음악이라는 장르를 탐구하기 시작했고, 교회음악 지도자로, 또 합창단 지휘자로 봉사하려니 공부할 게 너무나 많다는 사실을 깨달았다. 그는 열심히 공부하면서 지휘 과정에 석사학위까지 마치게 되었다.

이어서 박 교수는 행복하게도 1980년 1월 9일 KAIST의 좋은 자리에 입사하여 2016년 12월 31일까지 36년 동안 세계적 석학들이 모여 학습하며 연구하는 이공계 특수 대학원 교육기관에서 근무했다.

그 덕에 세계적 문화예술의 스타와 단체들을 손쉽게 만날 수 있었고, 대표적으로 피아니스트 백건우 선생님, 지휘자 금난새, 성악가 최현수, 대전시립교향악단은 물론 대전 시립합창단을 비롯하여 뮤지컬 단체, 대강당 1,111석의 1, 2층을 가득 메우게 한 국립발레단의 지휘자와 단원들까지 이루 말할 수 없는 세계적 뮤지션들을 만나게 되었다. 이는 박 교수에게는 잊을 수 없는 값비싼 추억과 학습의 시간들이 되었다.

이로 인해 몇 가지 학습과정의 도전으로 경영학, 지휘 과정, 사회복지, 신학 과정, 산업대학원, 음악 치료학 등 다양한 교육과정들을 접하게 되었고, 지금은 KAIST 정년 이후에 학습되었던 것들을 연결하여 (사)한국청소년 인성교육협회 내에 21C교육 포럼에서 부회장으로 교육 및 홍보부문에서 섬기며 봉사하고 있다.

또, 대전에서 30여 년 동안 유지해 온 '한소리 음악회 동호회'에서 한 달에 한 번씩 하는 해설이 있는 음악 강좌에서 이해하기 쉬운 해설 음악회를 진행하고 있다.

매월 그달의 맛깔스런 토픽을 정해 재미있고 유익한 강좌를 진행하는데, 예를 들어 5월의 가정의 달에는 사랑의 음악 테마로 부모님, 선생님, 부부중심의 음악들을 선발하여 음악을 보고 들으며, 마지막에는 합창을 함께 해보는 음악회를 개최하고, 6월은 호국 보훈의 달로 나라와 민족을 위해 음악을 작곡한 민족 음악가들을 찾아 그 나라의 아름다운 정경들과 그 속에 담겨져 있는 역사적 문화와 예술들의 가치를 함께 보고 듣는 음악회를 개최하였다고 한다. 예를 들어 모차르트의 레퀴엠, 스메타나의 나의 조국 몰다우, 체코의 드보르자크 신세계 교향곡, 아메리카, 노르웨이의 그리그 페르퀸트 모음곡 중, 솔베이그의 노래, 시벨리우스의 핀란디아, 차이코프스키의 1812년 서곡 등을 지휘하였다.

최근 더 클라츠라는 소규모 음악단체를 섬길 수 있어서 감사하며 음악 동역자로서 감히 자랑하고 싶다고 하며 이 단체를 소개했는데 이 단체는 클래식과 퓨전, 영화음악 OST, 대중음악, 팝송 등 다양한 장르들을 소화해 내는 단체이다.

대전 통기타 동호회에 들어가 기타를 배우며 재미있게 활동하고 있고, 지휘를 하려면 합창단 목소리도 중요하지만 때로 기악과 협연을 하게 되면 악기의 특성 및 역할들도 알고 있어야 한다고 하여 그 나름대로 피아노, 첼로, 클라리넷, 색소폰, 신시사이저 등 다양한 악기들을 배우고 있다. 박 교수가 다 못 다루는 악기들은 가족들을 통해 간접적 경험을 쌓았다고 한다.

박 교수의 아내는 플루트를, 딸은 피아노를 전공했으며, 아들은 바이올린을 어릴 때부터 교육받아 대전의 모 오케스트라에서 한동안 연주활동을 계속 하기도 했단다. 가족의 도움을 받을 만도 하다. 그래서 박 교수 가족을 아는 음악가들은 박 교수 가족을 음악가족이라 부르기도 한다. 왜 아니 그러겠는가? 그 가족들은 믿음의 가족으로 교회 내에서도 자기가 공부한 악기들을 통해 다양하게 찬양대에서 봉사하고 있고 박 교수는 교회의 찬양대 지휘자로 약 30년 이상 봉사하고 있으니 말이다.

그는 무대에서 지휘한 경험도 풍부하다. 서울에서는 세종문화회관, 호암아트홀, 서울 서초동의 예술의 전당 콘서트 홀, 여의도 KBS홀, 류관순 기념관, 단국대 홀, 한남동의 횃불선교센타 사랑성전, 국립극장 등에서 지휘하였고, 대전에서는 대전예술의 전당, 우송예술회관, CMB엑스포 아트홀, 충남대 정심화 홀, 시민회관, 혜천대 대강당 등 크고 작은 무대에서 다양한 공연 및 연주(지휘)를 하였다.

박종학

이러한 공연 및 지휘를 하는 과정에 지휘자로서 때론 연주자로서 많은 생각과 고민을 숙제로 밤잠을 설치며 준비하고 실연을 하였을 것이다. 그러는 사이 음악적 생각이나 음악적 완성도는 점점 무르익 어갔을 것이다.

그러니 박 교수여!

주님께서 주신 건강이 허락하는 그 시간까지 하나님을 위해, 음악인 후배들을 위해 계속 갈 길을 가기 바란다. 하나님은 스스로 돕는 자를 돕는다 하셨다.

08

박천규

아아, 박천규 선생님

박천규 선생님 안장을 마치고

2020년 9월 17일 11:00, 세종시 대전공원묘원,

박천규 선생께서 가신 지 벌써 1년이 됐다. 그래서 세상에 홀로 남으신 김순옥 여사와, 그 아드님 부부, 그리고 따님을 비롯한 가족들과, 친지 문인들이 그 뜻을 기리고자 30여 명이 모였다.

이날 추도식에서는 백천 박천규 선생 기림회(회장 김순옥 시인)와 사단법인 문학사랑협의회(이사장 리헌석 문학평론가)에서 공동으로 주최하고, 충청예술문화협회와 충청서도협회에서 후원한 '제2회 백천 수필문학상'

박천규

시상식도 같이 열렸다. 시상식은 제1부 '백천 대건안드레아 위령 기도회', 제2부 '제2회 백천수필문학상 시상, 등으로 진행되었다.

흘러가는 물도 떠줘야 공덕이 된다고 월도스님께서 말씀하셨다.
수십 년을 함께 살면서도 이 사람과 내가 인연인가? 고민하는 사람들이 많다. 부부는 오백생의 인연으로 만났다고 하는데 인연이니까 만났지 인연이 아니면 어떻게 만났겠는가?

가만히 생각해 보면 세상일은 참으로
신비한 인연의 연속입니다.

무슨 운명이나 팔자가 한평생 정해져 있는 게 아니에요.
팔자는 순간순간 바뀝니다.
지금 어떤 생각을 하느냐에 따라 달라집니다.

변화의 시작은 미약해도 점점 커져서
결국 팔자도 바꿔 버리는 거예요.

부뚜막의 소금도 집어넣어야 짜다고 하잖아요.

상대방을 행복하게 해 주는 말이라면
미루지 말고 당장 표현하세요.

집에서나 밖에서나 늘 아름다운 말을 하고
밝은 표정을 지으면 주변도 밝아지고
내 인생도 밝아집니다.

어리석은 사람은 자신을 고정불변의
존재라고 생각합니다.

하지만
그 누구도 고정된 존재가 아니에요.
그저 인연 따라 일시적으로
머물다 갈 뿐이에요.

짧게 만나느냐. 길게 만나느냐.
차이가 있을 뿐. 우리만남은 결코
영원하지 않습니다.

어차피 만난 인연이라면 최선을
다하는 게 좋지 않을까요?

덧없는 인생 '대충 살고 말자'라고
생각하기보다는 그래서 더 소중한
삶이라는 것을 알아야 합니다.

박천규

이정구 선생님은 원로 언론인이자, 한글학회 회원, 한말글 사랑 한 밭모임 고문을 역임하셨고, 충청권 수필문학의 여명기에 수준 높은 작품을 발표하여 한국문학 발전 및 지역문학 진흥에 크게 공헌하셨다.

박천규 선생님은 생전에 1수필집『어머니 태어나신 곳을 다녀왔습니다』, 2수필집『배려와 양보의 향기』를 발간하였고, 이후 영부인 김순옥 여사께서 백천선생 문학 기림회를 결성하여 유고수필을 모아 유고 수필집을 발간하셨다. 3수필집『봄국 맛이 나지요?』, 4수필집『선풍기야 고맙다』, 5수필집『살아있는 향기』는 수필의 향기가 듬뿍 배어있는 작품들이다.

이른 봄, 얼음장 밑으로 파릇파릇 다투어 돋아나는 생명의 모습은 하나의 경이로움이다. 선생께서 즐겨 찾으셨던 쑥, 씀바귀, 냉이 같은 봄나물들은 우리의 어린 시절을 잊지 않게 하는 깊은 정감이 어려 있는 나물들이다. 냉이와 쑥, 그들은 해마다 봄이 오면 역경을 딛고 선의연한 모습으로 봄의 전령처럼 우리 곁에 다가온다. 6.25 전쟁 당시 배고픔을 메우려고 먹었던 쑥 범벅은 눈물겨운 추억으로 남아있고 그래서『봄국 맛이 나지요?』라는 제목의 수필집이 탄생하게 되었다고 한다.

짝 잃고 홀로 남겨진 김순옥 여사님의 심정이 어떠했을까?

60여 년을 함께 살다 보면 내가 당신인지, 당신이 나인지 모를 인생이 되기도 한다. 60년을 함께한 일체의식이다. 60년이라면 그러한 동일시는 당연한 것일 수도 있다. 혼자 사는 사람은 가족이나 동거인이 있는 사람들에 비해 수명이 단축된다는 연구 결과도 있다는데 우리 김순옥 여사 곁에는 아들 며느리가 있고, 내 엄마 내가 지킨다는 사랑스럽고 예쁜 딸과 사위가 있으니 다행이다.

아드님, 따님, 며느님, 함께 사는 가족이 있으면 삶의 질이 달라지고, 삶이 행복해진다는 것을 아실 것이다. 더구나 그 가족이 남편이거나 아내이거나, 아들이거나 딸이거나 하면, 거기에 삶의 면면은 더욱 다양해지는 것이다. 가족이 없으면, 삶의 질에 큰 공허가 생기고, 공허가 생긴 뒤에 그 어려움은 말로 할 수 없을 정도로 커지게 된다.

더구나 김순옥 여사는 남편께서 늘 함께하셨기에 떠난 빈자리가 더욱 클 것이다. 그러니 그런 엄마의 외로움의 공동(空洞)을 아드님과 따님께서 채우셔야 할 것 같다.

몇 년 전 사랑하는 아내를 훌쩍 떠나보내고 "여보 어디 있어요"를 외치며 사는 월정 시인을 보라.

"여보, 어디 있어요"는 월정 시인의 외침만은 아닐 것이다. 우리 김순옥 사모님도 늘 외치며 눈물을 흘릴 것이다.

"여보 어디 있어요?"

아시죠? 내 엄마 내가 책임진다는 효심.

박천규

가수 백하나의 또 다른 매력

백하나 가수

가수 백하나의 외모에서는 전형적인 한국여인의 멋이 풍긴다. 그래서 백하나 가수를 좋아하는 층이 많은데 특히 중년 이상의 남자들, 즉 사내들이 그를 좋아한다. 특히 백 가수의 매력 포인트는 무엇보다 간드러지게 뿜어내는 음색에서 찾을 수 있다.

그는 노래를 부르되 뒤따르는 무희들을 동원하지 않는다. 그만큼 그의 음색은 관중들을 매료시키는 힘이 있는 것이다. 특히 코로나19로 인해 모든 사람들의 마음이 닫혀있을 때 백하나 가수의 트롯에 빠져보면 나도 모르게 마음이 편안해짐을 느낄 수 있다.

요염하지 않아서 편안하고, 애원하는 듯한 음색이기에 뭇 남성들의 마음을 사로잡는 가수 백하나. 그의 히트곡 〈인생버스〉를 비롯해 그가 그동안 부른 노래를 모두 여기에 옮겨본다.

<인생버스>
― 작사: 윤도우 작곡: 김정호
꿈을 싣고 달리는 인생
희망 싣고 달리는 인생
인생 버스에 사랑을 싣고
우리 함께 신나게 달리자
가다가다 지치면 서로 마음
달래며 우여곡절 지나도 운명이라 여기며
한 정거장 또 한 정거장 지나가자 인생버스야
세상사 힘들어도 멈출 수 없어 달려가자 인생버스야

이 노래 인생버스는 현직 영어교사이신 윤도우 선생님께서 작사하셨고, 전국 노래자랑 심사위원이신 김정호 선생님께서 작곡하셨다 한다. 김정호 선생은 백가수의 어딘지 모르게 순박한 마음씨에 끌려 곡을 써 주셨다고 했다.

2절도 가사 내용이 1절과 같다. 그래서 외우기 쉽고, 따라 부르기에 어려움이 없다. 코로나 19가 그렇게 극성을 부려도 우리는 인생버스에 꿈을 싣고 달리는 것이다. 그래 백하나 가수야, 가다가다 지치면 서로 마음 달래며 우여곡절 지나도 운명이라 여기며 한 정거장 또 한 정거장 지나가자.

\<당신이니까\>

― 작사: 강종원 작곡: 유하정

1. 왜 왜 왜 나만 보면은 고개를 돌리느냐

바보 같은 사람, 나라는 사람 바보 같은 사람, 나라는 사람

두 눈에 흐르는 눈물을 당신은 아는지 모르는지

사랑의 굴레가 어디까지인지 몰라도

당신 내 맘 몰라준다 하여도 영원히 이 사랑 변치 않을 거야

당신이니까 당신이니까 내 사랑 당신이니까

2. 왜 왜 왜 나만 보면은 고개를 돌리느냐

바보 같은 사람 나라는 사람 바보 같은 사람, 나라는 사람

두 뺨에 흐르는 눈물을 당신은 아는지 모르는지

사랑의 굴레가 어디까지인지 몰라도

당신 내 맘 아프게만 하여도 영원히 이 사랑 변치 않을 거야

당신이니까 당신이니까 내 사랑 당신이니까

내 사랑 당신이니까

　　백 가수의 노래는 어느 것을 들어도 애절하게 호소하는 여인의 목소리다. 다시 말해 음색 자체가 애절, 그것이었다. 하소연하듯 호소하는 그의 노래를 듣고 마음이 동하지 않는 사내가 어디 있겠는가? ‘나’라는 여인은 바보 같은 여인, 두 눈에 흐르는 눈물을 흘리며 애절하게 호소하는 바보 같은 여인, 그런 백하나를 보고도 고개를 돌린다면 그대는 목석인 것이다. 그러니 어서 발길을 돌려 백 가수에게 다가가 품

안에 안아주기를 바란다. 그것이 사내인 것이다.

<날 찾아오시겠지>
— 작사: 강종원 작곡: 유하정
1. 꿈결처럼 다가와서 내 가슴에 정을 놓고 간 사람
그리워서 애타게 불러도 그 사람 대답 없네 간 곳이 없네
사랑아 사랑아, 보고 싶은 내 사랑아 꿈속에나 볼까
애달픈 사랑 달빛 잠든 새벽하늘 유난히 빛날 때
사랑 싣고 오시겠지 꿈길을 따라 날 찾아오시겠지

2. 꿈길처럼 찾아와서 내 가슴에 멍을 주고 간 사람
그리워서 애타게 불러도 그 사람 대답 없네 간 곳이 없네
사랑아 사랑아 그립구나. 내 사랑아 꿈속에나 볼까
애달픈 사랑 달빛 잠든 새벽하늘 유난히 빛날 때
사랑 싣고 오시겠지 꿈길을 따라 날 찾아오시겠지
날 찾아오시겠지

백하나는 데뷔곡이자 타이틀곡인 〈당신이니까〉로 활동하며 이번에 그의 히트곡 〈인생버스〉를 선보였다. 〈인생버스〉와 〈당신이니까〉는 사랑하는 이를 향한 애타는 짝사랑을 표현한 트로트 곡이다.
그는 7년 전 〈난 몰라몰라〉를 내놓았다. 나를 몰라주는 당신, '난 몰라몰라'라며 떼를 쓰고 있는 것이다. 아니, 떼를 쓴다기보다 애교에 아양까지 섞어서 사내 마음을 돌리려 하고 있는 것이다.

가수 백하나는 노래를 부르고 나면 언제나 노랫말을 써주신 윤도우 선생님과 곡을 써주신 김정호 선생님께 감사하다는 말을 하는 고마움을 아는 가수다.

뭇 사내들에게 당부를 하며 마무리를 짓자.

이렇게 현모양처 같은 가수가 애타게 부르며 다가오거든 떠나지 말고 품 안에 안아주기 바란다. 그게 사내들의 도리인 것이다.

월정 이선희 시인의 또 다른 변신(變身)

월정 이선희 시인

　3년 6개월 전 월정 이선희는 아내를 저세상으로 보내고 '여보, 어디 있어요?'를 외치며 매일 울었다.

　왜 아니 그러랴!

　월정은 1941년, 6월 경남 산청에서 태어나 1960년 진주고등학교를 졸업하고 64년 3월 한양대학교 공과대학 기계공학과를 졸업하자마자 곧바로 한화그룹에 입사하여 94년 3월 상무이사로 퇴직했다.

　그 후 50여 년간 함께 산 짝을 잃었으니 그 슬픔이 오죽했으랴! 그런데도 그는 변신하기 시작했다. 보자, 월정의 변신하는 모습을.

<내 인생의 후반전>
— 월정 이선희

누구에게나
인생길은 외로운 길이다.
깃발 펄럭이던 나의 삶
어디론가 사라지고
가슴에 남은 회한의 삶
낙조를 바라보며 머물고 있다

어느새 고개 숙인
내 인생의 여로
닫힌 마음 열고
차 한 잔 마시면서
고독을 즐긴다.

고목에도 꽃이 피는데
걷고, 뛰고, 산에 오르며
내 인생 후반전에도
꽃이 필 수 있을까?

상처 난 꽃의 향기 더욱 진함은

아픔을 이기려는
몸부림이려니
남은 세월
외로워하지 말고
기쁘게 맞으며
걸어가야겠다.

　그는 위 시에서 보이는 것처럼 '남은 세월 외로워하지 말고 기쁘게
맞으며 걸어가야겠다'고 다짐했다. 그리고 그는 웃는 모습을 보임으로
변신(變身)했고, 긍정적인 삶의 태도를 보임으로 변심(變心)했던 것이다.
　그러나 사랑하는 짝을 잃은 아픔의 상처는 쉽게 잊히지 않는 것. 그
래서 그는 속으로 몸부림친다. 보자, 그의 제2시집 『서시(序詩)』에 나타
나는 속으로 몸부림치는 모습을.

<그대와 함께>
－ 월정 이선희

그대 보고 싶어
창밖을 본다.

가신지 어언 삼 년 반.
혼자의 삶에 가슴 저려와
우두커니 서서
창밖을 본다.

발돋움 하며 우러러 보아도
하늘은 너무 아득히
멀기만 하다.

"................"

저 푸른 하늘에
고요히 머물고 싶은
착각에 잠긴다.

그대와 함께.

아아, 월정 시인이여! 3년 6개월 전 낯모를 내 손을 잡고 함께한 것
처럼 앞으로 남은 세월도 그렇게 살자. 그대가 〈인생은 구름〉에서 말
한 것처럼.

〈인생은 구름〉
인생은 구름
맑고 하얀 구름
꿈을 싣고 둥실 떠다니는 구름
구름은 행복이다.

때론
먹구름 되어 몰려오기도 하고
조각조각 흩어져 다니기도 하지만
언젠가는
해맑게 맑은 하늘이 되는 삶
장미가 예쁘다고 모두 장미가 되면
가시투성이만 되고 만다

개나리도 있고 코스모스도 있고
복수초도 있어야 삶의 애환이 조화를 이루듯
날마다 내 안에 감사한 마음 하나씩 찾는다면
어느 날 삶이 살찌는 날이 오지 않겠나
그러기에 인생은 구름
인생은 구름이다.

그렇다. '인생은 때론 먹구름 되어 몰려오기도 하고 조각조각 흩어져 다니기도 하지만 언젠가는 해맑게 맑은 하늘이 되는 삶'이라고 긍정적인 생각을 하게 된 것이다. 웃는 모습을 보여 변신한 모습을 지인들께 보이고, 긍정적인 생각을 함으로 변심한 마음을 보인 것이다. 그래서 요즘 월정의 얼굴에는 늘 웃음꽃이 피어 있다.

그래 월정아, 우리 남은 인생 그렇게 웃으며 살자. 인생은 구름, 구름인 것이다.

월정

11

윤영신

대전을 흥이 나는 도시로 만드는
최고의 미녀가수 윤영신

윤영신 가수

대흥포럼 발대식이 30일 대전 중구문화원에서 열렸다.

'대전(大田)을 흥(興)하게 하자'는 궁극적 목표를 가진 단체 대흥포럼(대표 문성식)이 30일 새롭게 출범한 것이다.

대전 중구문화원에서 기용순 사회로 개최된 이날 행사에는 염홍철 전 대전시장, 설동호 대전시교육감, 이명수(아산갑)·황운하(중구)의원, 서영완 박영순 의원 보좌관, 홍종원 대전시의원과 조성천 변호사 등 많은 인사들이 회원 및 초청 자격으로 자리해 눈길을 끌었다.

토론 참여자로는 정재근 전 행정안전부 차관, 강영환 시사 평론가가 참여했다.

그런데 필자가 말하려는 것은 대흥 포럼 발대식에 윤영신 가수를 초청했다는 것이다. 식전행사에 마지막으로 등장한 윤영신은 무대에 올라서면서부터 관중들로부터 대단한 환영을 받았다.

노래도 부르지 않았고 아직 인사도 하기 전이었는데도 열화와 같은 환영을 받은 이유가 뭘까? 아마도 그의 지적인 매력 때문이었으리라 추측된다. 화려한 의상도 아닌 데다가 화장도 다른 여가수들에 비해 요란하지 않았다.

여자 나이는 몇 살인지 묻는다는 게 실례가 된다. 여자의 나이는 외모에서나 행동에서 충분히 나타나기 때문이다. 그처럼 가수 윤영신은 젊고 아름다웠다.

중국에서는 절세미인을 침어낙안(侵魚落雁), 또는 폐월수화(閉月羞花)라 표현한다. 여인의 모습이 너무나 아름다워 그를 본 물고기가 가라앉고(沈魚), 기러기가 절로 떨어지며(落雁), 달이 부끄러워 숨어버리고(閉月), 꽃이 부끄러워 고개를 숙인다(羞花)는 뜻이다.

중국 4대 미인인 서시와 왕소군, 초선, 양귀비를 각각 일컫는 말인데 윤영신이야말로 그렇게 찬사를 보내도 부족함이 없는 아름다움을 지니고 있다.

그런 윤영신이 마이크를 잡았다. 그리고 〈십 분 내로〉와 그의 타이틀곡인 〈그땐 그랬지〉가 그의 목울대를 통해 울려나오기 시작했다.

참 어렸었지 뭘 몰랐었지 / 설레는 젊음 하나로 그땐 그랬지

참 느렸었지 늘 지루했지 / 시간아 흘러라 흘러 그땐 그랬지

시린 겨울 맘 졸이던 합격자 발표날에 / 부둥켜안고서 이제는 고생 끝 행복이다

내 세상이 왔다 그땐 그랬지 / 참 세상이란 만만치 않더군

사는 건 하루하루가 전쟁이더군

철없이 뜨거웠던 첫사랑의 쓰렸던 기억들도 이젠 안주거리

딴에는 세상이 무너진다. 모두 끝난 거다 그땐 그랬지

그는 매력적인 미모에 어울리게 제스처나 웃는 표정이 조금도 어색함이 없이 자연스러웠다. 음정이나 음색까지 조화를 이루고 있으니 관중들도 어깨를 들썩거리며 손뼉을 치지 않을 수 없었다.

오늘의 주제인 '대전을 흥이 넘치는 도시로 만들고 아름다운 사회로 나아가자'에 딱 어울리는 그런 노래를 불러 분위기를 띄웠던 것이다.

그러니 윤영신을 아는 기관장이나 큰 행사를 준비하는 단체에서는 그를 부르지 않을 수 없다. 애교 대신 지적인 매력을 지니고 있는 데다가 그의 아름다운 입에서 흘러나오는 음정이나 음색이 관중을 사로잡기에 충분하기 때문이다.

필자도 그가 초청받아 노래를 부르는 곳이라면 언제나 어느 곳이나 달려갈 것이다. 그래서 침어낙안도 돼 보고 폐월수화도 돼 보며 행사를 더욱 빛나게 홍보할 것이다.

아아!

  오늘 행사의 분위기를 살린 윤영신이여! 그 아름다움 영원하라. 그
래서 대전을 더욱 흥이 나는 도시, 살기 신나는 도시로 만들라.

윤영신

12

이진관 이순이 쥬리킴

풀어나갈 이야기는 많고 또 많고

이진관 가수

쥬리킴 가수

가수 이진관이 대전엘 또 왔다. 〈대전아리랑〉을 불러 유명한 허진 주 가수와 토크쇼를 하기 위해서다. 유명 가수 '쥬리킴'과 '이순이' 가 수도 토크쇼에 초대되었고 필자도 초대되었다. 그리고 '팔도TV'에서 촬영을 하여 모바일로 생방송하였다.

가수 이진관은 이 자리에서도 〈영자만 보여〉를 열창하였다. 그의 첫사랑 영자! 철없던 숫총각 시절의 순수한 사랑, 지금도 영자가 생각나는 뜨거운 가슴, 인기가요 〈인생 뭐 있어〉를 노래 부르면서 영자를 생각했고, 〈오늘처럼〉을 부르며 첫사랑 영자를 애타게 부르짖기도 했다. 비 내리는 어느 날 영자와 사랑했던 추억을 그리면서 작사를 하여 부른 노래가 모든 이의 가슴으로 다가와 지금은 인기가요 1위에 올라와 있다.

이진관은 그처럼 첫사랑 영자를 못 잊어 울부짖는다. 어디를 가나, 어디서나 영자만 찾는다. 그러나 이곳 팔도 초대석에 와서는 거짓말을 해댄다. 자기가 부른 영자는 우리 남정네 주변에 있는 일반적인 여인에 불과하다고.

장성한 아들 태루가 아버지의 거짓말을 모를 리 없다. 이제는 가슴속에만 남은 영자라는 여인을 찾아 울부짖는 아버지가 불쌍했고, 아버지 마음속에 자리 잡지 못한 엄마는 더 불쌍했다. 그래서 그도 기회가 있을 때마다 외쳐 댄다. '아버지, 엄마도 여자'라고. 자 보자. 아들 태루가 아버지 이진관에게 하는 원망의 하소연을.

"아버지, 날씬한 허리 일자로 변해도 / 예쁜 블라우스 청바지입고 / 거울 앞에 서면 엄마도 엄마도 엄마도 여자다. 아버지, 엄마도 꿈이 있고 사랑도 있다. / 몸매도 만들고 쇼핑도 하고 젊음을 찾아서 여행도 간다./ 아직도 잘나가는 엄마도 여자다. / 팽팽한 얼굴 잔주름 늘어도 예쁜 선글라스 귀걸이 달고 / 거울 앞에 서면 엄마도 엄마도 엄마도 여자다"

아들 태루는 효자다. 그래서 차마 그 노래 가사 첫머리에 '아버지'라

이진관 이순이 쥬리킴

는 명사를 붙이지 못했다. 그리고 아버지 마음속에 전혀 자리 잡지 못하고 있는 불쌍한 엄마를 대신해 아버지에게 하소연하고 있는 것이다.

그러나 진행을 맡고 있는 가수 허진주는 그러한 이진관의 속내를 감싸주고 있었다.

"가수 이진관은 아들 이태루의 매니저도 하면서 아내를 진정으로 사랑하고, 최선을 다해 부자(父子)가 팬 여러분의 가슴으로 다가가려 한다"고. 아자~~~ 아자~~~

그리고 중년을 넘겼을까 하는 미모의 여성 가수 이순이!

뜨개질을 하다 노래가 하고 싶어 가요제를 여러 번 참가해서 상도 받고, 이제는 남편에게도 인정을 받아 아예 가수로서의 활동을 하고 있다 했다.
그가 부른 신곡 〈그대사랑〉은 아직 결혼을 못한 노처녀의 애절한 호소가 담겨있는 듯 아련하게 가슴을 파고들었다.

절절한 사랑으로 / 행복했던 삶이었어요. / 애틋한 그리움은 / 사랑 있어 아름다워요.

온몸으로 당신을 / 사모하고 사랑했어요. / 눈물로 펼쳐 놓은 그대 사랑이

눈부시게 아름다워요. / 가슴 벅찬 사랑으로 남은 잔 채우리라

─이순이의 '그대사랑 1절'─

죽는 날까지 함께 살자고 애원하는 여인을 독차지하고 사는 남편은 얼마나 행복할까?

그런데 이순이 가수는 현재형을 쓰지 않고 과거형을 쓰고 있다. '절절한 사랑으로 / 행복했던 삶이었다'고. 그렇다면 헤어진 것이 분명한데 가수 이순이는 노랫말의 주인공이 자기 남편이란다. 새빨간 거짓말을 하면서도 얼굴색 한 번 변하지 않는다.

가수 이순이여! 그렇다면 당신은 누군가와 너무나도 오랫동안 사랑에 빠져있었고, 그 사랑은 결말에 이르지 못했던 것 아닌가? 그러니 영원한 동반자 곁에 있는 남편을 위해 새롭게 출발하라. 우선 폰에 기록된 그 사내의 폰 번호부터 지우고, 갱년기를 훌쩍 넘긴 그대 몸매를 남편을 위해 새롭게 치장도 하고, 남편과 함께 할 수 있는 취미를 만들도록 하라. 그런 과거를 모르고 당신을 따라 다니며 매니저 노릇하는 남편이 불쌍하지도 않은가? 아자~~~ 아자~~~

가요계의 거물급하면 당연히 쥬리킴을 꼽지 않을 수 없다. 그만큼 가요계에서는 널리 알려진 중견 가수인 것이다. 어려서부터 부유한 가정에. 외동딸로 부러움이 없었지만 외국에 13년 동안 있으면서 어

린 자식과 부모형제를 그리워하며 작사를 했고, 노래도 불렀다. 그리고 그를 위해 모든 걸 바치시던 어머니가 연로하여 거동이 불편할 때 8년 동안 대소변 받아내며 어머니를 보살폈다 한다. 그뿐만이 아니다. 못 다한 효도를 노래로 바치며 사업을 하고, 방송제작을 하며 신인가수들을 키워주는 등 바쁜 일정으로 살아간단다.

그는 "어르신들을 위해 효 잔치를 해드리는 아름다운 선배가 되고 싶다"고 입버릇처럼 말하며 후배를 위하고 어르신들을 공경하는 데 앞장서고 있다.

그가 어머니를 생각하며 부른 〈어머니〉를 보자.

어머님 두 손을 잡고 하염없이 눈물만 흘려봅니다. / 그 옛날 그 상처에 약 한 번 못 바르고
나만 보며 살아온 당신. / 내게 주신 사랑만큼 주름이 지고 비바람 칼바람에 날 지켜주시던
어머님 가지 마소 / 가신다면 다음 생에 그대의 자식으로 / 또 한 번 살게 해 주오
노래 부르며 쥬리킴도 울었고, 방청석 관객들도 눈물을 흘리며 위로했다.

이 노래는 쥬리킴의 디바쇼 때 상여가 나오는 대규모 퍼포먼스로 유명한 곡이며, 어머니의 49제를 디바쇼에서 한 것으로도 더 유명하

다. 〈어머니〉노래 리허설 당시 멈추지 않는 눈물 때문에 얼굴이 많이 부은 채로 무대 위로 올라가야만 하는 안타까운 상황도 있었다고 했다. 그의 효심 어린 눈물 때문인가? 이 노래가 가요 차트 순위에 오르게 된 것이.

특히 이 노래는 어머니가 생존해 계실 때 부른 노래로도 유명하다. 어머니께서 다리가 점점 마비되어 가셨지만 노환(老患) 때문에 마취를 하면 깨어나지 못할 수도 있다 해서 수술조차 못하시고 고통스럽게 명(命)을 이어가시는 모습을 눈앞에서 보면서 어머니에 대한 미안함과 안타까움이 노래 속으로 스며들은 가슴 아픈 노래이다.

그는 팔도TV 녹화 중에도 이 노래를 부르며 어머니를 찾았고 눈물을 흘렸다.

그리고 그는 '어머니는 나의 음악의 시작이자 끝'이라고 하며 그 특유의 음색을 가미하여 어머니에 대한 애절한 그리움을 표현해 청중들의 눈물을 선물로 받았다. 그는 한때 맨발의 이사도라였고 현재는 금융업계의 마당발로 통하는 성공한 사업가라 한다. 젊은 시절에는 무용단을 만들어 10년 동안 해외공연을 하며 국위선양을 했는가 하면, 귀국해선 금융업에 뛰어들어 나보란 듯이 성공한 사업가로 자리 잡았다 한다.

쥬리킴의 지극한 효심!

이진관 이순이 쥬리킴

아~아, 효녀 쥬리킴이여!

버팀목이 되어 주신 어머니를 편히 놓아드려라. 그리고 먼 훗날 그 어머니의 딸로 다시 환생하기를 빈다.

쥬리킴,

지금 이 시간, 당신은 무대 위에서 어머니를 부르며 울고, 나는 이 글을 쓰며 그대의 효심에 감동되어 눈물을 흘린다.

아~아 어머니, 어머니!

13

임채원

작명(作名)의 명인(名人) 임채원 원장

임채원 작명원 원장

내가 그의 이름을 불러주기 전에는

그는 다만 하나의 몸짓에 지나지 않았다

내가 그의 이름을 불러주었을 때

그는 나에게로 와서 꽃이 되었다

ㅡ 김춘수, 〈꽃〉

김춘수의 시에 등장하는 〈꽃〉이라는 제목의 시이다. 내가 불러주기 전에는 '나'와는 아무런 상관없는 꽃이었다. 그러다가 내가 그의 이름을 불러주었을 때 의미 있는 꽃으로 다가와 '너와 나'라는 관계가 성립되었다.

우리는 새로운 아기가 태어나기 전 많은 고민을 하게 된다. 어떤 이름을 지어줘야 부르기 쉽고 사랑받으며 성공하는 아이로 자랄 수 있을까 하고 말이다.

지난해 외국인이나 내국인들에게 부르기 좋은 우리말로 이름을 지어줘 허태정 시장님으로부터 표창을 받은 작명가 임채원 원장이 이번에는 작명분야의 명인(名人)에 선발되어 인증상을 받았다.

그는 언제나 한글로 된 이름을 지어주기로 이름난 분이다.

한글로 된 아름다운 이름은 부르기 쉽고, 이름에 따라 인격도, 품위도 달리 나타난다. 옛날에 부모님께서 지어주신 '언년', '막동', '순분', '봉녀' 같은 이름은 현대감각에 맞지 않아 이름 고치기를 희망하는 분들이 많고, 해석하기 어려운 한자로 된 이름들이 많아 고민하는 분들이 많다.

임채원 작명가는 '행복봉사단'이라는 봉사단체를 만들어 요양병원이나 주간보호센터 등을 찾아다니며 이러한 어르신들을 개명해 주는 데 솔선수범하고 있으며, 국내에 거주하고 있는 외국인들에게도 한글로 된 한국식 이름을 지어주어 보람을 가질 수 있도록 돕는다. 이 소문을 듣고 외국에서까지 작명을 받기 위해 찾아오는 사람들이 많이 늘

고 있다 한다. 이렇게 13년이라는 오랜 시간을 작명원을 운영하면서 국내에 거주하는 외국인은 물론 옛날에 부모님께서 지어주셨던 천박하게 들리는 이름을 가진 어르신들에게는 무료로 개명을 해드리는 등 한글 보급에 힘쓰고 있다. 이런 봉사활동으로 EBS 장수의 비밀, KBS 아침마당, KBS 황금연못 등 여러 차례 TV에 출연하여 작명에 대한 이론을 전개하기도 하였다.

대부분의 사람들은 부르기 쉬운 이름, 지적(知的)인 이름, 인격이나 품격이 내포돼 있는 이름 갖기를 선호하고 있다. 개명으로 인해 오랫동안 앓고 있던 지병이 치료된 분들도 여럿 있다고 한다.

임 원장의 친정어머니 정원교 여사도 골수염, 불면증과 우울증으로 고생하다가 '정원교'라는 이름으로 개명해 부르게 되면서 86세의 연세인데도 제10회~제11회 효문화뿌리 축제와 지난 10월 9일 한글날 기념 행사 때 시낭송, 연극 등에 출연하며 건강한 생활을 하고 계시다.

임 원장은 또한, 일본인으로 2013년 9월 한국으로 시집온 "히로미"의 이름을 한국 이름 김미정으로, 그의 오빠 "모토히로"와 새언니 "나오꼬"도 한글 이름으로 개명해 주는 등 일본인에게도 한글 이름을 보급하고 있으며, 그 외에 후키, 사유리, 모모코, 세츠카, 토모코, 치카, 츠바사, 히토미 등등의 이름을 한글로 지어주어 즐거운 삶을 살아가게 하였다.

그 외에도 한국인 신랑을 따라 온 베트남인 레티홍능을 비롯, 르우

　　　　　　　　　　　　　　　　　　　　　　임채원

티항, 팜티응아, 쯔엉티쿠엔, 옥타타오린, 응우티엔빈, 응우우엔, 쯔엉 티투 등에게 한글로 된 이름을 지어주어 베트남인들에게도 한글을 보급하는 데 공을 세우고 있다.

중국인인 류보, 린바오, 왕융, 리강, 리웨이, 장융 리나, 매이메이 등에게도 한글로 이름을 지어주었으며, 미국인인 제임스, 마티나, 예스더, 줄리엔, 메이슨, 마이클에게도 개명을 해주어 보람을 가지고 살아가게 하였다.

인도인, 필리핀인 중에서도 개명한 사람이 많다. 다문화 가정이 늘어나면서 한국 국적을 취득하기 위해 한국 이름으로 개명하는 사람들이 많아지고 있는데 다문화 가정으로 시작된 개명은 현지인으로 전파되어 한글 이름으로 살아가는 외국인이 1000여 명에 이르고 있다.

그녀의 이야기는 이뿐만이 아니다. EBS1 "장수의 비밀" 프로에 출연, '모녀봉사'라는 이름으로 엄마를 모시고 다니면서 봉사하는 내용이 2016년 1월 25일 방송되었고, KBS1 "아침마당"에 '신바람 나는 모녀'라는 제목으로 엄마와 함께 봉사하는 즐거움을 다룬 내용이 2019년 4월 12일에 방영되었으며, KBS1 "황금연못"이라는 프로에 '황금빛 내 인생'이라는 제목으로 출연해서 효녀 딸을 두어 행복한 삶을 살고 있는 엄마를 다룬 내용으로 2019년 9월 21일 방송되었다. 그 밖에도 대전 라디오 방송과 TV도 여러 번 출연했다.

내가 그의 이름을 불러주었을 때

그는 나에게로 와서 꽃이 되었다

    이름이 부르기가 나쁘다거나 지적인 매력이 없는 분은 임원장 집무실을 노크해 보시기 바란다. 그래서 다른 분들과 꽃이 되는 좋은 인연 가지시기 바란다.
    대전에서 이름 잘 짓는 곳 하면 임채원 작명원이라고 이제 알 만한 분들은 잘 알고 있다.
    임채원, 그는 작명의 대가이기 때문이다.

계족산의 요정, 정진옥의 또 다른 변신

정진옥 소프라노

손오공은 변신의 달인이다. 그가 변신할 때마다 새로운 싸움이 전개되고 그때마다 손오공은 통쾌한 승리를 이끌어 내어 우리를 즐겁게한다. 또한 세계 어린이들은 물론 어른들까지도 그리스 로마 신화를즐겨 읽는다. 그리스 신화는 여러 가지 관점에서 볼 수 있는데, 변신에초점을 두고 읽기도 한다.

계족산의 요정이던 성악가 정진옥도 손오공이며 그리스 로마 신화에 나오는 주인공처럼 변신의 달인이다. 여름철에는 계족산을 찾는 많은 관광객들에게 노래로 즐거움을 선사하고, 겨울에는 유성의 '티아스 아웃'이라는 커피숍에서 조용한 선율로써 행복을 선사한다. 코로나19가 극성을 부리자 대중가수로 변신해 우리 곁으로 다가온 것이다.

그런 그가 30년 넘는 음악생활 중 첫 앨범을 발표했다. 소프라노지만 다양한 장르의 음악을 노래하며 대중과 함께해 온 경험을 바탕으로 여러 장르의 음반을 내게 된 것이다.

코로나19로 활동을 하지 못한 그녀는 유튜브로 소통하며 지내던 중 댄서에 도전하면서 심사위원으로 온 박홍순 작곡가를 만나 대중가요 곡을 받기도 했다.

40~50대의 사람들에게 추억을 불러일으킬 잔잔한 스윙리듬의 가요로 〈추억이 내리는 거리에서〉란 제목의 노래는 그녀의 부드럽고 차분한 음색에 잘 맞는 곡으로 좋은 평가를 받고 있다.

보자, 그가 부르고 있는 가곡 추억의 노래를.

'추억이 내리는 거리에서'

또 다시 거리엔 어둠이 내리고 / 그대의 눈을 닮은 가로등 불이 켜지면
그 불빛 따라 한없이 발길을 옮기면 / 어느새 추억의 그 자리
추억이 눈처럼 내리는 이 거리엔 / 수많은 사연들이 하나 둘 쌓여가고
그 눈길 따라 한없이 발길을 옮기면 / 또다시 추억의 그 자리

　　　　　　　　　　　　　　　　　　　　　　　　　　정진옥

사랑을 하면 더욱 커져만 가는 / 그대 향한 이내 사랑은
자꾸만 작아지는 이내 가슴은 / 아프게 조여 오네요
사랑을 멈춰야만 아픔도 멈추겠지만 / 이렇게 사랑은 이렇게
추억을 찾아 헤매네—

또 다른 한 곡은 이기숙 작사 작곡으로 〈좋아좋아〉라는 제목의 트롯곡이다.

코로나19로 어려운 시절 모두가 힘든 이 시기에 힐링을 줄 수 있는 곡이고, 대전지역 '정영미 머슬댄스핏협회'의 댄스팀 댄스와 함께 멋진 뮤직비디오를 찍기도 하였다.

보자 이 노래도.

'좋아좋아'

좋아좋아 니가 좋아 / 좋아좋아 니가 너무 좋아 / 좋아좋아 니가 좋아 / 왜 이제 왔니.
넌 내 스타일 / 나의 이상형 / 첫눈에 반했어 / 가슴에 담고 / 눈에 넣어도 / 보고 싶은 내 사랑
그게 바로 너야.
하늘이 준 선물 / 무슨 말이 필요한가요 / 너의 모습 이대로 / 널 사랑해 / 우리 서로 세상 끝날까지 / 헤어질 수 없는 사이 세상 끝날까지
하늘의 달도 / 하늘의 별도 / 널 위해서라면 / 따다 줄 거야 / 눈에 넣

어도 / 보고 싶은 내 사랑

그게 바로 너야 / 하늘이 준 선물 / 무슨 말이 필요한가요

우리 사랑 이대로 / 널 사랑해 / 우리 서로 세상 끝날까지 / 헤어질 수 없는 사이 세상 끝날까지―

〈추억이 내리는 거리〉, 〈좋아좋아〉 이 두 곡은 서로 다른 느낌의 곡으로 대전지역을 기반으로 하는 작곡가 님의 곡이고, 두 곡 다 정대겸 감독님에 의해 뮤직비디오로 만들어졌다. 정진옥 단장은 주변의 멋진 지인들이 이 어려운 시기에 기꺼이 함께 음반 작업을 해주어서 행복하다고 말한다.

음반출시와 동시에 cmb에 출연해 '청춘을 돌려다오'와 '날마다 좋은 날' 등 방송출연도 했고 앞으로도 더 왕성한 활동을 할 수 있을 거라 기대가 크다.

지금은 코로나19로 공연을 못 하지만 꾸준하게 변신하며 연습하고 노력하는 그녀를 필자는 서유기의 주인공 손오공처럼 사랑하고 싶다. 요즘 그녀는 서울 유명 작곡가, 작사가의 곡을 연습 중이란다. 코로나19로 발표가 지연되고 있지만 곧 3번째, 4번째 곡이 나올 예정이란다.

클래식과는 전혀 다른 스타일의 4곡을 다 소화할 수 있는 것이 그가 지닌 능력과 매력이기에 기대가 크다.

그녀는 항상 꿈을 꾸고 도전하며 변신한다. 그러면서 셀린디온 같은 가수가 되고 싶다고 말한다. 10년 전 클래식계의 이단아처럼 클래식에 웃음과 댄스 등 연극적 요소를 넣어 클래식을 대중과 가깝게 하

정진옥

는 데 기여했고, 산에서, 지하상가에서, 길거리나 커피숍에서 노래하고 클래식, 뮤지컬곡, 가요, 트롯을 부르면서 댄스까지 하는 그녀는 품위를 잃지 않는 지적인 매력을 늘 유지하고 있다.

그녀가 대중들에게 한 발자욱 더 다가가는 가수가 되어 더 많은 즐거움과 힐링을 전할 수 있기를 소망해 본다.

따뜻한 가슴으로 다가오는 소프라노
조용미 교수

필자는 며칠 전 중도일보에 소프라노 조용미 교수에 대해 글을 쓴 적이 있다.

'예술감독 조용미 목원대학교 겸임교수는 가슴이 따뜻한 음악가'라고.

그리고 '가슴이 따뜻한 음악가는 후진들에게 아름다움을 추구하는 예술성 있는 음악을 심어준다. 처음에는 끼가 있어 시작했던 음악이 조용미 교수의 손을 거치게 되면 목숨을 걸 정도의 신념을 갖게 된다.'

고도 했다.

이처럼 음악인은 물론 삶을 살아가는 모든 사람들이 마음이나 태도에서 '따뜻한 사람'이라는 자격증을 부여하게 된다면 얼마나 좋을까?

요즘은 코로나19로 어느 기관이나, 식당, 가게에 드나들게 될 때 체온부터 잰다. 사람의 정상체온 36.5도다. 이 온도는 차지도 뜨겁지도 않은 적당히 따뜻한 온도인 것이다. 사람들은 살아가면서 차갑지 않은 따뜻한 가슴으로 사람을 대하고, 뜨겁지 않은 머리로 판단할 수 있는 적정한 온도를 가진 사람들을 만나면 경계심이 사라지고 마음부터 편안해진다.

음악교사 이상덕 선생은 조용미 교수를 필자에게 소개하면서 가슴이 따뜻한 성악가라고 하였다.

따뜻한 말을 하고, 따뜻한 마음으로 대하며, 따뜻한 사랑으로 미소를 짓는 사람들이 많을수록 세상은 밝아지고 인간관계가 믿음으로 이어진다. 그러나 대부분 음악을 하는 사람들은 성격이 메마르다. 자기가 들고 다니는 악기는 사랑하되 그 주변 사람들과의 관계는 원만하지 못하다.

그러나 소프라노 조용미 교수.

그는 목원대학교 음악교육과에서 성악을 전공하고 이태리 P,Mascagni 국립음악원을 졸업하였으며, 이태리 G.Donizetti 아카데미 최고연주자 과정 및 오페라 전공 Diploma를 수료하였다.

유학 중 국제성악콩쿨 Opera Rinata 1위, G.Donizetti 2위등 다수의 대회에서 입상하였으며, 귀국 후, 대전과 대구를 기반으로 오페라 〈Carmen〉, 〈봄봄〉, 〈Don Giovanni〉, 〈Die Zauberflote〉, 〈Romeo et Juliette〉, 창작오페라 〈두 시선〉, 〈꺼지지 않는 촛불(초연)〉 등, 다수의 작품에서 꾸준하게 주역으로 활동하며 전문적인 오페라 가수로 인정받고 있는 유망주다.

현재 목원대학교 성악뮤지컬학과에서 후학을 가르치며 예술교육사업이자 청년성악앙상블 육성 예술단체인 대전창작문화예술연구소 대표로 음악의 지평을 넓히고 있다고 했다.

유럽에서는 1970년대 초 "우리 시대의 가장 위대한 소프라노 가수"에 대한 설문조사를 실시한 적이 있었는데, 조사 결과 1위에는 슈바르츠코프, 2위에 마리아 칼라스(Maria Callas), 3위에 빅토리아 데 로스 앙헬레스(Victoria de Los Angeles)가 선정되었다는 말을 들은 적이 있다.

우리나라는 물론 우리 대전에도 내로라하는 성악가는 수없이 많다.
그러나 필자의 가슴에 남는 성악가는 가슴이 따뜻한 성악가로 몇이 되지 않는다.
오페라 가수로서의 성공적인 성악가가 되려면 좋은 목소리 이외에

조용미

도 음색 또한 청중들의 가슴을 파고들어야 하며, 지적인 외모 또한 무시할 수 없고, 공연 후 관객들을 맞이하는 태도가 겸손하고 부드러워야 할 것이다.

그래서 소프라노 조용미 교수에게 거는 기대가 큰 것이다. 대전의 이름난 작곡가나 작사가들이 그에게 곡을 맡기려 하는 이유가 조용미 교수가 위에 말한 모든 것들을 갖추고 있기 때문일 것이다.

군계일학(群鷄一鶴)이란 말이 있다. 그럴수록 더욱 겸손하고 선배들을 모시며 후학들에게 좋은 지도자가 되기를 바란다. 조용미 교수에게 거는 기대가 크다.

가무락기(歌舞樂技) 향연(饗宴)의 주인공
지유진

지유진 판소리 대가

소리꾼 지유진!

그는 중요무형문화재 제5호인 오정숙 동초제 판소리 이수자로 동초제 춘향가를 8시간 완창한 대전이 낳은 국보급 소리꾼이다. 대전 문정초, 탄방중, 대전예술고등학교를 졸업하고 중앙대학교 국악대학 음악극과를 졸업한 수재다.

왜 그를 그렇게 요란하게 추켜세우느냐고 반문하는 이도 있을 것이다. 당연하다. 그는 전주 완산에서 개최된 '전국 국악 대제전'에 출연하여 대상(국회의장상)을 거머쥐었고, 지유진 퓨전국악앨범 "연" 1집을 내었으며, 한국의 소리 보존회 대표를 맡고 있다.

어디 그뿐인가? 천재소리꾼 지유진은 그 특유의 음색을 가미해 우리 소리로 맛과 멋을 만들어내는 장인(匠人)이다. 그의 목울대를 타고 나오는 소리는 '맛'으로 승화되어 가슴으로 파고들고, 또 다른 소리인 '멋'은 눈과 귀를 통하여 머리로 파고들게 하는 재능을 지니고 있다.

멋과 맛의 조화!

이는 천재 소리꾼 지유진만이 가능한 것이다. 그래서 지유진은 대전의 자랑스런 보배요, 판소리계의 유망주로 각광을 받는 것이다.

그런 그가 2018년 8월 26일 일요일 오후 2시, 그 문하생들과 함께 중구문화원을 찾았다.

필자는 그의 공연을 2017년 12월 21일(목) '대전 무형문화재 전수관'에서 처음 보았고, 2018년 8월 18일(토) 평송문화센터 앞마당 특설무대에서 두 번째로 보았다. 그리고 그가 '천재 소리꾼'이라 불려도 손색이 없다는 것을 알게 되었다. 그는 선배들이 이룩해 놓은 판소리를 지키고 흉내 내는 것만이 아니라 새로운 것을 도전하고 창작해 내는 소리꾼이었다. 더군다나 그의 미모(美貌) 역시 실력을 뒷받침하고 있었다. 그런 그가 오늘 공연에서는 춘향가의 〈사랑가〉 대목을 20여 분이나 쉼표 하나 빠트리지 않고 아니리까지 흥얼대며 선을 보였다.

어디 그뿐인가?

그는 동초제 춘향가를 전반부 4시간, 후반부 4시간 도합 8시간을 완창한다니 다시 한번 그의 두뇌가 어떠한지를 짐작할 수 있을 것이다. 혹자는 아무리 머리가 좋다고 하더라도 알파고만 하겠느냐고 말할 것이다. 물론 그렇게 비아냥거릴 수도 있다. 그런 사람은 하나만 알았지 둘은 모르는 바보인 것을 스스로 내보이는 사람이다. 알파고는 과학자들이 입력한 것에만 충실한 답을 내는 것이다. 그런데 지유진 그는 선조들이 생각도 못했던 '웃자'라는 판소리를 스스로 창작해 낸 데다가 춘향과 이몽룡의 사랑 대목을 자유자재로 각색하여 이몽룡을 완전히 자기 사람으로 만들어 내는 기술을 가지고 있다.

판소리는 혼자서 1인 다역을 하는 연기다. 사또도 되었다가 춘향이 역할도 한다. 아니리(연기)에 소리(노래)도 해야 하고 때로는 발림(몸짓)도 하는 등 1인 뮤지컬을 하는 게 소리꾼이다. 거기에 고수(鼓手)와 호흡을 함께하고 관객들로부터 '얼씨구! 잘한다' 등의 추임새도 받아내야 한다.

오늘 공연의 제목을 보라. '가무악기(歌舞樂器)의 향연'이라 하지 않고 '가무락기(歌舞樂技)의 향연(饗宴)'이라 한 이유를. '가무악기(歌舞樂器)의 향연'이라 했다면 '가(歌)'와 '무(舞)'를 위한 악기들의 향연이 되는 것이요, '가무락기(歌舞樂技)의 향연(饗宴)'이라 했기에 '가무(歌舞)'를 즐기기 위한 놀이마당이 되는 것이다.

지유진

그리고 장래유망주로 떠오르고 있는 어린 소리꾼 전서영.

그는 국보급 명창 지유진이 온갖 정성을 다해 키우고 있는 제자라 했다. 아직 초등학교 6학년인 그는 벌써부터 '제2회 세종 전국 국악 경연대회'에서 초등부 대상을 수상했고, '제4회 설잠 추파문화예술 경연대회'에 출연해 대전 교육감상을 수상한 귀재라 했다.

그리고 그의 소리를 전수받으려는 성인(成人) 제자들. 박건호를 비롯하여 최선영, 길민자, 송하선, 송윤영, 김기옥, 김현숙, 오자임, 함용재, 최예자, 박병곤 등.

지유진이 이끄는 '한국의 소리 보존회' 정기공연은 이번 춘향가 초입부분으로 시작해서 매년 다음 장면으로 이어지는 형식으로 꾸며낼 예정이라 한다. 장래 유망주인 진서영 소리꾼도 주인공으로 출연한다니 어찌 궁금하지 않으랴. 당시 인기 절정에 있던 이몽룡을 이 두 스승과 제자가 자신들의 뜻대로 쥐락펴락하는 솜씨를.

필자는 간절히 당부하고 싶다.

요즘 서양 가곡이나 오페라, 가요에 밀리고 오케스트라에 밀려 제자리 지키기에도 힘든 우리 노래 판소리나 민요를 지키자. 정부나 관계기관에서 이들 소리꾼 전수자들을 발굴하고 양성하는 데 더욱 관심 가져주어야 한다. 그래야만 이토록 훌륭한 예술이 빛을 잃지 않을 것이다.

대전이 낳은 오페라단의 거장, 지은주

대한민국 오페라단 부이사장 지은주.

그는 대전이 낳은 오페라단의 거장이라고 감히 말하고 싶다.

왜 그럴까?

대전오페라단 단장이라 그런 것은 아니다. 내가 본 지은주는 대전 오페라단 단장으로 독일에서 성악을 대학원까지 공부하고 왔으며, 한 국에서는 일반대학원에서 경제학과 회계학을 전공하여 행정이나 경 영에서 남다른 시각을 가진 인재이다. 그가 전국 오페라단의 활성화 를 위해 활약하고 있는 수준 역시 눈에 띄게 남다르다.

보자,

지난 10월 16일 국립오페라단이 국회의원회관에서 '대한민국 오페라 100년을 향한 준비'라는 주제로 오페라 발전을 위한 심포지엄을 개최했을 때의 일이다.

　국립오페라단과 대한민국오페라단연합회, 이상헌 국회의원실이 공동으로 주최한 이날, 지 단장 외에도 이장직 전 중앙일보 음악전문기자와, 작곡가 이영조 씨 등도 참석하여 발제를 맡은 자리였다.

　그는 이 자리에서 '국공립 및 민간오페라단의 역할과 운영 방향 제언'이라는 주제로 "민간 오페라단들이 협찬사와 후원자를 유치하지 못해 경제적인 어려움을 겪고 있다"고 말한 후, "문제점을 해결하기 위해서는 민간 예술단체들을 위한 더 많은 공공부문의 예산확보가 필요하다"고 주장했다.

　그는 이어서 "기부 활성화는 민간오페라단에게는 자생력을 높여주는 토양과 같이 중요한 부분"이라며 기부 확산 필요성도 역설했고, 국민들의 기부금 가운데 종교단체에 내는 기부금이 25%, 해외구호 15%, 시민단체와 정치인 3% 등인데 예술문화단체에 주는 후원금은 0.2%에 그친다고 토로했다.

　언제 이렇게 연구하고 발로 뛰어 다녔는지 모를 지은주 단장은 "기부가 기업 이미지 향상에 크게 도움이 되지 않는다고 생각하는 기업들에 기부 문화를 어떻게 인식시킬지도 연구해야 할 과제"라고 토로하며 이 밖에도 민간오페라단의 회계 투명성 확보, 사업을 통한 자체 수익 창출, 마케팅 능력과 창의적인 콘텐츠 개발이 절실히 필요하다고 논리적으로 논거를 대며 주장했다.

또한, 국공립오페라단에 대해서는 "해외 관람객 유치 등 더 나은 관객 기반 확충은 물론이고 관객의 교육적 측면을 고려해 관객의 성장을 단계적으로 유도하는 프로그래밍을 해야 한다"고 조언하며, "국공립오페라단의 운영은 정권이 바뀔 때마다 나오는 인사 논란을 먼저 해결해야 한다"며 "국내외 오페라 제작 운영 및 기획 전문성과 행정 능력을 겸비한 현장을 아는 전문가가 필요하다"고 말했다.

그 외에도 지은주 대한민국 오페라단 연합회 부이사장은 한국공립예술단체와 전속극장과의 관계재정립, 합당한 예산의 안정적인 지원 필요성도 언급했다.

대한민국오페라 발전을 위해 마련된 장장 3시간 30분이 넘는 심포지엄 시간.

오페라계의 절박한 상황과 문제점을 이처럼 논리적으로 지적한 후, 당국의 절대적 지원 요청을 제시하였으며, 민간오페라단과 국립오페라단이 협력하여 대한민국의 오페라 발전을 위해 나가는 방향을 제시하는 그이기에 필자는 그를 '대전이 낳은 오페라단의 거장'으로 보는 것이다.

지은주 대한민국오페라단연합회 부회장이여!
살신성인하라. 결코 후세에 헛되지 않을 것이다.

지은주

충청서도 작가회

충청 현대 서예의 흐름을 한눈에 엿볼 수 있는 묵향 그윽한 전시 작품들

중부권의 문인들이나 예술가들은 한국서도협회 대전·충남지회장으로 계신 조태수 님을 모르는 분이 없을 것이다. 문단에 등단하거나 수상을 할 때마다 '文香萬里'라고 쓰인 족자를 받지 않은 사람이 없을 정도이기 때문이다.

이번에 그분이 지회장으로 있는 (사)한국서도협회 대전·충남지회에서 지난 6월 30일 대전예술가의집 3층 전시실에서 '제2회 충청서도정예작가전' 및 '제16회 충청서도초대작가전'을 개최했다. 이 전시는 7월 4일까지 관객을 맞이한다.

이번 '충청정예작가전'에는 충청서도대전에서 초대작가로 선정된 작가들 중 초대개인전을 연 30명의 작가가 참여했다. 묵향 그윽한 전시 작품을 감상하며 충청 현대 서예의 흐름을 한 눈에 엿볼 수 있는 전시다.

'제16회 충청서도초대작가전'에는 서예 및 문인화, 전각작품 등 묵향을 담아낸 작품 168점(임원·이사 작품 42점을 포함)의 수준 높은 작품들을 선보였다.

이날 '제13회 올해의 초대작가상'에는 소안 윤경숙 선생이 선정됐다. 윤 선생은 추사체를 전공한 전업 서예가로서 지회에 기여한 공이 크며, 작품성과 창작성이 뛰어나다. 새로 신설된 '정예작가상'에는 우석 김철기 선생이 선정됐다.

조태수 회장은 "충청정예작가전에 참여하신 작가 분들은 충청서도대전의 등용문을 통해서 배출된 작가들로 대한민국서도대전에서도 초대작가 반열에 오르신 분들"이라며 "충청정예작가 분들이야 말로 홍로에 백번 단련하여 만들어진 정금(精金)이시고 한고(寒苦)를 이겨내고 맑은 향기를 내는 매화와 같은 분들"이라고 찬사를 보냈다.

또 조 회장은 "올해 제13회 초대작가상 수상자이신 소안 윤경숙 선생은 작품성과 창작성이 뛰어난 작가이며, 새로 신설된 정예작가상은 충청서도 발전에 기여한 공을 인정받아 원로작가이신 우석 김철기 선생이 선정됐다"고 말했다.

한편, 충청서도협회는 2003년 창립되어 2004년 11월 창립전을 시작으로 해마다 충청서도대전 및 충청서도초대작가전 및 정예작가전, 대표작가8인전 등을 개최해 오고 있다. 현재, 700여 명의 회원이 활동하고 있는 대전·충청권 최대 서예단체다.

이분 작가들이 정성들여 쓴 예서체에는 한문 서예의 고전과 전통의 미를 고스란히 담겨 있다. 착실한 내공과 담대함이 돋보이는 작품들이 즐비하다.

특히 '예서'는 점획이 간결하고 부드러워 중국 진나라 때 천한 일하는 노예라도 쉽게 익혀 쓸 수 있도록 만들었다고 전해지는데, 그 자체가 예술이다.

　대부분 서예작가들은 연세가 드신 분들인 데다가 여성 작가 또한 60대주부들이 대부분이다. 직장을 퇴직했거나 하던 사업을 후손들에게 물려주고 무료함을 달래거나 취미 생활을 하고 싶을 때 문방사우(文房四友)만 갖춰지면 집에서도 혼자 붓글씨를 즐길 수 있다.
　보라, 그동안 집에만 있어 지루하고, 쓸쓸하고 우울증이 생길 것 같은 때가 어디 한두 번이었던가?
　서예의 좋은 점은 먹을 갈며 묵향을 즐기고 한 곳에 집중을 하게 되어 집중력이 향상된다는 것이다. 우울증이 어디 있고, 서글픔이 어디 있단 말인가?
　이번에 선보인 서정목 교수의 작품만 보더라도 어찌 보면 古木이고 자세히 보면 나목(裸木) 같은 나무에 예쁜 연분홍 꽃들이 올망졸망 피어나지 않았던가? 기술이다. 고목도 아니요, 그렇다고 나목같이 보이는 나무에 꽃망울을 맺게 할 때의 기분이 어떠했을까?

　또 보자, 이분 하림(霞林)김기화 서예가의 딸과 사위에게 보낸 편지를.
　사랑하는 딸 효원이는 4월에 푸르름을 안고 태어났다 했다. 그리고 7월의 따가운 햇살을 만끽하며 제2의 인생 발걸음을 내디뎠다 했다. 사위인 세웅군을 만났다는 것이다. 그리고 기대도 컸다. 10월의 황금 벌판처럼 무르익을 것이고, 눈 내리는 12월, 눈 덮인 백지 위에 인생의 그림을 맘껏 펼쳐보라 했다. 필자도 당부 좀 하자. 눈 덮인 백지 위에 아들 딸 구별 말고 셋 이상을 낳아 나라에 충성도 해보라고.

그리고 이분 효정(曉庭)배순이 서예가.

유명한 도연명의 四時를 전서체 가운데 금문(金文)을 택하여 그의 마음속 깊은 곳에서 교묘히 교차되는 심정을 읊어 낸다.

—(도연명의 사시(四時))—

춘수만사택(春水滿四澤)
하운다기봉(夏雲多奇峯)
추월양명휘(秋月揚明輝)
동령수고송(冬嶺秀孤松)

(봄물은 사방의 호수를 채우고, 여름구름은 기이한 봉우리를 만들고, 가을달은 높이 떠 밝게 비추는데 겨울 고개에 외로운 소나무가 빼어나구나)

고등학교 학생이면 누구나 아는 이 시.

효정 배순이 작가는 이 시를 금문으로 쓰며 얼마나 외로운 마음을 달래었을까?

겨울 고개에 빼어난 소나무를 보며 자신의 심정을 '겨울 고개에 외로운 소나무'로 표현해 외로움의 극치를 보인다.

그러나 효정 배순이 작가여, 외로워하지 말라. 그대 곁에는 문방사우가 늘 함께 있고, 조태수 회장을 비롯해 수백 명의 동료 서예가들이

충청서도 작가회

곁에 있지 않은가? 거기에 필자까지도 그대의 외로움을 알고 필을 놀려 그대를 위로하고 있지 않은가?

이왕 말이 났으니 효정(曉庭)이 즐겨쓰는 금문에 대하여 더 짚고 넘어가자.

금문의 '金'은 중국 고대 청동(靑銅)을 의미하는 것으로, 금문은 청동기를 주조할 때 주물 틀 거푸집에 새겨 넣은 글자들인데, 이로 인해 금문의 다른 명칭으로 청동기의 대표적인 유물인 악기류(樂器類)의 쇠북[鐘]이나 예기류(禮器類)의 솥[鼎]의 이름에서 유래해 종정문(鐘鼎文)이라고도 한다.

그 어려운 글씨체를 효정 배순이씨가 이번에 전시했던 것이다.

기대가 크다. 제2회 충청정예작가전에 참여한 작가들과, 제16회 충청서도 초대작가전에 출품하여 대전 서예가들을 빛나게 한 분들이 수백 명에 이르고 있다는 것이. 그리고 고맙고 감사하다. 이 전시회를 준비하시느라 밤잠을 못 이루시며 노심초사하셨을 조태수 회장님을 비롯하여 임원님들의 수고는 결코 헛되지 않을 것이다.

끝으로 수준 높은 이분들의 작품을 더 소개해 드리지 못함이 아쉬움으로 남으나 내년에도 후년에도 기회가 있을 것이다. 혹시 개인전이라도 열게 되시면 연락주시라. 달려가 작품에 담긴 정서와 묘미를 함께 감상할 것이다.

풍류

퓨전국악 풍류의 멋진 공연

퓨전국악의 대표 조성환이 이끄는 퓨전국악그룹 풍류가 나현아 단장이 이끄는 아토무용단과 함께 4월 27일 오후 5시에 세종문화회관에 와서 공연을 한단다.

조성환 단장을 비롯하여 김영덕 부단장, 고애니 악장, 김보경 국악타악, 임현정 첼로, 신주형 해금, 차정희 대금, 이슬 소금, 변가온 피아노, 지유진 국악가요, 신주형 소프라노, 정태영 객원타악 등 얼마나 그리운 얼굴들이냐!

  필자는 1년 전 최민호 교수내외, 최교진 세종시 교육감내외분과 어깨 들썩거림의 신나는 공연을 본 후 생각날 때마다 이들의 공연하는 모습이 환상으로 떠올라 잊을 수가 없었다.

  그런데 보라!

  올해는 이들이 '안탁갑'이라는 세종대왕의 애인을 소재로 하여 아토 무용단의 나현아, 김지윤, 홍성지, 신정민 등의 미녀 미남 무용단의 황홀한 춤사위와, 천재소리꾼 지유진 그 특유의 음색을 가미해 안탁갑의 애타는 심정을 풀어낸다 하니 가슴이 뛰지 않을 수 없다. 까짓 돈 입장료 2만원이 문제랴? 그 즐겁고 신명나고 행복했던 순간이 여운으로 남아 1년 내내 그리워하게 되는 것을.

  부족한 지면에 왜 연주자 모두의 이름을 넣느냐고 반문하지 마라. 잊을 수가 없었기 때문이다. 필자는 1년 전 이들의 어깨 들썩거리는 모습을 잊을 수 없기에 연주자 하나하나의 이름을 기록하여 언론에 공개하고 있는 것이다. 그 이름들 영원히 잊지 않으려고.

  공연 소식을 듣고 이렇게 떨리는 마음으로 흥분이 되는 이유는 이번 공연에 조선시대 연기군에 살았던 '안탁갑 여인'과 세종대왕의 애틋한 전설을 새로이 발굴, 스토리텔링하여 음악, 춤, 노래 등 다양한 장르의 융·복합공연 형식으로 펼쳐 보인다 하기 때문이다. 안탁갑 여인의 대역은 누가 맡게 되며 그 여인의 애틋한 심정을 어떻게 소화해 낼까?

퓨전국악 풍류의 멋진 공연

거기에 아토무용단의 춤과 국내 유일의 남성 비파연주가 정영범 씨와 바이올린의 이정화 교수가 특별출연하며, 국악가요계의 선두주자 지유진과 소프라노 신주형 씨, 장구놀이와 김영덕의 젬베퍼포먼스, 피리와 해금 협연, 판소리와 래퍼, 샌드아티스트 이지은 씨 등 풍류의 대표적 연주가와 아티스트들이 출연하여 동서양을 넘나드는 아름다운 무대로 꾸며진다 하니 기대를 하지 않을 수가 없다.

아토무용단을 소개해 보자.

아토무용단은 세종시를 근거지로 우리 전통문화예술을 뿌리에 두고 새로움을 더한 진일보된 공연예술을 선보이는 단체로서 전통의 예술성 가치를 추구하고자 노력을 게을리하지 않는 젊은 춤꾼들이 뜻을 모아 만든 단체로, 단원 모두의 미모가 뛰어나고 춤사위가 아름답다는 것을 자랑으로 삼는다.

기대된다. 내레이션을 박희정에게 맡겨 퓨전 풍류와 아토무용단이 어울려 공연하는 모습이. 임인유현(任人唯賢)이라 했다. 능력(能力)과 인품(人品)을 보고 사람을 임용(任用)한다는 말이다. 조성한 단장은 사람을 보는 눈이 남다르다. 그래서 박희정에게 기대가 크고, 아토 무용단의 나현아 단장에게 기대가 큰 것이다.

DJAC청년 교향악단의 희망찬 연주회

2021년 6월 23일 수요일 오후 7시 30분. 대전 예술의 전당 앙상블홀.

노련한 고영일 지휘자와 청년단원들로 구성된 'DJAC청년 교향악단의 희망찬 연주회'가 '청년 예술가'라는 주제로 공연되는 날이다. 필자는 이상덕 음악 교사의 초청으로 이재분 수필가와 함께 관람하는 기회를 가졌다.

이날 공연된 'DJAC 청년오케스트라 기획연주회'는 베토벤 교향곡 6
번 '아침' 중 제1악장으로 시작해서 첼로 유병혜, 메조소프라노 조정
순, 바이올린 정은진의 연주로 이어졌다.

DJAC 청년오케스트라는 39세 이하의 청년들로 대전 소재의 음대를
졸업했거나 현재 대전에 거주하고 있는 음대 졸업생으로 구성된다 하
는데, 매년 오디션을 거쳐 선발하며 연구소, 관공서, 군부대, 학교 등
으로의 '찾아가는 음악회'와 정기연주회, 기획연주회 등을 개최한다고
한다. 그동안 세계적인 피아니스트 파스칼 로제와 베토벤 피아노 협
주곡 5번, 백건우와 모차르트 피아노 협주곡 27번을 연주한 바 있으며
한국 가곡의 밤, 썸머나잇 콘서트, 협주곡의 밤 등을 기획 연주했다.

한반도의 6월은 치욕과 고통, 회한의 눈물이다. 분단을 낳은 역사,
그리고 분단이 낳은 역사.
그 지우고 싶은 순간들을 우리는 영원히 기억해야 한다. 아니 기억
해야만 한다.
그래서 DJAC청년오케스트라는 6월 23일,
역사의 반추를 통해 희망을 이야기하고자 막을 올렸던 것이다.

스위스 독립운동사의 비장함을 품은 롯시니의 오페라 '#윌리엄_텔'
서곡에 이어, 하이든의 교향곡 6번 〈아침〉의 1악장, 브루흐의 첼로와
오케스트라를 위한 작품 '#콜_니드라이', 그리고 카치니의 '#아베마리
아'와 푸치니의 오페라 '쟈니스키키'중 '#오_사랑하는_나의_아버지',

모차르트의 교향곡 39번의 3악장, 베토벤의 '#로망스' 등, 삶의 희로애
락을 교차하는 여러 감정의 작품을 아우른 후, 벅찬 희망의 울림이 가
득한 드보르작의 마지막 교향곡 '#신세계에서'의 4악장으로 연주를 마
무리했다.

"역사는 기억하는 자에게만 지혜의 통로를 열어준다."

일제강점기 그리고 동족상잔의 쓰라린 기억은 인류사 유례를 찾아
볼 수 없는 초고속 발전이라는 반전을 만들어냈다.
코로나 19. 우리는 전대미문의 이 암흑기를 기억해야 한다. 과거의
기억이 현재를 만들었듯 현재의 기억이 미래를 결정하기 때문이다.
우리는 믿는다. 그 누구보다도 빨리 이 위기를 완벽히 극복할 수 있을
것이라고….
그래서 DJAC청년오케스트라가 그 희망을 무대 위에 담아낸 것이다.

필자가 본 많은 지휘자들은 손과 몸동작을 통해서 청중에게 감동을
줄 수 있는 재능을 가지고 있었다. 그리고 좋은 지휘를 하기 위해 음악
에 관한 광범위한 지식을 익히고 곡 해석을 완벽히 함으로 연주자들
을 리더하고 있는 분들이었다. 동형춘 교수가 그러했으며, 박종학, 박
인석 지휘자가 그러했다.

오늘 무대에 선 지휘자 고영일.

그는 모든 면에서 자신만만한 듯 보였다. 손놀림마다에 절도가 있었고 맺고 끊음이 분명했다. 그의 지휘하는 모습을 보고 있노라면 자신도 모르게 그 절도 있는 지휘에 감동되어 빠져들지 않을 수 없었다. 그는 노련한 지휘자다. 어쩌면 그렇게 젊은 연주자들과 호흡이 잘 맞는지 그의 품위 있는 지휘 모습을 볼 때 존경스러움까지 느껴지기도 했다.

오늘 특별출연해 눈길을 끌었던 소프라노 조정순.

목원대학교 음악교육과를 수석입학, 수석졸업하고 동대학원 석사를 마친 후 이탈리아 유학, 롯시니 국립음악원에서 디플로마를 취득한 실력파다. 이탈리아 아브루쪼 국제성악콩쿨에서 1위 및 관객상을 수상하는 등 다수의 국제 콩쿨에서 입상하였고, 〈라 트라비아타〉(이태리 Manzoni극장 공연 시 로마음악협회 요청 특별앵콜공연), 〈사랑의 묘약〉, 〈성웅 이순신〉, 〈버섯 핏자〉, 〈정략결혼〉, 〈리골레토〉, 〈피가로의 결혼〉, 〈아말과 방문객〉, 〈쟌니스키키〉, 〈나비부인〉, 〈람메르 무어의 루치아〉, 〈팔리아치〉, 〈마술피리〉, 〈토스카〉 등의 오페라에서 주역으로 활동하였다. 국내·외에서 14회의 독창회를 가졌고 한국 가곡 음반을 발매하였다. 현재 오페라 가수와 유빌라테 싱어즈 지휘자로 활동하고 있다.

이상덕 교사가 베푼 은덕으로 오늘 그의 목울대를 통하여 나오는 아베마리아를 들을 수 있었다.

대부분의 음악가들은 목에 힘을 주고, 교만하고 도도한데 비해 소프라노 조정순, 그는 겸손하고, 주님을 섬기며 성가대 지휘자로 봉사하는 전형적인 크리스천이었다. 그래서 호감이 가고 자주 그의 음악회에 동참하여 글로 빛내주고 싶은 마음이 든다.

아아, 조정순 소프라노여! 그 겸손 영원하길 바란다. 그 겸손이 그대를 더욱 빛나게 할 것이다.

결론을 맺자.

오늘 젊은이들이 보여준 DJAC청년오케스트라 음악회는 노련한 고영일 지도자가 창작해 낸 고도의 음악발표회였다. TV를 통해 보는 감상보다 이렇게 현장에서 보는 것이 감동적일 수밖에 없었다.

대전의 젊은 음악인들이여! 이곳에 와서 문을 두드리기 바란다. 좋은 선배들과 고영일 지휘자가 그대를 환영해 성공의 길로 이끌어 줄 것이다.

그리고 DJAC청년오케스트라, 해를 거듭할수록 계속 발전하기 바란다!

탱자 열매

서민경 시인

햇살이 익어가는 가을
감나무에 매달린 벌집을

긴 막대기
툭툭 건드리던 동생

화가 난 벌 사정없이 쏘아댔다
밭일을 하시던 어머니는
한걸음에 달려와
흰 수건을 휘둘러 벌을 쫓았고

집 울타리에 열린 탱자를 따서
붉게 부은 얼굴과
손에 발라 주셨다

한때는 노란 열매가 돈이 되었지만

서민경 시인

빈 집을 품고 서 있는 탱자나무

동생의 울음이 저 탱자나무에
아직도 걸려있다

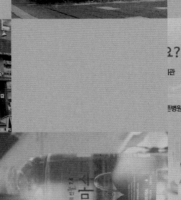

요?

란

트병원

기업인 편

계룡건설 1

대를 이어 사회공헌 이바지하는
자랑스러운 계룡장학재단

이승찬 사장

계룡장학재단은 1992년 故 이인구 명예회장 뜻에 따라 '기업은 국가발전과 인류평화에 기여해야 한다'라는 취지로 설립되었다.

경제적 여건에 관계없이 누구나 의지와 능력에 따라 고등교육 기회를 가지고, 국가와 사회가 필요로 하는 인재 양성을 지원하여 기업의 사회적 책임을 지속적으로 실천하고자 하려는 故 이인구 명예회장의 뜻에 따른 것이다.

설립목표를 보면,

그 첫째가 기업 이윤의 사회환원이요,

그 둘째가 미래 사회를 위한 인재 양성이며

그 셋째가 행복한 삶을 위한 공공 문화사업이다.

맞는 말이다. 장 자크 루소는 그의 저서 『에밀』에서 인간은 교육을 통해 형성된다고 하였다.

그리고 인간이 태어날 때 지니지 못한 모든 것과 성장하면서 필요로 하는 모든 것은 교육을 통해서 부여되며, 이러한 교육은 자연이나 인간, 혹은 사물을 통해 이뤄진다고 하며, 교육의 목적은 기계를 만드는 것이 아니라, 인간을 만드는 데 있다고 하였다.

1992년이면 29년 전 일이다.

이인구 회장께서도 루소의 교육론을 익히 알고 계셨으리라. 그래서 건설업을 하시면서 미래를 내다보고 미래를 위한 인재 양성에 힘 쓰셨던 것이다. 이러한 이인구 전 회장의 취지를 아는 데 도움이 되기 위해 이인구 전 회장이 걸어온 족적(足跡)을 알아보도록 하자.

이인구 회장은 지금부터 12년 전인 2009년에 사재 100억 원을 출연해 '유림공원'을 조성해 오늘이 있게 한 어른이시다.

그분께서는 1932년 4월 18일 대전에서 태어나 대한민국 육군으로 1951년~1967년까지 17년간 군복무하고 6.25 참전용사로 나라를 지키시다가 자랑스럽게도 대한민국 육군 중령으로 제대할 때까지 육군 제

1사단 예하 보병대대와 육군 수도사단 예하 공병대대에서 대대장으로 군복무를 마치셨다. 그 후 1970년에 합자회사인 계룡건설을 설립하셨고, 1992년에 계룡장학재단을 설립하셨으며, 2017년 5월 15일 숙환으로 별세하셨다. 돌아가시기까지 의정활동과 기타 나라를 위해 하신 업적은 생략하기로 하겠다. 그분의 대를 이은 외아들 이승찬 사장의 장학사업에 방점을 찍어 찬양해 드리기 위해서다.

이승찬 사장!

그 눈빛을 보면 목표물을 발견한 독수리처럼 예리하고 날카롭다. 그런 아들의 예리한 눈빛을 아셨던지 이인구 전 회장은 돌아가시기 3년 전인 2014년 12월 2일에 외아들 이승찬을 사장으로 임명하셔서 계룡건설을 반석 위에 올려놓아 흔들림 없는 경영 체계를 이루었다.

보자, 훌륭한 아버지의 핏줄을 이어받은 젊은 리더 이승찬 사장이 어떤 인물인가를.

이인구 전 회장과 윤종설 부인 사이에서 태어난 1남8녀 중 막내아들로 대전고와 연세대 경제학과를 나와 두산건설에서 실무 경험을 쌓은 뒤, 지난 2002년 계룡건설에 이사로 입사해 회계 및 공무 업무 등을 섭렵하며 경영 수업을 받아왔으며, 2004년 상무, 2010년 총괄부사장을 거쳐 2014년 사장에 발탁된 건설업계 베테랑급 인물이다.

젊은 그가 아버지께서 하시던 건설사업과 장학사업을 이어받았다. 전국각지에서 건축되고 있는 건축사업은 필자가 말하지 않아도 주가가(3월 5일 종가 기준 27,650원) 우리나라 대표 건설회사임을 입증해 주고 있으며 몇십 년 전에 지어진 아파트나 건축물들이 지금까지 균열 없이 호평을 받고 있다. 현재 전국적으로 건축되고 있는 수많은 토목공사나 건축물들을 볼 때 우리나라 최고의 건축회사임을 증명하고 있는 것이다.

그렇게 자랑스러운 건설회사에서 장학 사업도 하고 있으니 어찌 자랑스럽지 아니하랴!

그래서 또 보자, 계룡장학재단이 하고 있는 일을.

계룡장학재단 자본금은 총액 64억 원이란다. 그 돈을 종자돈으로 하여 93년~현재(2020. 12월)까지 연인원 15,000여 명에게 장학금 61억여 원을 지급했으며, 광개토대왕릉비 복제비 건립사업, 삼학사비 중건비 건립사업공익문화사업으로 2000년~2020년 현재 70여건 24억여 원을 지출하였다 한다. 그 외에도 2006 월드컵 응원단 파견, 충무공 난중일기 구입 도서관 배포, 유관순 전기 발간 후원 전국학교 무료배포, 김좌진 장군 기념관 건립 후원, 한밭문화제 문학축제 후원 등 지역사회와 국가발전 및 인재를 육성하는 데 이바지한 업적이 이루 헤아릴 수 없이 많다.

예리한 눈빛으로 사물을 대하고 계획하는 이승찬 사장은 앞으로 장학재단 유지 발전을 위해 계룡건설과 계룡건설 子회사들의 기업이윤 사회환원을 꾸준히 추진하고 기금증액출연 등을 통한 사업규모를 확대, 사업다각화를 위해 노력하겠다고 계획을 세우고 있다.

그리고 이승찬 사장은 "재단법인 계룡장학재단은 개인적 소유물이 아닌 공공비영리단체로서 합리적, 공개적, 영속적으로 운영될 것"이라는 확실한 신념을 가지고 임하고 있다.

대를 이어 사회공헌을 하는 자랑스러운 이승찬 사장과 계룡장학재단!

장학금이란 미래를 위해 뿌리는 씨앗이다. 그래서 기대가 크다. 계룡장학금을 받고 자란 학생들이 장차 나라와 계룡장학재단을 위해 어떤 일을 하게 될지. 그리고 이승찬 사장으로 하여금 아버지 이인구 회장과, 어머니 윤종설 여사의 이름이 더욱 빛나게 될지.

아름다운 축복의 땅 유림공원

유림공원

유림공원하면 국화전시장으로 통한다. 그래서 국화전시회를 하는 동안 이곳을 찾는 많은 사람들은 가족 단위로 몰려와 즐기곤 한다.

이인구 명예회장은 박성효 시장 재임 시 사재를 출연해 대전 유성 구청 인근에 '유림공원'을 조성하셨다.

이인구 회장님 말고도 잊어서는 안 될 분들이 있다.

김대곤 녹지 과장을 비롯한 직원들, 그리고 유성구의회 의원들과 구청 산하 모든 직원들.

서정주 시인은 '한 송이 국화꽃을 피우기 위해 봄부터 소쩍새는 그렇게 울었나 보다'라고 하였다. 그런데 이곳 유림공원은 한 송이 국화 송이가 아니라 1억만 송이가 훨씬 더 넘는 국화꽃이 피어 우리들을 즐겁게 하고 있다.

유성구청 녹지과 직원들은 1억만 송이 국화꽃을 피워 이런 저런 조형물은 만들고 설치하는 데 얼마나 많은 땀방울을 쏟아 부었으며 잠 못 이루는 노심초사는 얼마나 많았던가?

그래서 이곳의 국화 향은 그들의 땀 냄새와 어우러진 값진 천연향인 것이다.

보라, 1년 동안 잠 못 이루며 쏟아부은 노력으로 인해 이곳을 찾는 시민들의 얼굴엔 태양이 물려있지 않은가! 국화 전시기간 내내 대전 시민은 물론 인근 각지에서 인파가 몰려 그대 들을 얼마나 즐겁고 보람 있게 해주었는가?

형형색색의 국화가 어우러져 유림공원뿐만 아니라 유성 시가지 전체가 하나의 예술작품이 된 것이다.

다음으로 내 아내 오성자 얘기 안 할 수 없다.

내 아내 오성자는 치매 4등급 환자다. 진단을 받은 지 5년이 되었다. 그래서 그런지 꽃을 좋아하고 어린 아이들을 무척 좋아한다. 한 송이 핀 장미꽃을 보고도 발길을 멈추어 어루만지는 그다. 그런 그가 수천만 송이 꽃을 보니 얼마나 좋아하겠는가!

개장한 10월 12일 토요일부터 29일 오늘까지 하루도 빠지지 않고 이곳을 찾았다. 이곳에 오면 가족 단위로 오는 손님이 많아 많은 어린 이들을 만날 수 있어 더 좋기 때문이다. 그런데 오늘은 행운이 내 아내에게 겹쳐왔다. 세 자녀와 함께 온 가족을 만났기 때문이다.

장주은, 장이레, 장하늘이 바로 내 아내를 즐겁게 해주었던 주인공들로, 축복받은 어린이들이며 나라에 충성하는 부모를 둔 자녀들이다.

나는 며칠 전 '시댁의 직장화'라는 칼럼을 써서 언론에 발표하고 인구정책 방송에 나가 4회에 걸쳐 방송도 하였다. 나라가 붕괴되어 가고 있기 때문이다. 과거 3부제 수업까지 하던 수천 명에 이르던 학교가 지금은 몇백 명에 불과한 학교로 교실마다 텅텅 비었고 시골에 가면 없어진 학교도 수없이 많다.

난 주은이네 아빠 엄마가 무슨 직업을 가지고 있는지 알지 못한다. 자녀를 셋이나 둔 부모는 찾아보기가 힘들다. 그래서 여자가 결혼하면 자녀 셋을 낳는 조건으로 시댁을 직장화시켜 국가 공무원에 준하는 봉급을 10년 동안 주어 자녀들을 잘 키우게 해야 한다는 칼럼을 썼던 것이다.

이리저리 주는 각종 명분의 청년수당이나 몇 푼 주는 육아수당 정도 가지고는 자녀 셋을 낳지 않을 것이기 때문이다.

마지막으로 이분 얘기 안 할 수 없다.

정용래 구청장 얘기다. 그는 재임 2년이 되는 초임 청장이지만 축복받은 사람이다. 이렇게 큰 축제를 하는 데 노조나 구의회 의원들의 불평이나 저항을 받지 않았다 한다. 김대곤 녹지 과장은 입만 열면 구청장 칭찬이고 의원들과 국화재배에 힘을 모았던 이름 모를 직원들 칭찬이다.

이제 며칠 뒤 11월 3일이면 국화전시 대단원의 막을 내리게 된다. 그러나 이들에게는 내년을 위한 새로운 도전의 장이 펼쳐지게 될 것이다.

힘들 것이다. 그러나 얼마나 보람된 일인가? 이곳을 찾는 모든 이들이 그대들이 흘린 땀방울의 결정체를 카메라에 담아가는 모습이 보이지 않는가?

계룡건설 3

조화로운 사회건설에 기여하다

계룡건설

"계룡건설의 미래를 책임질 소중하고 귀한 존재로 키워주신 부모님께 진심으로 감사드립니다. 계룡건설 산업 (주) 대표이사 이승찬"

2018년도 12월 공개채용에 응시하여 최종 합격한 합격자 부모님들에게 계룡건설 대표가 친필로 써서 꽃다발과 함께 보내준 메시지다. 합격통지서만 보내줘도 본인은 물론 가족 모두가 뛸 듯이 기뻐할 판인데 꽃다발에 친서라니.

대전에서 살고 있는 우리 내외가 손자로부터 보내온 이 소식을 접하자 계룡 건설이야말로 소강사회를 이루는 회사라는 생각이 들었다. 대표가 직접 사원들을 보듬기 때문이고, 그 부모님들께 고마움을 전하기 때문이다. 누구의 아이디어일까? 요즈음 신입 사원들의 이직률이 1년이면 30%가 넘는다고 회사마다 걱정들인데 대표가 직접 사원들을 일일이 살핀다면야 보수의 많고 적음을 떠나서 누가 이런 직장을 떠나겠는가? 계룡건설이야말로 소강사회를 이루며 운영하는 회사임이 확실하였다.

　　한번 보자, 소강 사회(小康社會).

　　시진핑은 2014년 7월 4일 삼성의 전시관을 둘러보는 자리에서 "삼성이 중국에서 다양한 사회공헌을 하는 것에 감사하게 생각한다."며 "이는 소강사회(小康社會)와 조화로운 사회 건설에 크게 기여하는 것"이라고 말했다.

　　소강 사회란 시주석보다 앞서 등소평이 부르짖은 중국식의 현대화를 의미한다. 더 쉽게 말해 굶주리지 않고 너와 내가 보듬어주는 살기 좋은 사회를 건설하는 것을 말한다. 다시 말해 소강사회(小康社會)는 우리 사회 구성원들이 서로 보듬어주며 노력하면서 좀 더 행복하게 살 수 있게 하는 사회인 것이다.

　　이는 맹자께서 주장하는 왕도정치와도 맥을 같이 한다. 왕도정치란 백성들이 경제적으로 넉넉하며, 효제(孝悌)를 가르쳐서 집안에서는 부모님께 효도하고, 밖에 나가서는 어른을 공경하는 사회를 만드는 정치를 말한다. 즉, 젊은이들은 남자 늙은이들이 짊어진 짐을 대신 져주고, 여자 늙은이들이 머리에 이고 가는 짐을 대신 받아 이어주는 따뜻한 인정이 있는 사회를 만드는 사회를 말하는 것이다.

　　계룡건설에 입사한 사원들을 훌륭하게 키워주신 부모님께 진심으로 감사드리는 회사의 대표. 이런 대표가 이끄는 회사야 말로 소강사회를 이루는 회사가 아니고 무엇이랴.

내 손자 이야기 안 할 수 없다.

1993년 9월 13일에 태어난 내 손자는 교육의 의무와 병역의 의무를 마치고 앞으로 납세의무와 근로·재산권 행사 의무, 환경보전의 의무를 성실히 이행하며 살게 되었다. 남이 없는 곳에서 비난하거나 헐뜯는 일이 없는 긍정적인 사고를 갖고 있으며 같은 날 계룡 건설과 서울에 있는 대기업인 D건설사로부터 합격메시지를 받았을 때 자기고장 기업인 계룡건설을 택한 아이이다. 고등학교 때 유림공원을 우리 내외와 함께 산책하며 이미 결심을 하였다 한다.

공주대학교에서 학생회장으로 학생회 일을 보는 동안 데모 한 번 하지 않고 토론과 대화를 통해 난제를 처리했다 한다. 혹여 촛불집회에 참가하지 않을까 노심초사하는 필자에게 "할아버지 핏줄이니 염려하지 마세요" 라고 확실한 답을 하는 아이였다.

그가 어렸을 때부터 필자는 늘 다산 정약용 선생의 말씀을 그 가슴에 새기게 했다.

"사람들은 가마 타는 즐거움은 알아도 [人知坐輿樂(인지좌여락)]
가마 메는 괴로움은 알지 못하네 [不識肩輿苦(불식견여고)]"

신입 사원을 보살피며 그 부모님께도 고마움을 전하는 회사 대표와 고등학교 때부터 유림공원을 산책하며 결심한 소년의 꿈이 이뤄졌으니 서로 힘을 합하여 사원들 모두가 서로를 보듬어주는 소강사회를 이뤄나갔으면 하는 바람이 크다.

평생을 기부천사로 사시는 분

왼쪽부터 고철영 대표, 이나영 의원, 황인호 동구청장, 김제홍 어르신, 변태웅 국장

대전에는 기부천사들이 많다.

기부천사에는 절대로 얼굴을 노출시키지 않고 몸이 불편한 어르신을 찾아가 욕실에 타일을 시공해 주는 미소타일팀 같은 재능기부팀이 있는가 하면, ㈜이제우린, 신탄진의 이엘치과, 계룡건설, 금성백조 등 수억에서 수십억씩 장학금을 대주는 기부천사도 있고, 정부지원을 받지 못하는 복지 사각지대의 구민들을 돕고자 마련한 '천사의 손길', 동구의 김제홍 어르신처럼 어버이날이라든지, 어린이날, 스승의 날, 장

애인의 날 등, 기타 이름 있는 명절마다 거르지 않고 그들에게 맞는 물품을 기부하는 손길도 있다. 물론 그 외에도 필자가 이름 모르는 기부천사들이 손을 꼽을 수 없이 많은 곳이 우리 대전이요, 그래서 대전에 사는 것이 행복하다고 필자는 늘 말하고 있는 것이다.

이번 어버이날에도 대전 동구 주민사랑네트워크(대표: 김제홍)에서는 동구청(청장: 황인호)에 기탁하여 독거 어르신 등에게 300만 원 상당의 롤케이크 및 카네이션 전달했다.

이날 전달식이 끝난 직후 황인호 대전 동구청장께서는 이 소식을 페이스북에 올려 동구민들의 따뜻한 손길을 대전 시민은 물론 전 국민에게 자랑스럽게 알리고 있었다. 얼마나 자랑스러웠으랴! 평생을 기부천사로 살아오시는 어르신이 대전 동구에 뿌리내리고 사시고 계시니.

어르신께서 보내신 해당 물품들은 동구 관내 16개 동 행정복지센터와 복지시설, 단체 등에 배부돼 독거노인들에게 전달되었다지요?
황인호 구청장도 한 마디 하셨더군요.

"어버이날을 맞아 관내 어르신들에게 공경과 정성이 담긴 선물을 주신 김제홍 대표님께 감사의 뜻을 표한다"라고 하시며 "앞으로도 복지 No.1 동구를 만들기 위해 지역사회와 함께 최선의 노력을 다하겠다"라고.

김제홍 어르신,

혜민스님께서 하신 말씀 알고 계시죠?

"머리가 똑똑해 옳은 소리 하면서 비판을 자주 하는 사람보다 가슴이 따뜻해 무언가를 나누어주려고 궁리하는 사람, 친구의 허물도 품어줄 줄 아는 사람, 타인의 고통을 민감하게 느끼는 사람이 행복한 사람"이라 하신 말씀을.

베풀고 나신 후의 마음 어떠신가요?

건강하게 오래오래 사셔서 동구민은 물론 더 나아가 대전의 어려운 이웃들을 위해 천사의 손길로 보듬어 주시기 바랍니다.

손에서 장미 향내 나는 김제홍 어르신

왼쪽부터 황인호 동구청장, 김제홍 어르신,
강동구 서예가, 이나영 의원

대전동구 김제홍 어르신을 모르는 이가 없을 것이다. 아니, 동구 주민뿐만 아니라 대전에 몇십 년 살고 있는 시민들이라면 동구 주민사랑네트워크 상임대표이신 김제홍 어르신을 알고 계실 것이다.

37년간 쌀장사로 이웃사랑을 실천하고 있는 기부 천사가 바로 김제홍 어르신이다. 김제홍 어르신은 한 해도 거르지 않고, 설과 추석은 물론 어버이날이나 기회 있을 때마다, 한여름에는 미숫가루까지 나눔 사랑을 실천하고 계시다.

2019년 28일 '인동 3.16 만세로 광장'에서 3.1운동과 임시정부수립 100주년을 맞아 3.16 인동장터 만세운동 기념비 제막식을 열었는데, 3.16 기념 공원 건립 추진 위원인 주민사랑네트워크 김제홍 상임대표의 기부로 기념비가 세워졌다. 인동 만세로 광장에는 태극기 조형물과 기념벽화, 인동장터 변천사를 담은 갤러리 등이 설치되어 있어 언제나 누구든지 관람할 수 있다 한다.

보자, 그동안 어르신께서 이웃에게 나눔의 실천을 하신 행적을. '다음'이나 '네이버'에서 검색하면 얼마든지 어르신의 따뜻한 마음씨를 엿볼 수 있지만 몇 개만 옮겨보겠다.

1. 김제홍 상임대표는 어버이날을 맞아 저소득층 홀몸노인과 복지시설 등 필요한 곳에 롤케이크와 카네이션 180개(총 180만 원 상당)를 전달해 달라며 물품을 기탁했다.(디트뉴스)

2. 관내 홀로 어르신 장애인 등 저소득가정에 가구당 미숫가루 1.5kg씩 총 250여 개(총 225만 원 상당)를 전달해 달라며 구 대표 복지브랜드인 '천사의 손길 행복 운동'에 기탁했다고 밝혔다.
   한편 김제홍 대표는 지난달 29일 서울 중구 코리아나호텔에서

김제홍 2

35년 동안 어려운 이웃들을 돕기 위해 백미 지원 장학금 전달 경로잔치 후원 등 나눔과 기부를 위해 펼쳐온 공로를 인정받아 보건복지부에서 수여하는 2017년 행복나눔인상을 수상한 바 있다. (뉴스밴드)

3. 대전 동구는 김제홍 동구주민사랑네트워크 상임대표가 정부포상 국민훈장을 수상했다고 2일 밝혔다. 김 상임대표는 이날 서울 대한상공회의소 국제회의장에서 열린 제23회 노인의 날 기념식에서 노인복지 증진에 힘써온 점을 인정받아 훈장을 받았다. (에이티엔 뉴스)

4. 1973년부터 동구 인동에서 쌀 상회를 운영해 온 김 상임대표는 흩어진 낱알을 모아 판돈으로 지역 소외계층을 돕고 있다. 2007년부터는 동구주민사랑네트워크 상임대표로 활동하면서 더불어 사는 지역 사회 분위기 조성에 앞장섰다. (도움뉴스)

5. 30일 대전 동구에 잡곡세트 200개(600만 원 상당)를 기탁했다.
구는 김 대표가 기탁한 잡곡세트는 16개 동에 10세트씩 160세트, 40세트는 사회복지시설에 나눠 줬다. 한편 김 대표는 1년에 4번 1500만 원 상당을 매년 기부하고 있다. (행정신문)

6. 김제홍 대표는 이날 구청을 방문 생활고로 어려움에 처한 소외계층을 위해 써달라며 잡곡 250세트를 기탁했다. 김 회장은 해

마다 여름철이면 건강식으로 찹쌀, 보리 등 6가지의 국산재료로 손수 만든 미숫가루를 동구청 및 탈북자가족, 시니어클럽, 한자녀 더갖기운동본부, 경로당등에게 35년째 기부의 손길을 펼치고 있다.

김 회장은 추석이면 햅쌀과 손수 짠 참기름, 들기름 등을 주변의 어려운 이웃에게 전달하고 있으며 어버이날에는 주변의 어르신들에게 부드럽고 드시기 쉬운 카스텔라를, 무더운 여름에는 체력을 보충할 수 있는 미숫가루, 미역튀김, 고추튀김 등을, 구정 때는 찹쌀, 수수, 조, 콩, 팥 등 오곡과 참기름, 들기름 등을 홀로 사는 어르신과 주변의 어려운 이웃 및 쪽방촌 주민들에게 도움의 손길로 전달하는 일을 35년째 이어오고 있다.

김 회장은 "자신도 젊은 시절 차비가 없어 몇십 리 길을 걸어 다녔으며 추운 겨울 연탄불도 없이 남의 집 창고에서 잠을 자는 등 누구보다도 가난한 사람들을 이해한다"며 "어려움은 노력으로 극복할 수 있다"고 강조했다. (대전투데이)

이번 설에도 김 회장은 어려운 이웃을 위해 이것저것 준비해 황인호 동구청장을 찾았다 한다.

장미를 선물하는 손에는 향기가 남는다고 했다. 평생 쌀장사로 손때 묻은 어르신의 손에는 쌀 냄새가 향기로운 장미 냄새로 배어 이웃을 향기롭게 하고 있다.

대전 동구에 평생 살아오시면서 이곳에 뼈를 묻으실 김제홍 어르신.

김제홍 2

어르신께서는 이탈리아의 창작동화인 '사과 대왕'을 읽으셨을 것이다. 그러기에 나눔의 미덕과 무소유의 아름다움을 아시고 평생을 실천하고 계신 것이다.

대청호반 사회적 협동조합

대청호반 사회적 협동조합을 아시나요?

왼쪽부터 차재홍 이사, 성주환 사무국장, 이성수 이사장, 황인호 동구청장, 유근숙 이사,
조성대 부이사장, 윤미숙 관광체육문화국장

황인호 대전 동구청장은 지역발전의식이 투철한 목민관이다. 동구 주민들은 황청장의 청렴결백과 지역발전을 위해 노력하는 모습을 잘 알고 있다. 그가 지역발전을 위해 노력하는 모습은 많이 보아왔으나 이번에 관심을 끄는 것은 대청호 오백 리 길을 널리 알리기 위한 동구 주민들의 단합된 모습이다.

대청호 오백 리 길 21코스 가운데 제4코스는 슬픈연가 촬영지로 황청장이 정성을 들여 가꾸는 곳이다. 주민들이 모를 리 없다. 그래서 대청호의 아름다움을 널리 알리기 위해 민간단체로 처음 조직된 것이 '대청호반 사회적 협동조합'이다.

'대청호반 사회적 협동조합'은 지역 기반의 관광사업과, 동구 지역 경제를 활성화시키고, 환경파괴를 최소화하고, 지역문화를 존중해 실질적인 도움이 되도록 하기 위해 설립하였으며, 대청호 노래를 제작해 진성과 민지라는 유명 가수의 노래로 대청호의 아름다운 모습을 알리고 찾아오는 손님들로 인해 경제 활성화는 물론 살기 좋은 동구를 널리 알리는 데 목적이 있다 하였다.

보자, 어떤 노래인가?

<대청호로 오세요>

— 김병걸 작사 작곡, 이동철 편곡, 노래 진성

1. 안개 걷힌 호수 위에 벚꽃이 흘러가면

누가 먼저 오자고 했나 다정한 연인들

사랑 맹세 새기는 황새바위 전망대

병풍 같은 산자락 굽이굽이 품에 안고

달려보는 오백 리 길 그림 같이 아름답구나

물새가 노래하면 억새가 춤을 추는

하얀 모래밭에 사랑을 쓰세요

대청호로 오세요 추억 만들어요

2. 노을 물든 호수 위에 단풍이 짙어가면

누가 먼저 오자고 했나 다정한 연인들

사랑 맹세 나누는 야경 너무 멋져요

병풍 같은 산자락 굽이굽이 품에 안고

달려보는 오백 리 길 그림같이 아름답구나

물새가 노래하면 억새가 춤을 추는

테마 여행 코스 낭만을 즐겨요

대청호로 오세요 추억 만들어요

대청호반 사회적 협동조합

후렴

병풍 같은 산자락 굽이굽이 품에 안고

달려보는 오백 리 길 그림같이 아름답구나

물새가 노래하면 억새가 춤을 추는

하얀 모래밭에 사랑을 쓰세요

대청호로 오세요 추억 만들어요

추억 만들어요

<대청호 연가>

– 김병걸 작사 작곡, 이동철 편곡, 노래 민지

1. 찰랑찰랑 은물결에 안긴 달이 빠진 대청호야

누가 그린 수채화냐 볼수록 아름답구나

호수에 벚꽃이 하얗게 내리면

물새가 아장아장 타고 노네

억새가 손짓하는 둘레길을 걸으면

새소리 바람소리 사진 한 장 찍고 싶어라

2. 굽이굽이 산자락에 안긴 푸른 물결 대청호야

누가 그린 그림이냐 볼수록 유정하구나

호수에 벚꽃이 하얗게 내리면

물새가 아장아장 타고 노네

억새가 손짓하는 둘레길을 걸으면

새소리 바람소리 콧노래 절로 나오네

후렴

호수에 벚꽃이 하얗게 내리면

대청호반 사회적 협동조합

물새가 아장아장 타고 노네

억새가 손짓하는 둘레길을 걸으면

새소리 바람소리 콧노래 절로 나오네

콧노래 절로 나오네

　황인호 청장은 축복받은 목민관이다. 이 노래를 작사, 작곡하고 유명가수를 모시는 데 들어간 많은 돈이 조합원 각자 주머니에서 나왔다 하니 그 아니 협조적인가? 협동조합을 이끄는 이성수 이사장이나, 조성대 부이사장, 성주환 사무국장, 유근숙, 차재홍, 조병우, 양주팔 이사님들 모두가 동구발전을 위해 청장과 힘을 함께하고 있다 하니 동구발전은 하늘이 내린 축복인 것이다.

　더구나 필자를 찾은 유근숙 이사는 첫인상이 적극적이고 긍정적이며, 지적인 눈빛을 가지고 있었다. 청장에게 큰 힘이 될 것이다.

　'장온헌장 선강현처(璋溫軒丈 善岡賢妻)'라는 말이 있다.

　백제의 무왕은 신라의 선화공주를 만나 지혜로운 부인의 내조로 성군이 되었고, 바보온달은 평강공주를 만나 부인의 지혜로운 내조로 고구려의 명장이 되었다. 장온헌장(璋溫軒丈)에서 장(璋)은 무왕의 이름이고, 온(溫)은 온달장군을 가리킨다. 장온헌장이란 무왕과 온달은 늘

름한 대장부(軒軒丈夫)였다는 뜻이다. 또한, 선강현처(善岡賢妻)에서 선(善)은 선화공주(善花公主)이고 강(岡)은 평강공주(平岡公主)를 가리키는데 두 여인이 모두 혜안(慧眼)을 갖고 남편을 역사에 길이 남을 인물로 만든 현처(賢妻)였던 것이다.

구정을 다스린다는 것은 내가 목민관으로 있는 지역의 주민들을 편안하고 행복하게 살게 하는 임무를 맡아 성실히 수행한다는 뜻과 같다. 구정을 살피는 동안 어떤 사람을 만나느냐에 따라 목민관으로서의 성공 여부를 가릴 수 있는 것이다. 이제 황청장은 '대청호반 사회적 협동조합'의 조합원들과 만나게 되었고, 그 핵심 인물로 선화공주나 평강공주 같은 유근숙 이사가 있는 것이다.

이들과 손잡고 동구발전을 위해 최선을 다하기 바란다.

대청호반 사회적 협동조합

'마마수'라는 물의 기적

요한복음 3장 5절에 보면,

"예수께서 대답하시되 진실로 진실로 네게 이르노니 사람이 물과 성령으로 '거듭'나지 아니하면 하나님 나라에 들어갈 수 없느니라"고 하셨다. 물로 거듭난다는 것은 침례(세례)를 뜻하는 말로 육신이 깨끗해짐을 이르는 말이요, 성령으로 거듭난다는 것은 예수님을 믿음으로 하나님 자녀가 됨을 뜻하는 말인 것이다.

이처럼 물은 우리 육신의 거듭남을 위해서나 건강을 위해서 하루도 없어서는 안 될 중요한 역할을 한다.

과학자들이 권하는 건강을 위해 우리 몸에 좋은 물이란 천연 약 알칼리수이며 미네랄이 풍부한 물이다. 이들 성분이 풍부한 물은 체내 노폐물 제거와 세포 재생, 노화 방지에 도움이 되는 규소와 산화 방지제로 작용한다.

여기 면역력 강화, 노화 방지에 도움이 되는 셀레늄, 조직 세포내 산소 공급, 면역력 증가, 혈액 순환에 도움이 되는 게르마늄, 콜라겐을 합성하고 성기능을 원활하게 해주며 단백질 합성으로 성장 발육 촉진 및 상처 회복에 도움이 되는 아연 등의 희귀 미네랄과, 칼슘, 마그네슘, 칼륨, 나트륨까지 천연미네랄이 풍부한 물이 있어 소개하고자 한다.

전북 남원시 주천면에 본사를 둔 지하수 99,9998%의 '마마수'라는 물이 바로 그것이다.

'마마수'는 엄마의 선물 7.4라는 이름도 가지고 있다. 임하리 대표는 세상에서 가장 좋은 물을 선물하고 싶은 엄마의 마음과 생명이 숨 쉬는 엄마의 양수 pH가 7.4의 약알칼리수라는 의미를 담아 '엄마의 선물'과 '마마수' 이름을 특허출원 중에 있으며, 이미 FDA승인과 HACCP 인증을 받았다. 지난 5월 중국에 수출하는 쾌거를 이룬 마마수는 이제 K-Water의 중심에 서 있다.

마마수는 규소수로 알려져 있는데 물과 규소는 생명의 근원으로 최신 의학에서 건강한 삶의 비밀로 전하고 있으며, 심장이나 혈관, 장의 내막 그리고 에너지 생성 공장인 세포내 미토콘드리아 등 신체 중요한 기관들도 모두 규소로 이루어져 있다고 한다. 쉽게 산화되지 않는 물질이기 때문이다.

활성 산소는 우리가 호흡하는 산소와는 완전히 다르게 불안전한 상태의 산소로 환경오염과 화학물질, 자외선, 혈액 순환 장애, 스트레스 등으로 산소가 과잉 생산된 것을 말하는데, 과잉 생산된 활성 산소는 오히려 자기를 생산해 준 미토콘드리아를 공격, 세포 조직에 상처를 주고 파괴하는 등 기능을 약화시킨다. 이런 상황이 더 진행되면 유전자 변이를 일으켜 암이 생길 수도 있다.

'마마수'물에 내포돼 있는 규소는 그 자체로 강력한 항산화 작용을 갖고 있는데, 특히 규소는 모든 질병의 원인인 활성 산소를 제거하는 강력한 항산화력을 한 몸에 갖춘 물질 중 하나이다. 이처럼 '마마수' 물에 내포돼 있는 규소는 강한 항산화력으로 전신의 장기, 조직이 활성 산소에 의해 산화되는 것을 방지할 수 있는데 반드시 수용성 규소여야 한다. 마마수의 경쟁력은 바로 여기에 있다.

"모든 것은 물에서 시작하여 물로 돌아간다." 그리스 철학자 탈레스는 생명의 근원을 물로 이해했다. 지구는 70%가 물로 채워져 있으며, 우리 몸 역시 70%가 물이다. 물은 인체에 근골격계에도 밀접한 관련이 있는데 뼈와 근막의 성분 중 하나인 프로테오글리칸(proteoglycan)으로 물을 담아두는 성질이 있다.

물은 소화가 잘되도록 도와주며 대장의 원활한 운동에도 힘이 된다. 몸 안의 수분 역시 쉬지 않고 움직이면서 새로운 물 분자로 바뀐다. 10일이면 몸 전체에 물의 50%는 새 물로 바뀌고 몸의 모든 세포가 새 물로 바뀌려면 3년 정도 걸린다. 마마수는 먼저 10일 집중 프로그램을 통해 물 마시는 습관을 만들어 주고 있다.

인체생리학을 보면 물은 근본적으로 대부분의 세포와 세포 외액 사이를 자유롭게 이동할 수 있는 유일한 분자이다. 그렇기에 '물은 생명이다'라는 캠페인이 계속되었을 것이다. 수많은 질환들은 물을 마심으로써 그 증상 해결에 도움이 되는데 몸 안의 물이 부족하면 가장 먼저 영향을 받는 것이 혈액과 림프액이다. 산소나 다양한 에너지원을 세포로 전달하는 것이 혈액의 주요 역할이고, 림프액은 오래된 세포나 노폐물을 이동시키니, 혈관과 림프관은 신체의 상하수도라 비유된다.

모세혈관에서 나온 혈장이 세포 사이를 지나다니며 림프관으로 흘러 들어간 것이 림프액이기에 혈장처럼 90%가 수분이다. 물이 부족하면 혈액과 림프액의 수분이 줄어 혈액 농도가 진해지는데 물이 부족한 최초의 신호가 바로 혈액이 끈적끈적해지는 것으로 이것이 바로 고혈압이 되는 순간이다.

마마수

최근 들어 컴퓨터와 스마트 기기 과다 사용으로 안구 건조증으로 인해 고생하는 사람들이 늘어나고 있다. 가장 좋은 방법은 하루 일과 중 규칙적으로 물을 마시고, 몸 전체에 수분이 넉넉한 상태를 만들어 놓는 것이다.

누구나 물의 중요성은 알고 있다. 다만 좋은 물, 살아있는 물을 찾아 꾸준히 마시는 것은 각자의 선택이다.

육체의 생명은 피에 있다.

우리 몸의 건강한 혈액pH 또한 7.4이기에 '엄마의 선물 7.4 마마수'는 코로나 시대 면역을 지키는 최고의 선택이라 자신 있게 말하고 있다. 문의 대표번호 1600-7463

25시를 뛰며 사는 사나이 조웅래 회장

조웅래 회장

25시를 뛰며 사는 대전의 이인(異人) 맥키스 컴퍼니의 조웅래 회장. 그는 난관에 부딪칠 때마다 달리고 달리며 해결책을 찾아낸다. 지난해는 유난히 비가 자주 내렸다. 그때마다 계족산 황톳길은 빗물에 씻겨 내려가기를 수십 번, 보다 못한 필자가 관의 지원을 받자고 제안했다. 답은 간단했다. "어차피 제가 좋아서 시작한 일 제가 할 것입니다." 두말하지 않았다. 조 회장의 성격을 잘 알고 있기 때문이다.

중국 삼국시대 제갈공명은 사마의 三父子를 호로곡으로 유인하여 화공계로 후환을 없애려고 하였으나 난데없는 소낙비가 내려 허사로 돌아가자 하늘을 우러러 한탄하면서 '모사재인(謀事在人) 성사재천(成事在天)'이라는 유명한 고사성어를 남겼다. 즉 일을 도모하는 것은 인간이지만 일을 이루는 것은 하늘이라는 뜻이다.

결국 사마의의 손자 사마염이 신출귀몰의 제갈량도 이루지 못한 천하를 통일했으니 참으로 묘한 여운이 남는다. 역사의 물줄기는 어느 뜻하지 않은 대목에서 잠시 숨을 멈추기도 하고, 급격한 계곡을 만나면 휘어지기도 한다. 그 도도한 물줄기는 미완성의 인간이 어찌할 도리가 없다.

조웅래 회장이 창업하여 오늘의 '이제우린'과 '린 21'과 같은 명품소주를 개발하게 되기까지 모사재인(謀事在人) 성사재천(成事在天)이라는 유명한 고사가 그의 가슴을 지배하고 있지는 않았을까 의심이 간다.

그가 새벽마다 이곳저곳을 달리며 남긴 명언들과 장애인들을 사랑하는 마음은 이곳에 옮겨 적지는 않겠다. 매일같이 페이스북에 올라오기 때문이다.

그는 1km를 달릴 때마다 1만 원씩 예금하였다가 전동차 1대 값이 채워지면 장애인 단체를 찾아 기증을 해오고 있다. 그뿐만이 아니다. '이제우린' 한 병 팔릴 때마다 5원씩 적립하여 그동안 장학금으로 전달한 금액이 수억 원에 이른다고 한다. 어디 그뿐인가?

계족산 등산로에 전라도 김제의 질 좋은 황토를 사다가 뿌려 올해도 전국 제10대 관광 명소에 들었다 하니 대전 시민의 한 사람으로서 자랑스럽지 아니할 수가 없는 것이다.

언론에 보도된 내용을 그대로 옮겨보자.

[대전=이데일리 박진환 기자] 맥키스컴퍼니는 계족산황톳길이 '2021~2022 한국관광 100선'에 선정됐다고 1일 밝혔다. 계족산황톳길은 맥키스컴퍼니와 대전시가 민관협력을 통해 조성·관리하고 있는 대전의 대표적인 힐링명소이다.

이에 앞서 계족산황톳길은 2015~2016년부터 2017~2018년, 2019~2020년, 2021~2022년까지 대전에서는 유일하게 4회 연속 '한국관광 100선'에 포함됐다. 이번 한국관광 100선 선정은 전문가 심사와 통계 분석 등 다양한 검증을 거쳤다.

지난 회 선정된 한국관광 100선과 지자체 추천 관광지 및 최대 방문 관광지 중 선별된 198개소를 대상으로 모두 3차례에 걸친 엄격한 심사 과정을 거친 것으로 알려졌다.

총길이 14.5km의 계족산황톳길은 순환 임도 전 구간에 걸쳐 붉은 황톳길이 1.5m의 폭으로 조성돼 있다. 맨발로 걷기 좋게 촉촉하고 부드럽게 다져놓은 이 길은 남녀노소 불문하고 힐링을 만끽할 수 있다. 황톳길이 전국적인 관광명소가 되기까지는 맥키스컴퍼니와 대전시의 끈끈한 민관협력이 있었다.

　　　　　　　　　　　　　　　　　　　　맥키스 컴퍼니 1

조성부터 현재까지 16년간 지속돼온 협력은 계족산황톳길을 연간 100만 명 이상이 찾는 전국적인 힐링명소로 만들었다.

대전시와 관할 자치구는 공연시설 및 편의시설 마련 등 적극적인 행정지원을 뒷받침했고, 협업을 통한 양 기관의 홍보활동들이 지역민과 전국의 잠재 방문객에게 힐링 콘텐츠로 인식하게 했다. 그 결과 해마다 이곳을 찾는 방문객의 수는 증가추세를 보이고 있다.

이에 양 기관은 방문객에게 만족도 높은 힐링을 선사하기 위해 노력했고, 맥키스컴퍼니는 매년 약 2000여t의 황토구매를 포함한 10억여 원의 관리 비용을 투입했다.

이곳에서는 매년 5월 맨발로 걷거나 달리고 문화체험까지 즐기는 '계족산맨발축제'가 열리고 있으며, 4월에서 10월까지 주말마다 '뻔뻔(funfun)한클래식'(정진옥 단장)무료 숲속음악회가 펼쳐진다.

현재 계족산황톳길은 '임도에 조성된 가장 긴 황톳길'이란 타이틀로 KRI한국기록원 기록을 보유하고 있으며, '5월에 꼭 가 볼만한 곳', 여행 전문기자들이 뽑은 '다시 찾고 싶은 여행지 33선'에도 뽑혔다.

어찌 자랑스럽지 않으랴. 난관에 부딪칠 때마다 새벽길을 달리면서 해결책을 찾아내고, 그 찾아낸 해결책을 젊은이들과 소통하는 정신, 맨발로 뛰는 조웅래 회장의 25시 정신이야말로 젊은이는 물론 코로나19의 고통에서 허우적거리는 우리 모두가 본받아야할 투지력인 것이다.

조 회장님, 오늘 새벽은 어디를 달리며 새로운 구상을 하십니까?

계족산 황톳길의 또 다른 변신

계족산 황톳길

　2022년까지 계족산황톳길 입구에 문화공원이 조성된다. 그동안 토지 매입 등의 절차가 거의 마무리되고, 이번에 환경부의 '생태축—서식지 복원사업' 대상에 선정돼 내년부터 2년 동안 국비 42억 원 지원이 확정 되었다고 하니 공원 조성사업에 탄력을 받을 듯하다. 황톳길로 전국적 인 명소로 자리 잡은 계족산을 이용하는 이용객들의 편의성이 좋아지 고 인근 주차난도 해소될 전망이다.

　9월 16일 맥키스 컴퍼니의 조웅래 회장이 페이스북에 올린 내용이 다. 얼마나 기뻤으랴.

그동안 일본에 매각됐다는 설로 인해 매출이 급감한 데다가 올해처럼 장마기간이 길어 황토가 빗물에 씻겨 내려가는 모습을 볼 때 조회장의 심정이 어떠했을까?

그런데 반가운 소식이 들려왔다.

대덕구 장동 472번지 일원에 위치한 장동문화공원이 그동안 보상비 등으로 집행한 114억 원을 포함해 앞으로 확보된 국비 42억 원과 시비 94억 원 등 250억 원을 투입해 2022년까지 8만 5702㎡ 규모로 조성될 예정이라는 소식이다.

이를 위해 그동안 노력한 박성효, 권선택 전 대전 시장을 비롯해 허태정 대전 시장, 그리고 정용기 전 한국당 국회의원과 박영순 현 국회의원, 박정현 대덕구청장, 임묵 대전시 관계 공무원을 비롯해 밤낮없이 노심초사하며 황톳길을 지키고 있는 조웅래 회장께 수고하셨다는 감사의 말씀과 축하의 말씀 전하는 바이다.

보자, 조웅래 회장이 다음날 페이스북에 올린 내용을.

황톳길 작업하시는 분이 곧 구매할 황토를 비닐봉지에 싸들고 왔다. 황톳길 작업반장인 나에게 품질 검사를 받는 셈이다. 손으로 만져보고, 색깔을 살펴본다. 15년째 반복되는 일이다 보니 졸지에 황토 감별사가 되었다.

조웅래 회장께서 황톳길에 쏟아 붓는 정성에 응원하는 시민들도 수

백 명이다. 조웅래 회장의 노심초사를 알고 조회장이 중부권 시민들을 위해 무슨 일을 하고 있는지 알기 때문이다.

응원하는 글도 좀 보자. 조웅래 회장께 힘을 실어주기 위해서다.

<계족산 황톳길>

— 김선자 시인

등에 앉은 햇살 한 줌도 버거워 / 기우뚱대던 나날

꿈이라는 보석을 / 주머니에 넣고 / 황톳길을 걷는다

한 발, 두 발 옮길 때마다 / 거미줄 일상 실타래처럼 풀리니

몸과 마음은 이미 천국

<사계절>

모든 투정을 받아주는 네가 보고파

오늘도 나의 주치의 계족산엘 오른다

\<계족산 황톳길\>

– 이도현 시인

둘이서 손목잡고 / 맨발로 걸어라.

온몸으로 감기는 / 숲 향기 사랑의 향기

지금 막 숨 가쁜 미소 / 쾌청쾌휴 한 마당.

\<계족산 황톳길\>

– 시 낭송가 송미순

보드라운 황톳길 / 요리조리 걸어가면
간지러운 발가락 / 하하 호호 하하하

꽃들도 방글방글 / 딱따구리 타닥타닥
엄마 아빠 싱글벙글 / 흥겨운 노랫소리

개구쟁이 내 동생 / 아장아장 다가와
내 손 잡고 흥얼흥얼 / 즐거운 황톳길

필자도 힘을 실었다.

가자, 건강을 지켜주는 황톳길이 멀리 있는 게 아니다. 가까이 대전 대덕구 장동 산 59번지에 있다. (042-608-5133 대표번호) 가서 건강도 찾고 스트레스도 풀며 이곳에 온 정성을 쏟아붓는 조 회장과 대덕구, 또한 대전시의 관계 공무원들에게 감사하는 마음을 표해보자. 그리고 내려오는 길 맛집에 들려 '02린 소주'로 상쾌한 기분을 만끽해 보자.

그럴 줄 알았다, 조웅래 회장이여

이 사람 보라, 조웅래 회장.

광장21 언론 보도에 의하면 "대전·세종·충남지역 대표소주 회사인 맥키스 컴퍼니가 '이제우린' 소주의 가격을 올 한 해 인상하지 않는다고 29일 전격 발표했다."고 했다. 이어서 보도하기를 "지난 24일 하이트진로가 '참이슬' 소주가격 인상을 발표한 것과 대비돼 소비자들의 반응이 주목된다. 이 같은 발표는 물가인상 등으로 힘겨운 지역민들의 고통을 분담하겠다는 맥키스 컴퍼니의 조웅래회장과 경영진이 고심 끝에 내린 결정으로 보인다."고 찬사를 아끼지 않았다.

필자는 조 회장과 계족산에서 한 번 스치며 인사하는 정도의 인연밖에 없었으나 그의 인간됨을 페북을 통하여 잘 알고 있다.

그의 인간됨 1.
그는 운동을 하는 기업 대표다. 운동을 하되 지구력이 요구되는 마라톤을 즐겨한다. 마라톤이라면 언제고 어디고 달려가 참여하고 자랑스럽게 페북에 올린다.

그의 인간됨 2.
그는 음악을 좋아한다. 그래서 그는 '맥키스 컴퍼니'라는 음악동아리를 조직해 계족산은 물론 각종 학교나 단체에서 부르기만 하면 달려가 공연을 해준다.

그의 인간됨 3.
그는 페북에 자신과 관련되는 말에는 꼭 댓글을 달아 성의를 표한다.

그의 인간됨 4.
계족산에 질이 좋고 값도 제대로 나가는 전라도 김제의 황토를 사다 뿌려 이곳을 찾는 사람들의 건강을 도와준다. 그것이 하루 이틀이 아닌 10여 년이 넘는다. 생각해 보라. 1,000원짜리 소주 1병 팔아 얼마나 남는다고.

그의 인간됨 5.

지난 몇 년 동안 다른 회사로부터 'O2린'은 일본에 매각됐다는 허위 루머에 시달리면서도 상대 회사를 고발하지 않고 참아온 그다. 필자도 이런 그의 고충을 알기에 중도일보를 비롯하여 여러 언론사에 글을 보내 그에게 힘을 보탰던 것이다.

자 보자. 필자가 장황하게 그의 인간됨을 왜 늘어놓았나. 언론에 보도된 내용이다.

"하이트진로의 참이슬이 5월1일자로 6.45%올라 1,081.2원에 출고되는 반면 '이제우린' 소주는 2015년 11월 가격인상 이후 현재까지 1,016원(공장출고가)을 유지하고 있다. 관련 업계에 따르면 이번에 맥키스 컴퍼니가 소주가격 인상을 하지 않기로 하면서 약 50억여 원의 예상이익을 포기하는 것이라고 밝혔다."

이뿐만이 아니다.

"맥키스 컴퍼니는 소주가격을 인상하지 않기로 한 데다가 향후 10년 간 판매되는 '이제우린'소주 한 병당 5원씩 적립해 지역사랑 장학금을 기탁하겠다고 약속했고, 대전시와 5개구, 세종시, 충남 15개 시·군과 업무협약을 체결하고 해당지역의 연간 누적 판매량에 따라 각 지역별로 매년 장학금기탁이 이뤄질 예정"이라고 보도하고 있다.

이에 따라 대전·세종·충남권에 기탁하는 적립장학금은 첫해에만 약 3억 원 이상이 예상되며, 10년간 약 40억 원 이상을 지역사회에 환원할 수 있을 것으로 보인다. 그래도 'O2린'은 일본에 매각된 소주이니 마시지 않겠다며 애국심이나 발휘하는 듯이 다른 지방의 소주를 마시며 희희낙락하겠는가?

이런 모습이 인간 조웅래 회장의 모습이다.

고맙다. 조웅래 회장이여! 우리 고장을 살리고, 시민들의 건강을 지키려는 조 회장의 노력에 한없는 박수갈채를 보내는 바이다. 마라톤 선수처럼 우리 지방 발전을 위해 건강한 모습으로 꾸준히 뛰기 바란다.

맥키스 컴퍼니 4

골목을 누비는 '황톳길의 살수차'

계족산 황톳길의 살수차가 시내로 내려와 골목골목을 누빈단다.

40도를 오르내리는 더위 때문이라니 그 더위가 어떠하리라고는 가히 짐작이 간다.

물론 시(市)나 구(區)에 살수차가 없는 게 아니다. 소방차도 있고 살수차도 있다. 그런데도 황톳길을 지키던 살수차가 주민들이 살고 있는 골목골목을 누비고 다닌단다.

보자 한국경제신문에 보도된 내용을.

"충청권 주류 기업인 맥키스컴퍼니(회장 조웅래)는 대전시내 폭염피해를 최소화하기 위해 계족산황톳길 관리용 살수차(사진) 2대를 도심에 투입했다고 5일 발표했다.

폭염주의보 이상 발효 시 지원되는 3.5톤의 살수차는 서구 및 유성구에, 2.5톤 살수차는 중구·동구·대덕구에 각각 배치됐다.

맥키스컴퍼니 관계자는 "시에서 운용중인 대형 살수차의 접근이 어려운 유동인구 밀집지역을 중심으로 살수작업을 진행하고 있다"며 "대전시와 협업해 약 2주간 살수차를 지원할 계획"이라고 말했다는 것이다."

고맙다. 조웅래 회장의 시민들을 보살피는 배려가. 황톳길을 지켜야 하는 살수차를 도시로 불러내려 골목을 누비게 하고 있다니.

계족산 가 본 시민들이라면 누구나 안다. 가뭄이 심하거나 더위가 심할 때는 하루에 한 차례씩 물을 뿌려줘야 이곳을 찾는 등산객들이 보드라운 감촉을 느끼며 산행을 할 수 있다.

얼마 전 필자가 이곳을 찾은 느낌을 이렇게 발표한 적이 있었다.

"계족산엔 삼림욕장이 있어 온통 푸른빛이고 맑은 산소로 풍성하다. 숨을 쉬면 가슴이 뚫리고 뒷골 땡김이 잠시 후면 풀리게 된다. 인근에 대청호가 자리 잡고 있어 대청호를 둘러싼 맛집도 풍성하다. 14.5k가 온통 황톳길이라 가족끼리 연인끼리 오순도순 걸으며 이야기꽃을 피워도 좋다. 답답함이 어디 있고 뒷골 땡김이 어디 있으랴. 시인 김선자도 이 길을 걷고 유명한 시를 남겼고, 대전문단의 거성 이도현 시인도 이곳을 찾아 길이 남을 시를 남겼다."

고맙다. 조웅래 회장과, 회장의 말에 불평 없이 따라주는 직원들이.

요즘 세상은 저 하기 싫으면 누구의 말도 듣지 않는 세상이라 하는데 이처럼 고맙게도 협조해주니 고마운 것이다.

더구나 모든 기업들이 경영난으로 인해 제품 값을 올리고 있는 판에 우리 고장의 소주회사인 맥키스 컴퍼니(회장 조웅래)에서는 올 한 해 '이제우린' 소주 값 인상 없이 오히려 병당 일정금액을 적립해 지역사랑 장학금을 마련하겠다고 발표했으니 얼마나 고마운 일인가?

최근 물가인상 등을 이유로 소주 관련 회사들이 소주 가격을 인상했거나 준비 중인데도 맥키스컴 퍼니의 조웅래 회장과 경영진은 고심 끝에 이 같은 결정을 내렸다 하니 우리 시민들도 이들의 고충을 십분 이해하여 일본에 팔아넘겼다는 거짓 선전에 속지 말았으면 하는 마음 간절하다.

이 고장 기업과 주민들이 주고받는 고마운 마음.

그것은 곧 지역경제를 살리고 주민들의 삶을 행복하게 하는 첩경인 것이다.

12

성심당

대전의 자랑, 성심당

　대전에는 이엘치과를 비롯하여, 계룡건설, 맥키스컴퍼니, 주)비센, 금성백조, 삼진정밀, 키다리식품 등 자랑할 만한 기업들이 수없이 많다. 지역사회에 기여하는 바가 크기 때문이다.

　특히 성심당은 대전에 뿌리를 내린 지 65년 이상 되었을 뿐만 아니라 지역주민들과 함께 애환을 겪어 오면서 대전지역에 기여한 바가 큰 기업이다.

　제2대 창업주 임영진 대표께서는 인사말을 통해,

362　　　　　　　　　　　　　　　　　　　　　　　　　　　　　성심당

"그동안 가톨릭 나눔의 정신으로 하루하루를 부끄럽지 않도록 최선을 다하며 살아온 것이 저희 성심당의 전부입니다. 사랑해 주시는 고객들의 이미지에 누를 끼치지는 않을까 노심초사하며 지내온 날들이 이렇게나 훌쩍 지나버렸습니다.

초심을 잊지 않고 누구나 좋아하는 일을 할 수 있도록 매일같이 기도하며 우리 성심당을 이끌어 왔습니다. 가장 중요한 기본에 충실하며 고객을 가장 먼저 사랑하고 사원들을 사랑하며 그리고 회사를 사랑하는 마음 한결같이 가지고 있습니다."라고 하면서

"그동안 제과 사업에 최선을 다한 결과 이제는 우리 성심당이 단일 윈도우 베이커리로는 전국 최대의 규모로 성장하였다"고 회고하였다. 그는 다양한 제품을 연구하고 도전한 결과 어느 곳에서도 흉내 낼 수 없는 기술력과 지식을 가지게 되었다고 하였다.

성심당!

대표이신 임영진 요셉과 그의 반려자 김미진 아네스 부부께서 이끌어 가고 있는 성심당은 대전만의 기업이 아니요, 대한민국의 대표브랜드로 우뚝 서게 되었다.

그동안 어려운 이웃의 외롭고 서글픈 마음을 어루만지기 몇 년이며, 대흥동 본점을 비롯해 대전역, 롯데백화점, 대전 컨벤션센터 등 네 곳의 체인을 운영하며 수많은 일자리 창출을 이룬 것은 그 또한 얼마이고, 국가적으로 세수(稅收)는 얼마이며, 노숙자를 비롯해 어려운 이

웃을 도운 일 또한 얼마인가를 생각해 보면 머리 숙여 감사하지 않을
수 없다.

보자, 성심당이 걸어온 발자취를.

70년 전 해방 당시 함경도 함주에서 과수원을 하던 임길순(암브로시
오)씨. 북한에 공산정권이 들어서면서 종교 탄압이 갈수록 심해지고
엎친 데 덮친 격으로 6.25 전쟁이 터졌다. 결국 1.4후퇴 때 임씨는 신
앙의 자유를 찾아 남으로 내려가기로 작정했다 한다. 피난 보따리를
꾸리고 아내와 어린 네 자녀를 데리고 피난길에 올랐다. 도처에 미군
들이 검문하고 있었지만 천주교 신자임을 증명해 주는 묵주를 보여주
고 어렵사리 흥남 부두에 도착해 배를 탈 수 있었다 한다. 교우들만 탄
배였다. 임씨는 '가족과 함께 무사히 살아난다면 남을 위해 봉사하는
삶을 살겠다'고 다짐하고 그 다짐을 예수 성심께 봉헌했다고 한다.

전쟁 후 인근 진해에서 한동안 지내던 임씨는 먹고살 길을 찾아 서
울로 가기로 결심했다가 도중에 마음이 바뀌었다. 서울에 간다고 해
도 뾰족한 수가 없을 거라는 생각에서였다. 그래서 정착한 곳이 대전
이었다. 임씨는 대전역 앞에서 노점상처럼 천막을 치고 찐빵을 만들
어 팔기 시작했다. 그해가 1956년이었다. 임씨는 예수 성심(聖心)을 기
린다는 뜻에서 빵집 이름을 '성심당'이라고 지었다.

그로부터 65년의 세월이 흐른 지금 성심당은 대전을 대표하는 향토

기업으로 자리매김하게 되었다. 일반인들에게는 빵으로, 건강한 기업 문화를 생각하는 이들에게는 공유 경제로, 어려운 이웃을 생각하는 이들에게는 사랑과 나눔으로! 그의 신념이 실천으로 옮겨졌던 것이다.

보자, 그 사랑나눔의 실천을.

2014년 방한한 프란치스코 교황이 찾았던 곳이며, 대전 대학생들이 '대전 최고의 브랜드'로 선정한 곳이 바로 성심당인 것이다.

방한한 프란치스코 교황이 왜 대전까지 내려와서 성심당을 찾았을까? 천주교 교우로서 천주님의 말씀에 순종하기 위해 오랜 세월을 한결같이 어려운 이웃을 위해 나눔을 실천해왔기 때문이다.

56년 대전역 앞에 천막을 치고 찐빵을 만들어 팔던 노점 찐빵집이 어떻게 점포를 네 곳이나 세우고 400여 명의 직원을 둔 대전 최고의 기업으로 성장하게 됐을까?

그 배경에는 기업주의 확실한 신념이 작용했다. 경쟁이 아닌 상생을, 독점이 아닌 나눔의 경영을 실천하고, 끝없는 제품 개발과 업계를 선도한 마케팅 전략, 이웃과 상생하고 함께 성장하고자 한 남다른 경영철학이 오늘날의 성심당을 만들게 됐던 것이다.

오 헨리의 작품에는 공원이나 광장, 노숙자 등이 많이 등장한다. 공원이나 광장은 만남과 소통의 장소이고, 노숙자가 머무는 곳은 인류애를 실천할 수 있는 최적의 장소이다.

대전역 광장에서 천막을 치고 빵을 구워팔던 창업주 임길순(암브로시오)씨나, 그 아들 임영진 (요셉)대표는 광장에 어떤 부류의 사람들이 모여들고, 그들의 생활 모습이 어떠한가를 가슴 아프게 보아왔을 것이다. 그리고 "가족과 함께 무사히 살아난다면 남을 위해 봉사하는 삶을 살겠다"고 한 결심이 뇌리에서 떠나지 않았을 것이다. 아들 임영진 대표 역시 아버지의 결심을 저버리지 않았던 것이다.

그 가슴 아픔. 그것이 하느님께로부터 축복받는 실천으로 옮겨지게 돼 오늘에 이르게 됐던 것이다.

아 축복이어라, 성심당이여! 그리고 광장에 모이는 하나님의 자녀들이여!

천주님, 이렇게 아름다운 기업에 그 크신 축복을 한없이 내려주시길 간절히 기도합니다. 아멘.

성심당

4차원 세계를 달리는 세우리 병원

척추, 관절 환자들이여, 이곳을 아는가?

대전에 있는 척추, 관절 치료 전문 병원이다. 박세복 영동군수가 주민들의 건강과 치료비 절감을 위해 이곳을 먼저 찾았다 한다. 보자, 2년 전 언론에 보도된 내용을.

"영동군(군수 박세복)과 대전 세우리 병원(병원장 정호)은 1일 군청 상황실에서 박세복 군수와 세우리 병원 이은영 부이사장 등 관계자 10여 명이 참석한 가운데 업무협약을 체결했다.

세우리 병원은 대전시 서구에 위치하고 있으며, 척추·관절치료 전문기관이다. 협약은 △영동군민 건강증진 및 의료지원 서비스 지원 △소외계층 및 취약지역에 대한 의료봉사 △영동군 축제 등 대규모 행사시 의료지원 △농특산품 홍보 및 판촉지원 등을 주 내용으로 한다.

특히, 영동군민이 해당병원 외래진료 시 비급여 본인부담액 20%를, 입원진료 시에는 비급여 본인부담액 10%를 할인받게 된다. 협력기간은 3년까지이며, 협약만료 30일 전까지 해지 의사표현이 없으면 자동적으로 2년씩 연장된다."

박세복 영동군수는 얼마나 현명한 목민관인가?
현명한 목민관은 그뿐만이 아니다. 보은군, 진천군이 그러하고, 한남대, 충북도립대도 협무협약을 맺어 치료비 혜택을 받게 하고 있다.

세우리 병원의 자랑 역시 더 이어진다.
사단법인 대전시사회적기업협의회(상임대표 권경미)가 지난 7월 15일 대전 서구 둔산동 세우리 병원(원장 정호) 1층에 대전사회적경제기업 홍보관을 개장해 오는 8월 7일까지 대전시 지역특화사업인 대전사회적경제 장터사업을 운영하고 있다. 대상은 사회적 기업, (예비)사회적 기업, 사회적 협동조합, 자활기업, 마을기업, 협동조합 등이다.

허태정 대전시장은 사회적 경제기업 장터 홍보관 개관식에 참석해 사회적 경제기업 관계자들을 격려했으며, 정호 세우리 병원 원장은 2021년 사회적 경제기업 홍보관으로 사용할 수 있는 장소를 제공하고, 사회적 경제기업들의 성장을 위한 지원금도 전해 감사패를 받았다.

이왕 말이 나왔으니 자랑 좀 더 하자.

씨름 선수로 유명한 이봉걸 선수의 척추를 무료로 치료해 줌은 물론, 전국 각지에서 등에 업혀와 제 발로 걸어 나간 사람들로부터 보내온 감사편지가 벽마다 게시되어 있었고, 이 세우리 병원과 업무 협약을 체결한 곳이 옥천농협, 성균관(유교신문), 대한 미용사한밭 협동조합 연합회 등 십여 곳이 넘는다 한다.

정호 원장은 확실한 신념을 가지고 환자를 대하는 분이다. 그는 "세우리 병원은 항상 최상의 진료와 감동으로 보답하겠습니다. 모든 환자분들이 허리와 관절의 고통에서 벗어나게 하는, 건강한 척추 건강한 관절을 세우는 병원, 꿈이 있는 내일을 만드는 병원, 그것이 바로 저희 세우리 병원의 설립이념입니다."라고 하였다.

보자, 만성질환을 치료받고 완치된 분들의 감사편지도.

<감사편지 1>

원장님!
그동안 남편이 오랜 세월 공황장애란 병으로 부정적인 사고와 짜증으로 하루하루를 보냈는데 냉동치료 후 성격도 밝아지고 육체적, 정신

적으로 많은 변화가 와 신기할 따름입니다. 병원생활이 지루하지 않아 며칠 남지 않은 날 동안 열심히 치료하고 가겠습니다. 고마워요. 제가 보내드리는 것 간식으로 맛있게 드세요.

<감사편지 2>

정호 원장님! 전국 모든 의료진이 포기한 수술을 성공적으로 해주셔서 감사합니다.

저는 황점례 환자의 딸 이미선입니다.

엄마가 젊으셨을 때 허리를 다치시고 치료를 제때에 하지 못하신 채 50년을 참으시며 지내시다 고통을 참지 못하시고 허리 치료를 위해 이 병원 저 병원을 다니며 진료를 하였으나 모든 의료진이 포기하라 하였습니다. 서울에 유명한 병원까지 가서 진료를 해봐도 안 된다고 하니 밤에 주무실 때 다리조차 펴지 못하는 엄마가 너무 안타까웠는데, 모든 병원에서 포기한 어려운 수술을 정호 원장님이 해주시어 지금 엄마는 밤에 두 다리 펴고 잠도 잘 주무시고 너무 좋아하십니다. 엄마 생전에 허리 펴고 사시는 날이 있다며…

엄마가 정호 원장님 너무 감사하다고 항상 말씀하십니다. 저 또한 정호 원장님 진심으로 감사드립니다.

또한 여기 제 글을 읽으시는 허리가 불편하신 모든 분들 정호 원장님 강력 추천합니다.

지금은 4차원의 세계임과 동시에 정보화 시대이다. 소리나 글자, 영

370   세우리 병원

화 화면이 공중을 날아 내 손안에 들어온다. 그러므로 4차원의 시대에 살면서 정보를 모르는 사람은 그만큼 뒤떨어진 생활을 영위할 수밖에 없고, 병(病)을 달고 살아가게 되는 것이다.

그동안 사람들은 물을 만나면 배나 비행기를 이용했고, 산을 만나면 터널을 뚫어 차를 달렸다. 서울서 부산까지 우리의 고속철인 KTX가 시속 350km로 달려 3.5시간 달리던 것을, 내년에는 시속 1,000km 이상 초고속으로 주행하는 하이퍼튜브 열차를 개발해 30분이면 갈 수 있게 되는 현실이 벌어지고 있다. 이 모두가 정보인 것이고, 4차원의 세계에서 벌어지고 있는 현상인 것이다. 다시 말해 4차원의 세계는 불가능이 없는 세계이다.

지금 대전에는 세우리 병원 말고도 4차원의 차원에서 진료를 해주는 병원이 몇 곳 있다. 유성에는 불치의 병으로 알려진 아토피 환자를 전문적으로 치료해 주는 '청혈 센터'가 있는데, 이 청혈센터는 ㈜비센에서 개발한 'M4A'로 피를 맑게 해가며 치료를 하기 때문에 아토피 환자는 물론, 파킨슨 병 환자, 당뇨, 관절 환자들이 즐겨 찾는 곳으로 소문나 있다 한다.

신탄진의 '이엘치과 병원'은 이도훈 원장을 비롯해 전문의만도 15명에 이르고 있고 시설도 최첨단으로 갖추고 있어 원근 각지에서 이곳을 찾는 사람들이 많다고 알려져 있다. 이곳에서 생산되는 이(齒)에 관련된 칫솔이나 치약 등 수많은 제품들은 모두 최첨단 제품이다.

필자는 산수(80세)를 넘어 망구(90세)를 바라보는 나이이다.

친구들이여!

정보를 몰라 자리에 누워있거나 요양병원에 있는가?

문을 두드려라, 세우리 병원은 척추나 관절 환자를 위해 언제나 문이 열려있다.

명재 윤증 고택을 방문해 보니

　지난 5월 필자는 안중근 의사의 후손이신 안창기 회장(주:비센 회장)과 함께 우리종합금융 윤석구 전무(前 우리은행 대전충청영업본부장)의 안내를 받아 백의정승(白衣政丞)으로 불리는 명재 윤증선생의 고택과 파평 윤문 자제들이 공부하던 종학당을 견학하고, 윤 전무의 선조이신 팔송 문정공 윤황 선생과 그 아우님이신 후촌 충헌공 윤전 선생의 묘소를 돌아본 일이 있다.

　윤 전무를 처음 만난 것은 지금으로부터 6년 전이다. 그가 우리은

행 대전충청본부장으로 재직 시 필자가 중도일보 필진으로 있으면서 (현재도 중도일보 필진) "이게 뭡니까?"라는 제목으로 쓴 칼럼을 게재한 적이 있었는데, 윤석구 본부장이 그 글을 읽고 댓글로 "감명 깊게 기사 잘 읽었습니다."라며 정중히 답신을 준 것이 계기가 되었다.

나는 그가 무척 궁금했다. 그래서 한번 보고 만나자 하였다.

그래서 그가 근무하는 대전 무역회관 3층에 있는 사무실을 직접 방문하여 인사를 나누었다.

이런저런 얘기를 나누던 중 그는 고향이 백마강 물줄기 강경 황산대교 건너 충남 부여군 세도이고, 논산 노성 윤증 선생 종원이라고 밝혔다. 대화를 나누면서 필자는 그가 윤증 선생 후예답게 국가관과 애국심이 투철한 것을 알게 되어 기뻤다.

그는 우리은행 대전충청본부장으로 부임함과 동시에 신년 시무식을 위해 30여 지점장들과 함께 대전국립현충원을 방문, 헌화와 묵념을 한 후 "대전충청지역 경제발전을 위해 금융인으로 혼신의 힘을 다하겠습니다."라고 방명록에 기재 및 다짐을 했다고 한다. 거기서 그의 애국심을 느낄 수 있었다. 또 대전 현충원과 자매결연을 맺어 월 1회 지점장 소모임 시 점심시간을 활용, 현충원 내 자매결연 묘역의 비석 닦기 및 잡초제거를 하고, 6월 6일 현충일 주기에는 수천 기의 묘 앞에 태극기를 꽂는 자원봉사를 매년 시행하고 있다는 데서 한 번 더 감동하였다. 더불어 지역경제 발전을 고군분투하며 나라사랑 정신이 매우 뛰어나다는 것을 그의 어투에서 발견할 수 있었다.

우리종합금융 윤석구 전무

시간이 흘러 그가 서울지역 본부장으로 근무지를 옮긴 후에도 그와 필자는 주기적으로 안부를 주고받았다. 늘 강건하라는 예의 문자에 고마운 마음을 갖곤 했는데 윤석열 총장이 대권후보로 입에 오르내리자 궁금한 마음에 '윤석구와 윤석열'이 어떤 관계냐고 그에게 전화를 했다.

그는 윤 총장과는 뿌리가 같은 노성 파평 윤문임을 밝힌 다음, "정치적으로 민감하고 저희 선조님들은 공과 사를 분명히 하셨다고 들었고 특히 명재 윤증 선생은 임금이 18번이나 교지를 내렸음에도 벼슬을 나가시지 않으셨다. 그러기에 제가 같은 종원이지만 말씀드리기가 무척 조심스럽다."는 답변을 했다.

필자는 윤석열 총장의 조상에 대하여 더 알고 싶었다. 그동안 좌로나 우로나 치우치지 않는 그의 행보에 마음이 들었기 때문이다. 더구나 중부권 언론에 칼럼을 쓰고 있기에 더욱 그랬다.

때마침 이심전심인지 전화벨이 울렸다. 서울에 있는 우리종합금융 윤석구 전무였다.

그는 윤증 고택을 안내하겠다고 하였다. 그리하여 그의 뜻에 따라 안중근 의사의 후예 안창기 회장(주: 비센 회장)과 함께 차를 타고 논산 노성에 있는 윤증 고택으로 향했던 것이다.

몇 시간 동안의 짧은 일정이었지만 노성면 소재 파평 윤가 가문과 명재 윤증 선생을 비롯한 가풍을 보며 윤석열 전 검찰 총장의 혈통과 확실한 국가관을 알게 되어 윤 전 총장에 대한 판단이 바로 서게 되었다.

가슴이 뛰었다. 윤석열 총장의 혈통을 확실히 알았기에 그에 대한 칼럼을 소신껏 쓸 수 있다는 신념이 생겼기 때문이다.

보자, 애국심이 확실했던 그 조상들의 혈통을.

"충청남도 논산의 노성 지역 파평윤씨 가문은 충청도를 대표하는 양반 가문이다. 노성은 이들 파평윤씨 노종 5방 파의 기라성 같은 인물들이 배출된 유서와 전통이 살아있는 곳으로, 특히 이곳에 집중되어 분포한 종학당과 병사, 선영과 영당, 서원과 정려, 종가 고택 등은 조선시대 호서 지역 양반들의 유교 문화를 빠짐없이 접할 수 있는 문화 자원이며 후학들이 정신문화와 유교적 사회 이념을 실천했던 역사가 쟁쟁한 곳이다. 대권 주자로 선두를 달리고 있는 윤석열 전 총장도 이 조상들의 피를 물려받은 분이다.

1636년(인조 14) 병자호란 때 척화를 강력히 주장하셨던 팔송(八松) 윤황(尹煌 1571~1639) 선생, 1636년 필선으로 빈궁(嬪宮)을 배종(陪從)해 강화에서 오랑캐와 싸우시다 순절하신 동생 후촌(後村) 윤전(尹烇1575~1636)선생의 산소도 이곳에 있었다.

'정수루'는 누각으로 선비들이 학문을 토론하며 시문을 짓던 장소로, 정수루(淨水樓) 누각 현판 좌우로 향원익청(香遠益淸), 오가백록(吾家白

우리종합금융 윤석구 전무

鹿)이란 현판이 함께 있다. 향원익청(香遠益淸)의 뜻은 '향기가 멀리까지 퍼지는데, 그 향기가 더욱 맑다'라는 뜻으로 송나라의 유학자인 주돈이(周敦頤: 1017년~1073년)가 지은 '애련설(愛蓮說)'에서 유래되었다고 하고, 오가백록(吾家白鹿)이란 송나라 유학자인 주자(朱子:1130년~ 1200년)가 살았던 지명을 백록(白鹿)이라 하는데 세파를 살아가는 데 있어 윤문은 백록처럼 고결하게 산다는 이미지를 나타낸다.

또한, 종학당은 충남 논산 노성면 병사리에 위치하고 있는 파평윤씨가의 문중서당이다. 종학당은 파평윤씨 종중의 자녀와 문중의 내외척, 처가의 자녀들까지 합숙·교육시키기 위해 건립되었다 한다. 최근 숭정 원년의 상량문이 발견되어, 1628년경에 윤순거가 건립한 것으로 확인되고 있다. 16세기 중반에 니산(노성)에 터를 잡은 파평윤씨 일가가 빠른 시일 내에 조선의 명문가로 두각을 나타낸 것은 바로 종학당의 문중 교육에 힘입은 바 컸다고 할 수 있다. 특히 이곳에서 이루어지는 교육은 일반 서원이나 서당과 달리 파평윤씨 종학(宗學)의 규칙과 규율 속에서 이루어졌다."

윤석구 전무는 양손을 공손히 모으며 조심스러우면서도 자랑스럽게 조상의 혈통을 설명하면서 "우리 조상님들께서는 관직에 나아가서는 경세의 실질이 있어 구체적으로 나라와 백성에게 유익함이 있어야 하고, 물러나서는 학문과 교육을 통해 후세의 모범이 되는 생활을 하셨다"고 자랑을 한다.

윤석구 전무,

그의 조상에 대한 긍지와 충청지역 경제발전을 위한 금융인으로서 노력과 국립대전현충원에서 주기적인 자원봉사 활동 등을 보면서 나라사랑 정신이 남다른 분이라는 생각이 들었다. 특히 조상의 얼이 담긴 '반호정사(盤湖精舍)' 현판이 도난당한 지 50여 년 세월이 지나 제 자리에 돌아오게 한 것도 그의 노력의 결과임을 알게 되었다.

'반호정사' 현판은 1800년 전후 충청도와 경상도 관찰사를 역임하고 낙향한 윤 전무의 7개 직계 선조이신 윤광안 선생이 충남 부여군 세도면 반조원리에 자신의 호를 붙여 지은 정사다. 그런데 거기에 걸려있던 현판이 도난당했던 것이다. 그 현판을 찾기까지의 노력은 인터넷을 검색하면 얼마든지 나오기에 생략하기로 한다.

필자 일행을 안내하는 윤 전무는 파평 윤씨 후손인 윤석열 전 총장께서 이왕 나라를 위해 대권후보로 나온 만큼 조상들께서 가진 애국심을 소신껏 발휘했으면 하는 바람이라고 했다.

필자도 같은 생각이다.

윤석열 대권후보는 "공정과 상식으로 국민과 함께 만드는 미래"라는 구호를 내걸었다.
그는 그렇게 해낼 것이다. 왜냐하면 윤석열 대권후보와 윤석구 전무의 선조이신 병자호란 당시 문정공 윤황, 강화도에서 오랑캐와 맞서다 순절하신 충헌공 윤전, 그리고 윤증 선생의 핏줄이 그의 전신에 흐르고 있기 때문이다.

윤석열 대권후보여!

꿈꾸지 않으면 성공할 수 없다는 격언처럼 그 꿈 꼭 성공하길 기원한다.

이엘치과의 또 다른 이름, 좋은 치과

왜병원이 안전할까요?

01. 보건복지부 안전성 획득한 인증의료기관
02. 대전광역시가 인가한 2차진료기관
03. 17인의 각과별 의료진 협진진료
04. 평생관리가 가능한 신뢰할 수 있는 튼튼병원
05. 첨단화된 의료 시설 완비
06. 감염&소독관리에 철저한 기준 완비
07. 100% 치위생사진료
08. 마취과 전문의 원장 상주
09. 간호사의 안전한 진료 어시스트

2021년 7월 18일 오후 18시. 유성구 복용남로 87. '카페디바' 옆 야외데크.

필자는 음악감독 박상하, 음악교사 이상덕 님과 함께 차를 나눌 수 있는 기회를 가졌다.

박상하 음악 감독은 색소폰 연주를 잘한다. 색소폰 등 금관악기를 연주할 때는 귀로 듣기보다 이[齒]로 전달되는 느낌을 감상하면서 불어야 제대로 된 연주를 할 수 있다고 하며 이[齒]를 잘 관리하기 위해 선 치과엘 자주 가야 한다고 하였다.

그래서 나온 곳이 신탄진에 있는 이엘치과이다.

건강 오복 가운데 강녕(康寧)과 유호덕(攸好德)을 지켜주는 곳 이엘치과.

옛날부터 사용하고 있는 말 가운데 오복(五福)이라면 장수(長壽), 부(富), 강녕(康寧), 유호덕(攸好德), 고종명(考終命) 등을 꼽을 수 있다.

유호덕(攸好德)을 풀이하면 덕을 좋아한다는 의미이다. 덕이란 내가 부유하고 건강한 상태에서는 더욱이 불우한 이웃을 신경 써야 함을 의미한다. 인생은 나 혼자 잘 먹고 잘 사는 것을 의미하지 않으며, 내가 여유 있는 삶을 살고 있다면 내 이웃을 돌봐야 할 필요가 있는 것이다.

고종명(考終命)은 죽음을 뜻하는데 죽음에 이르러 아름답고 깨끗하게 생을 마감하는 것을 의미한다. 유호덕을 실천한 후 하나님의 부르심을 받게 되었을 때 내 아내 오성자처럼 남편인 내 품 안에서 편하게 저세상으로 가는 것도 중요하게 생각하여 오복 중 하나로 본다.

그 오복 가운데 강녕(康寧)과 유호덕(攸好德)을 지켜주는 곳이 이엘치과이다.

보자, 그 이유를.

첫째, 생(生)을 받은 모두에게 사랑을 실천하고 있기 때문이다.

이엘치과는 대전 대덕구 신탄진로 782 (우)343-12 지번 신탄진동 175-1 에 자리잡고 있으며, '모두에게 사랑을(EVERY ONE LOVE)'이라는 정신으로 치과병원을 개업했다 한다.

EL은 'EVERY ONE LOVE'의 약자이자 모토이다.

치과 전문 의사만 해도 14명이요, 치위생사가 100명, 스태프진 20명 등 메머드 치과 전문 병원을 만들어낸 이도훈 EL치과 병원장, 그는 전문경영인이신 김기복 전 MG새마을금고 이사장을 행정원장 겸 ㈜닥터 EL 회장으로 영입하여 새로운 변신을 시도함으로 병원이 날로 번창하고 있다 했다.

둘째, 오복 가운데 하나인 강녕(康寧)을 실천하고 있기 때문이다.

백세 청춘 송해 선생은 술 마신 다음 날은 꼭 치과에 들러 치료를 받는다 했다. '치아 건강'! 그만큼 치아는 삶의 질을 결정하는 데 매우 중요한 요소인 것이다. 괴로운 치통으로 씹고, 뜯고, 맛보는 즐거움을 누리지 못한다면 진정 행복한 삶이라고 볼 수 없기 때문이다.

또한 음악감독 박상하님의 말씀대로 치아가 건강해야 관악기를 연주할 때 그 음을 제대로 느끼게 되어 좋은 소리를 낼 수 있다는 사실도 한몫한다.

셋째, 유호덕(攸好德)을 실천하고 있기 때문이다.

이엘치과는 돈을 벌어 호주머니에만 챙기지 않고 2013년 12월부터

현재까지 대전시 교육청과 협약을 맺고 총 2억여 원을 꾸준히 기탁해
왔다.

이도훈 원장은 "병원에서 마련한 사랑의 장학금이 학생들의 힘든
학교생활을 격려하며 꿈을 키우는 데 작은 보탬이 되길 바란다."고 말
했다.

어디 그뿐만이랴. 이곳에 직을 갖고 생을 이어가는 분들만도 17명
의 의료진과 80명의 진료스텝, 20명의 경영지원팀이 있다하니 그들이
이루고 있는 가족까지를 생각해 보라. 얼마나 구직난 해결에도 도움
을 주고 있는가? 또한 이 전문인들을 주축으로 하여 체계적인 진료시
스템을 구축하고, 편안한 진료와 서비스를 지향한다 하니 이 또한 자
랑이 아니던가?

넷째, 실용적이다.

음악교사 이상덕 님이 말했다. 이엘치과는 실용적(實用的)이어서 좋
은 치과라고.

이곳에서 생산되는 칫솔을 비롯해 치약이나 가글 등 모든 이 건강
에 도움을 주는 제품들이 저렴하고 치아를 건강하게 해주는 데 좋은
역할을 하고 있다.

거기에 각 과별 15인의 의료진이 협진 진료하고 있어 안전하며, 평
생관리가 가능한 신뢰할 수 있는 병원인 데다가 첨단화된 의료장비를
갖추고 있다. 또한 감염 소독관리에 철저한 기준을 세워 운영하고 있

고 100% 치위생사가 진료를 맡고 있다. 마취과 전문의가 상주하고 있으며, 간호사가 안전하게 의사의 지시에 따라 마무리를 해주는 제도를 실시하고 있다.

이엘치과병원은 양악·안면윤곽센터, 임플란트센터, 교정센터, 소아치과센터, 수면/종합치료센터 등을 갖춘 중부권 최대의 치과병원으로 자리매김하고 있다. 해외 의료봉사, 사회 공헌활동, 교육협력 등의 공로를 인정받아 2015 보건의 날 국무총리 표창, 2017 보건의료부분 유공자 표창을 수상하기도 했다.

설동호 대전광역시교육감도 한마디 했다.

"여러 해 동안 교육기부를 통해 꾸준히 지역사회에 환원하며 학생들의 꿈과 도전을 응원해 주심에 감사드린다."며, "장기화된 코로나19로 정상적인 수업이 어려운 방역환경 속에서 학업에 열중하는 학생들에게 큰 도움이 될 것이다."라고.

필자도 한마디 거들자.

대전의 이엘치과처럼 '모두에게 사랑'을 실천하는 기업이 돼 보라.

하늘은 스스로 돕는 자를 돕는다 했다. 이도훈 이엘치과 원장이여! 하늘이 어떻게 돕는가 지켜볼 것이다. (대표전화 1644-2872)

자랑스러운 치과병원, 이엘치과

이엘치과병원 이도훈 원장께서는 오 헨리 소설 『현자(賢者)의 선물』
에 나오는 주인공 '돈리'의 이야기를 읽었으리라.

추운 겨울에 직업을 잃고 먹고 살길이 막막했던 그는 굶주림에 지
쳐 할 수 없이 구걸에 나선다. 이윽고 어느 여인이 따뜻한 말 한마디와
함께 건네주는 1달러를 받아 빵 한 개를 사먹으며 남은 50센트로 이웃
을 돕는다. 1달러로 나눔을 실천한 '돈리'는 그렇게 선한 일을 하다 어
느 사업가의 눈에 띄어 좋은 직장을 얻게 된다.

그런데 여기 이엘치과 병원 이도훈 원장.

대전 대덕구 신탄진로 782 (우)343-12 지번 신탄진동 175-1 에 자리
잡고 있는 병원.

필자는 이엘치과 병원이 2012년 1월 20일에 이곳 신탄진에 개원할
때부터 머리를 갸우뚱하지 않을 수 없었다. 대전의 인구 밀집도가 높
고 교통이 편리한 곳을 두고 이렇게 교통도 불편한 외곽지에 자리를

잡았는지 궁금했기 때문이다.

　그런데 앞을 내다볼 줄 아는 이인(異人)들은 범부(凡夫)들과는 다르다는 것을 알게 됐다.

　그는 이곳에 중부권 3대 치과병원으로 평가받는 첨단의료시설을 갖추어 환자분들께 최상의 의료 환경과 서비스를 제공하고 있는 병원을 세웠다. 그래서 대전광역시에서도 인허가를 내주어 제2 의료기관으로 우뚝 자리잡을 수 있었다. 거기에 각과별 15인의 의료진이 협진 진료하고 있어 안전하며, 평생관리가 가능한 신뢰할 수 있는 병원인 데다가 첨단화된 의료장비를 갖추고 있다. 감염 소독관리에 철저한 기준을 세워 운영하고 있으며 100% 치위생사가 진료를 맡고 있고, 마취과 전문의가 상주하고 있으며, 간호사가 안전하게 의사의 지시에 따라 마무리를 해주는 제도를 실시하고 있다.

　어디 그뿐인가?

　필자는 이엘치과병원 이도훈 원장께서는 오 헨리 소설 『현자(賢者)의 선물』에 나오는 주인공 돈리의 이야기를 읽었으리라고 밝힌 바 있다. 그는 나눔의 실천자이기 때문이다.

　이도훈 원장은 "병원에서 마련한 사랑의 장학금이 학생들의 힘든 학교생활을 격려하며 꿈을 키우는데 작은 보탬이 되길 바란다."고 말했다.

설동호 대전광역시교육감은 "여러 해 동안 교육기부를 통해 꾸준히 지역사회에 환원하며 학생들의 꿈과 도전을 응원해 주심에 감사드린다."며, "장기화된 코로나19로 정상적인 수업이 어려운 방역환경 속에서 학업에 열중하는 학생들에게 큰 도움이 될 것이다."라고 말했다.

나는 가진 게 없어서 남에게 줄 것이 없다고 생각하지 말라. 대전에는 돈 벌어 장학사업에 힘쓰고 있는 '계룡건설'의 이승찬 사장이 있고, '이제우린'의 조웅래 회장도 있으며, 여기 '이엘치과'의 이도훈 원장도 있다. 더구나 이도훈 원장 뒤에는 사회사업가로, 경영의 대가로 이름 높은 교육자 출신 김기복 회장이 있어 이엘치과가 대단히 번창하리라 믿는다.

우리 대전의 모든 기업들이 이들 기업들처럼 자라는 청소년들과 가난한 이들을 위해 가진 것을 나눌 수 있는 기업이 된다면 하늘이 주는 기쁨과 복을 받을 수 있을 것이라 확신하는 바이다.

아토피 환자들이여! 희망이 있다

"한 달 약값 200만 원 아토피 중증환자 11만 명 어떡해?"

2019년 08월 16일. 22:40. KBS에서 방영된 내용이다.

"아토피 피부염은 주로 아이들에게 나타나지만 성인 환자들도 40만 명이나 됩니다.

성인 환자들의 경우 특히 중증인 경우가 많고, 증상이 심하면 우울증까지 불러온다고 합니다. 그런데 아토피 피부염은 질병 분류상 가벼운 질환으로 취급되는 데다, 신약의 보험 적용도 안 돼 환자 부담이 이만저만이 아닙니다."

현재 보건복지부에 의해 확인된 아토피 환자 수만도 성인 중증환자 11만 명, 보통 환자 40만 명에 이른다고 한다. 그러나 아토피 질환은 어린이들이 더 많이 앓고 있는 실정이다.

그러나 염려할 것 없다.

주식회사 '비센 바이오'에서는 전문 연구진으로 하여금 국내외 대학과의 산학협력, 병원과의 의료협력을 통해, 아토피 전용 치료제 원료 'M4A–ATP'를 보급 개시하고 있다고 한다.

그동안 시범치료를 통해 아토피, 건선 등을 비롯한 각종 피부환자들을 200여 명 이상 치유해 왔으며, 특히 50년 넘게 태생 아토피로 고생하던 주부환자, 16년간 어디서도 못 고치던 건선환자, 26년 태혈아토피 환자, 중학생 급성아토피 자매환자들을 완치시키는 등 일시적인 완화가 아닌 근원적 치료를 통해 재발 없는 회복을 이뤄냈다 한다.

더욱이 시범치료를 집도한 의사가 이에 자신감을 갖고 유성 온천역 4번 출구 300M 서쪽에 M4A 아토피 전문치료 병원인 '청혈센터(1670-7975)'를 지난 7월 개원진료 중인 한편, 기술개발 및 원료제공 업체인 비센바이오는 지난 6월 충남 금산군 추부면에 공장을 증축하여 대량 생산 체제에 돌입하였다는 것이다.

이날 방영된 KBS 보도에 의하면 아토피 질환은 건강보험이 적용되지 않아 한 달 투약 비용이 200만 원 수준이라고 하였다. 그러나 청혈센터에서는 일반인의 경우 한 달 투약비용이 약 45만 원으로 25%정도의 비용으로 치료가 가능하다. 가장 큰 희소식은 대전에 거주하고 있는 다문화 가정의 자녀이거나 생활보호 대상자라면 청소년이나 성인을 막론하고 선착순 50명을 무상치료를 해준다는 것이다.(청소년들은 교육감, 성인은 각 구청장의 생활보호, 다문화가정 대상자 확인 필요)

물론 일반 한의원이나 병원에서도 아토피 치료를 한다고 홍보하고 있으나 치료를 받아 본 사람들은 알 것이다. 건강보험이 적용되지 않아서 치료비도 병원마다 제각각이다. 그리고 의사와 상담하는 데만 37,000원의 상담비용을 요구하거나, 치료 기간도 1주일에 2차례씩 2년을 요하는 곳도 있다.

아토피 환자들은 얼굴과 목덜미, 팔목 부위까지 검붉은 반점이 선명하고, 상상할 수 없는 가려움에 일상생활이 어려워 우울증은 물론 극단적인 선택을 하는 경우도 많다. 실제로 일본의 한 병원 통계는 아토피로 인해 자살을 시도하는 비율이 일반 중증환자에 비해 228배나 높다고 한다. 그만큼 그들의 심리적인 고통과 괴리감, 소원함, 애절함이 일반 중증질환에 비해 다른 것이다.

그러니 생활 형편이 어려운 환자들께서는 이곳 청혈센터 찾아 무료로 치료받기를 권하는 바이다. 치료비가 무료인 데다가 치료 기간도 3~6개월이면 완치를 시키고 있다고 한다.
현재 이곳에서 치료받는 대전 30대인 김00씨의 말에 의하면,

(주)비센 1

"치료비가 다른 병원에 비해 매우 저렴할 뿐 아니라, 전체 치료기간도 짧고, 욕탕치료를 받은 치료 첫날부터 가려움증이 현저히 줄어들고 있어 뭔가 분명히 다르다고 느꼈습니다. 무엇보다 깊은 잠을 잘 수 있어서 너무 편합니다"라며, M4A 치료에 대한 큰 기대감을 표시하였다.

청혈센터 박종오 박사는,

"M4A벌독 치료제에 의한 아토피 치료는 현재로선 사실상 유일한 생태학적 치료제이고, 이곳 청혈센터한의원에서만 치료가 가능합니다. 난치병이라 불리고 있지만, 아토피는 고쳐질 수 있는 병입니다. 아

비센의 안창기 회장과 필자

토피는 더 이상 불치병이 아닙니다."라며 아토피 환자 진료에 자신감을 보였다.

복지부는 "아토피에 대해 올해 말까지 중증 코드를 신설하고, 환자 부담을 10%까지 낮출 수 있는 산정특례를 적용할지 살펴보겠다"라고 밝혔다.

그러니 대전에 거주하는 아토피 환자들은 주저하지 말고 초중고 학생들은 교육청에, 성인들은 해당 구청에 들러 생활보호 대상자 확인을 받아 이곳 청혈센터를 찾아가서 지긋지긋한 가려움증에서 벗어나도록 하기 바란다. 새 희망이 열릴 것이다.

(주)비센 1

(주)비센 2

비전이 확실한 비센 바이오

6월 22일(토) 오후 3시. 충남 금산군 금성면 어필각로 343(하신리 72-1).

아토피 치료제인 A4M을 세계 최초로 개발한 (주)비센 바이오의 복합제조시설 건축물 준공식이 있는 날이다.

"23년 벌독 바이오 관록의 쾌거
동물의약품, 화장품, 건강식품, 병원처방전 원료 등 개발
친환경 동물의약품 개척 청신호

금산 – 친환경제품 생산지화 시동 연1000억 원 매출 기대"

라는 슬로건 아래 ㈜비센 바이오는 본사에서 KVGMP동물 의약품 제조시설, HACCP식품 품질관리시설, 원외탕전 시설을 위한 복합제조 시설 건축물 준공식을 관계자 및 지역주민 200여 명이 모인 가운데 진행하였다. 이번 준공한 ㈜비센 바이오 본사는 대지 4만 1661㎡(1만 2602평)에 건평 30,000㎡(9,075평)으로 2층 2개의 건물로 건축돼 있다.

오늘 준공식을 통해 ㈜비센 바이오는 수년 동안 산학협력 등을 통해 개발한 친환경 동물의약품 5가지에 대한 등록 시험 준비를 마쳤다한다. 친환경 동물의약품에 대한 제품코드는 세계 농축산 시장의 시대적 요구로 급격히 커가는 시장이다. 따라서 이번 KVGMP시설을 위주로 한 공장의 준공식은 시의 적절한 것으로 평가받고 있다.

김종학 금산군 의장은 축사를 통해 "금산군의 미래 경제 및 지역활성화를 일으킬 새로운 5종 동물의약품에 대한 KVGMP시설을 비롯, HACCP, M4A원외 탕전시설은 지역의 친환경 소명에 부응할 것으로 금산만이 아닌 충청도의 자랑이 될 것"이라면서 기대를 표시하였다.

김기복 대전 새마을금고 이사장은 "㈜비센 바이오의 23년 양봉바이오 관록을 통해 개발된 M4A는 원외탕전으로 대중화를 선언하였고, 각종 난치병들을 저렴하고 효과적으로 치유할 수 있는 길을 열게 될 것"이라며 이번 복합제조시설 건축물 준공에 대한 기대를 표시하였으며,

역시 대전에서 달려온 김인식 대전 광역시 의원도 "안전한 먹거리는 향후 국민건강과 체질개선을 결정하는 최우선 요소이며, 친환경 동물 의약품을 산업화하는데 비센 바이오가 앞장 서줄 것"을 당부하였다.

한편 (사)한국동물약품협회의 자료에 따르면, 동물용의약품 내수시장은 약 6,000억 원이며, 이 가운데 양돈 41%, 양계 12%, 축우 11% 나머지 36%으로, 세계 시장은 30조 원이며 매년 5%성장세를 기록하고 있다고 한다.

㈜비센 바이오는 해마다 조달청에 약 30억 원~35억 원 상당을 납품하고 있으며, 이번 준공식을 통해 5가지 의약품의 국내외 매출이 비약적으로 증가할 것으로 내다봤다. 특히 양돈 PRRS질병치료제, 가금류 살모넬라 및 닭진드기 구제제의 경우 시장성이 매우 크고, 양봉과 관련된 신규 의약품 2종은 친환경의 특성으로 독보적인 국내외 시장 선점이 기대된다.

한편 이날 준공식에는 여야의 지역 정치인들이 함께 참석하여 눈길을 끌었으며, 지역주민과 함께 천안지역 4800세대 모 아파트 김화용 부녀회장 등 각지의 부녀회장단 그룹도 참석하여 일반인의 관심을 대변하였다. 이외에도 '대전가즈아' 시민단체, M4A청혈센터, 세종시 포럼 대표 조관식 박사, 흥사단 백상열 대표를 비롯한 단원들, 충청 문화예술협회 회원들, 중부지역 언론 그룹, 화가, 자원봉사자 단체 등 각계에서 다양한 유력인사들이 함께 준공식을 축하하였으며, 새마을금고,

저축은행, 협동조합 등 기관 및 사모 투자그룹들도 참석하여 A4M에 대한 큰 관심을 보였다.

비센 바이오㈜ 안창기 대표는 기념사를 통해 "자연의 벌독이 인류에게 큰 선물인 건강, 아름다움, 풍요로움을 줄 수 있다는 확신이 섰고, 천연 벌독성분을 정제, 재정열하여 만든 친환경 동물의약품류, 기능성 화장품류, 인체의약품 원료 개발에 성공하였다"며 준공된 공장건물의 복합제조시설을 통해 관련 제품의 산업화, 표준화, 시장화를 통해 1천억 원 매출, 3년 내 1조원 가치 창출을 하겠다며 포부를 밝혔다.

특히 비센바이오는 며칠 뒤인 7월 10일에 유성 지하철 4번 출구 가까이에 아토피 치료 전문 병원을 개원한다고 한다. 그렇게 되면 그동안 치료를 받아 완치된 150여 환자들은 물론 암, 아토피/건선, 괴사, 신장질환 등의 환자들에게도 크게 도움이 될 것이다.

기대가 크다.

아토피로 인해 평생을 괴로워하던 환자들과 그 가족들은 물론 이를 지켜보고 있던 이웃들과 의학계에 미치는 영향이 대단할 것이다.

희망을 갖자. 비센 바이오의 A4M이 희망을 주고 있지 않는가!

'행복에너지'의 해피 대한민국 프로젝트!
〈모교 책 보내기 운동〉

대한민국의 뿌리, 대한민국의 미래 **청소년·청년**들에게 **책**을 보내주세요.

많은 학교의 도서관이 가난해지고 있습니다. 그만큼 많은 학생들의 마음 또한 가난해지고 있습니다. 학교 도서관에는 색이 바래고 찢어진 책들이 나뒹굽니다. 더럽고 먼지만 앉은 책을 과연 누가 읽고 싶어 할까요? 게임과 스마트폰에 중독된 초·중고생들. 입시의 문턱 앞에서 문제집에만 매달리는 고등학생들. 험난한 취업 준비에 책 읽을 시간조차 없는 대학생들. 아무런 꿈도 없이 정해진 길을 따라서만 가는 젊은이들이 과연 대한민국을 이끌 수 있을까요?

한 권의 책은 한 사람의 인생을 바꾸는 힘을 가지고 있습니다. 한 사람의 인생이 바뀌면 한 나라의 국운이 바뀝니다. **저희 행복에너지에서는 베스트셀러와 각종 기관에서 우수도서로 선정된 도서를 중심으로 〈모교 책 보내기 운동〉을 펼치고 있습니다.** 대한민국의 미래, 젊은이들에게 좋은 책을 보내주십시오. 독자 여러분의 자랑스러운 모교에 보내진 한 권의 책은 더 크게 성장할 대한민국의 밑판이 될 것입니다.

도서출판 행복에너지를 성원해주시는 독자 여러분의 많은 관심과 참여 부탁드리겠습니다.

도서출판 **행복에너지** 임직원 일동

날카롭게 한 시대의 인물들을 꿰뚫는 노련한 필치!

권선복
도서출판 행복에너지 대표이사

세상엔 다양한 사람들이 존재하고 저마다의 역할을 수행하고 있습니다. 모두가 각자 자신의 분야에서 인생을 살아가고 있음에는 이견의 여지가 없을 것입니다. 그중에서도, 다른 이들을 관찰하며 그에 대해서 쓰는 일은 특별한 일입니다.

왜냐하면 자신이 보는 관점에 대해서 확실한 논거를 제시해야 하고, 그것이 첩보가 아닌 정보여야 하기 때문입니다. 그렇게 하기 위해서는 많은 노력과 정성, 그리고 신중함이 필요합니다. 한 사람의 삶을 헛되이, 또는 잘못 평가해서는 안 되고, 공정하면서도 명확한 평가를 해야 독자들로부터 인정을 받을 수 있기 때문입니다.

여기 그러한 날카로운 필치로 현 시대의 인물들을 평한 '청론탁설(淸論濁說)'이 있습니다.

저자인 김용복 님은 여든이 넘은 나이에도 왕성한 활동력으로 거침없이 정계의 인사들과 예술인, 기업인들에 관한 이야기를 풀어냅니다. 본인의 뚜렷한 소신과 주관을 가지고 흘러가는 그의 문장에는 막힘이 없습니다. 훌륭한 점은 칭찬하고 더욱 박차를 가하며 사회 정의가 바로 서길 바라는 마음에서 우러나온 내용은 솔직하고 당당합니다.

여러 인물들의 행보를 꿰뚫고 있는 그의 지식과 그들을 평할 수 있는 지혜는 글을 쓰는 사람으로서 본받을 만한 표본이라고도 할 수 있겠습니다.

따라서 김용복 저자의 '청론탁설'이야말로, 정치인들에게는 어떤 자세로 임해야 바른 정치를 할 수 있으며, 대입수험생이나, 취업을 준비하려는 분들에게도 바른 논리를 전개할 수 있는 지남차(指南車)역할을 해줄 것입니다.

이제 대선이 얼마 남지 않은 지금 그의 글이 가지는 가치는 더욱 귀합니다. 김용복 님의 '청론탁설'은 독자 여러분에게 넓은 시각과 정보를 제공하여 독자들이 현 정세를 살피고 투표를 하는 데 있어서도 도움을 받을 수 있을 것입니다.

각계각층의 인사들의 행보에 관해 자세히 알게 됨은 물론, 적절한 평가까지 한눈에 알아볼 수 있는 김용복의 청론탁설! 이 책을 통하여 알아야 할 사람을 충분히 알게 되는 기회가 전해졌으면 합니다. 매우 적절한 시기에 본 서(書)가 나왔음을 축하하며, 독자 여러분에게도 지혜의 샘이 팡팡팡! 터지길 기원드립니다.

정계인사뿐만 아니라 우리 사회의 멋진 예술인들, 본받을 만한 기업인들까지 알 수 있기에 책의 맛은 더욱 풍요롭습니다. 우리 주위의 수많은 사람들이 모여 밝은 내일을 만들게 될 것임을 믿어 의심치 않으며, 선선한 천고마비의 계절에 기쁜 마음으로 본 서를 세상에 내놓습니다.

하루 5분 나를 바꾸는 긍정훈련

행복에너지

‘긍정훈련’당신의 삶을
행복으로 인도할
최고의, 최후의‘멘토’

‘행복에너지
권선복 대표이사’가 전하는
행복과 긍정의 에너지,
그 삶의 이야기!

인터파크
자기계발 분야 주간
베스트 1위

권선복 지음 | 15,000원

권선복

도서출판 행복에너지 대표
지에스데이타(주) 대표이사
대통령직속 지역발전위원회
문화복지 전문위원
새마을문고 서울시 강서구 회장
전) 팔팔컴퓨터 전산학원장
전) 강서구의회(도시건설위원장)
아주대학교 공공정책대학원 졸업
충남 논산 출생

책『하루 5분, 나를 바꾸는 긍정훈련 - 행복에너지』는 ‘긍정훈련’ 과정을 통해 삶을 업그레이드하고 행복을 찾아 나설 것을 독자에게 독려한다.
긍정훈련 과정은[예행연습] [워밍업] [실전] [강화] [숨고르기] [마무리] 등 총 6단계로 나뉘어 각 단계별 사례를 바탕으로 독자 스스로가 느끼고 배운 것을 직접 실천할 수 있게 하는 데 그 목적을 두고 있다.
그동안 우리가 숱하게 ‘긍정하는 방법’에 대해 배워왔으면서도 정작 삶에 적용시키지 못했던 것은, 머리로만 이해하고 실천으로는 옮기지 않았기 때문이다. 이제 삶을 행복하고 아름답게 가꿀 긍정과의 여정, 그 시작을 책과 함께해 보자.

『하루 5분, 나를 바꾸는 긍정훈련 - 행복에너지』